O meu agradecimento aos amigos desencarnados Calunga, Comandante, Leonora, Zabeu, Gabriel, Naná e Pai João da Paz, que permitiram a realização deste trabalho. E também a Gasparetto, por sua contribuição mediúnica e parceria.

Lucio Morigi

Luiz Gasparetto

Estudou Psicologia no Brasil, e aperfeiçoou seus conhecimentos em Londres e nos Estados Unidos, onde também ministrou cursos de psicologia existencial e se tornou membro do *STAF Ealen Institute*.

Possui mais de quarenta anos de experiência nas áreas do comportamento, filosofia, metafísica, xamanismo e mediunidade. Atualmente dirigi o Espaço Vida e Consciência no Rio de Janeiro e São Paulo.

Como professor metafísico, Gasparetto vem ensinando milhares de pessoas através de seus livros, cursos, palestras e workshops, onde pessoas aprendem como se tornar seu próprio terapeuta. E nos programas de rádio e TV trabalha com educação psicológica.

Lucio Morigi

Formado em Administração de Empresas pela Fundação Getúlio Vargas – FGVSP, trabalhou como inspetor de instituições financeiras no Banco Central do Brasil.

Vem dedicando-se ao atendimento individual como conselheiro no Metacenter em São Paulo há doze anos. E, segue o trabalho de Gasparetto a mais de duas décadas. Ministra também palestras ligadas à Nova Era – movimento que tem seus fundamentos na metafísica moderna e espiritualidade.

Direção de Arte: Luiz Antonio Gasparetto
Capa e Projeto Gráfico: Priscila Noberto
Diagramação: Andreza Bernardes
Revisão: Maria Luíza Simões

1ª edição
Agosto 2010
5.000 exemplares

Dados Internacionais de Catalogação na Publicação (CIP)
(Câmara Brasileira do Livro, SP, Brasil)

Gasparetto, Luiz
Revelação da luz e das sombras / Luiz Gasparetto, Lucio Morigi. - São Paulo : Centro de Estudos Vida & Consciência Editora.

ISBN 978-85-7722-108-0

1. Corpo e mente 2. Metafísica I. Morigi, Lucio. II. Título.

10-08613 CDD-110

Índices para catálogo sistemático:
1. Metafísica : Filosofia 110

Publicação, distribuição, impressão e acabamento:
Centro de Estudos Vida & Consciência Editora Ltda.
Rua Agostinho Gomes, 2.312
Ipiranga — CEP 04206-001
São Paulo — SP — Brasil
Fone / Fax: (11) 3577-3200 / 3577-3201
E-mail: grafica@vidaeconsciencia.com.br
Site: www.vidaeconsciencia.com.br

Luiz Gasparetto
e Lucio Morigi

Revelação
da Luz e das Sombras

Sumário

PREFÁCIO

Há vinte anos tomei conhecimento do trabalho e ideias do Gasparetto. Aconteceu numa época em que eu estava carente de uma nova visão da espiritualidade. Ele foi uma bênção divina, mudando totalmente minha vida. Desde então o segui fielmente. Também, tive o imenso prazer de ser convidado por ele para integrar o grupo *Filhos da Luz*, do qual é fundador. Trata-se de uma equipe de pesquisadores nas áreas da espiritualidade e da bioenergética, que envolve os planos físico e astral, com a participação dos amigos desencarnados.

Esses dotados amigos falam de assuntos profundos e complexos, com uma simplicidade incrível. Sabedores do nosso mundo e do além, passaram por inúmeras encarnações e agora vibram no plano astral. Ensinam-nos valores fundamentais para a trajetória de nossas conquistas, da evolução e da consequente expansão da consciência individual, dentre eles, a **Revelação da Luz e da Sombra**, seus aspectos divinos e a magia no encontro das duas energias.

O contato com esses amigos, fez-me crer que não há nada de místico após a morte do corpo físico, e que, a Ciência e a vida continuam muito semelhantes às de nosso plano, apenas vibrando em outra frequência energética. E tudo que se refere à morte, ao pós-morte e ao nascimento, são assuntos ligados à Ciência e não às religiões, já que essas, obviamente, ensinam de forma ilusória, criando em seus seguidores dúvidas e medos que atrapalham a qualidade de vida.

"Desejo que você, assim como eu e os amigos dos Filhos da Luz, use essas valiosas informações em diversas áreas de sua vida, prosperando em cada uma delas, significativamente."

Lucio Morigi

PARTE I

O que queremos é nos realizar

Não existe ser humano na face da Terra que não esteja buscando a felicidade. E o que é a felicidade? É muito comum ouvir por aí a afirmação de que a felicidade não existe, o que existe são instantes felizes. Você também se alinha a esse ponto de vista? É claro que esse pensamento não é verídico. A felicidade existe, sim, e está ao alcance de qualquer um que se proponha a descobri-la. Aliás, é um direito divino e natural de cada um. E o que é a felicidade?

A felicidade consiste na habilidade de ser feliz

Se você não desenvolver tal habilidade, o máximo que vai conseguir são satisfações esporádicas e passageiras. Assim, a felicidade vai depender totalmente da sua mente. Se não tiver uma cabeça legal, não vai ser feliz, pois a felicidade são estados que a Alma produz a partir de determinados pensamentos chamados atividades mentais.

A Alma sente, o aparelho mental pensa. A Alma responde de acordo com o agir da mente. Se a cabeça for boa para dar à sua Alma a sensação de felicidade, você será um mestre que se sentirá feliz com qualquer coisa, então, a felicidade será permanente. Ficando à mercê do comando mental mórbido, poderá conseguir tudo o que quiser na vida, menos a felicidade constante. Logo, você vai pertencer ao time dos que acreditam que a felicidade se restringe a momentos esporádicos, e sempre vai precisar de novos estímulos exteriores para se sentir feliz. E se não houver motivos, como você vai viver? Sempre insatisfeito?

A infelicidade é uma doença mental que precisa ser tratada, uma vez que ela decorre da necessidade de se ter uma mente sã

Sem dúvida que qualquer que seja o nível de satisfação, será bem-vinda. No entanto, para ser chamada de vida satisfatória, feliz, a satisfação precisa necessariamente de um nível mais profundo e duradouro. Há dois níveis de satisfação: a pequena, que é superficial e efêmera, e a grande, que é profunda e duradoura. É essa última que chamamos de felicidade. Nesse nível a satisfação tem uma denominação muito especial. O nome dela é REALIZAÇÃO.

Realizar e realizar-se

O que precisamos fazer para nos realizarmos? Neste livro, gostaríamos que você aprendesse algumas coisas importantes para chegar à sensação de realização. Primeiramente, realizar diz respeito à capacidade de tornar real, de materializar, e qualquer um pode desenvolver essa capacidade, enquanto que REALIZAR- SE é muito mais que isso. É algo específico. É aquilo que está nos anseios da Alma, um ponto referencial interior. Você pode tornar reais determinadas coisas, conseguir tudo o que quiser, mas será que vão realizá-lo? Se não corresponderem aos anseios da Alma, não estarão contribuindo para a sua realização.

Realização é a concretização dos anseios da Alma

A Alma expressa-se pelo anseio, o que é diferente do desejo. Desejo é coisa do mental, do nosso ego. Anseio é um impulso da Alma de querer certas coisas para se sentir completa. Os anseios são fatos, situações que a Alma quer passar, viver, realizar com você para que ela produza as melhores sensações possíveis. Todavia, você precisa ajudá-la a produzir essas sensações. Ante qualquer pensamento, a Alma reage.

Todas as reações ruins no peito, são coisas que não se enquadram na realização da Alma. Tudo aquilo que faz com que você sinta bem-estar, na verdade é a Alma dizendo que está tudo bem e tem a ver com ela. As boas sensações são frutos da sua Alma. Dessa forma, a Alma, sendo plena de sensos, é um aparelho que serve de guia. Assim é quando seu peito se sente bem, produzindo alegria, contentamento, liberdade, sentindo-se preenchido, significa que você está de acordo com sua individualidade.

Nada alegra tanto a Alma como o investimento em sua individualidade, e desenvolvê-la é investir na sua realização

Quando você está com sensações ruins no peito é porque as atividades no seu aparelho mental não estão em concordância com a Alma, e ela avisa-o disso apresentando sensações desagradáveis, como por exemplo ansiedade, angústia, pena, dó, dor de culpa, de ressentimento, de inveja, de vingança e de arrependimento.

Desejos do mental e anseios da Alma

O desejo é uma leitura, geralmente iludida, de que algo vai produzir um resultado satisfatório. O anseio é um impulso da Alma em querer algo que a faça realizar-se. Por exemplo, vamos supor que você esteja sentindo solidão e procura alguém para curá-la. Ou seja, você tem o desejo de ter alguém para viver melhor. No entanto, a pessoa chega a sua vida e a solidão continua. Isso acontece porque se trata de uma interpretação errônea do que sua Alma realmente precisa. Sua Alma não precisa da companhia do outro, mas da sua própria companhia. Só a sua companhia o completa.

Se você não se der atenção, se não ouvir aquela pessoa dentro do seu peito, você não perceberá o que ela quer, o que lhe agrada. Você acha isso, acha aquilo. É que a mente acha e não sente, pondo de lado aquela pessoa que está aí dentro de você. Seu mental quer viver daquilo que os outros consideram ser importante, em suma, das ilusões, desprezando seu interior, que é o único lugar que pode entender o que você está precisando e dar sentido à sua vida.

Somente sua companhia o completa e o realiza

Não significa que deva viver sozinho. Ao contrário. As boas companhias, os bons relacionamentos são indicativos de prosperidade. Significa que, ao investir em sua companhia, você se sentirá completo, realizado, uma pessoa plena, com energia de alto padrão, fatores que muito contribuirão para ampliar seu campo no sentido de atrair pessoas para seu convívio. Quem não deseja conviver com uma pessoa com tais características? Esse é um anseio da Alma.

Perfeição um propósito da Alma

Missão espiritual é investir nos anseios da Alma, por conseguinte, construir uma vida perfeita, organizada, de acordo com sua particularidade. Ter uma vida organizada é ter a perfeição da natureza. A natureza tem uma perfeição única. Seguindo essa perfeição, você consegue atuar em sintonia com os padrões da natureza, gerando harmonia. Então você está realmente cumprindo a razão de seu existir. O meu perfeito é diferente do seu perfeito. Seguir a perfeição da natureza é seguir sua individualidade. Por ser perfeição única, a individualidade é uma imposição da natureza. Daí que o que há de perfeito para eu realizar só serve para mim, portanto, é diferente do que serve para você. O perfeito é sempre pleno, satisfatório, o mais profundamente realizador. A Alma foi gerada para fazer o perfeito. Ela só fica feliz assim e, obviamente, qualquer felicidade é fruto de uma ação perfeita, realizadora. Então, quando você se realiza, saberá que teve uma ação perfeita. Eis o propósito de todo o Universo.

Dessa forma, a máquina sensória extraordinária que é nossa Alma nos capacita realizando a perfeição, fazendo com que experimentemos a sensação maravilhosa chamada "realização". Tudo o mais está fora e precisa ser revisto. A sua realização é a medida de que está usando tudo de maneira a criar exatamente o que sua Essência Divina, por intermédio da Alma, quer que você crie.

Material e espiritual

Tradicionalmente ouvimos falar muito mal da vida material, bem como de nossas ambições materiais, coisas do tipo, *o dinheiro não traz felicidade*, procedimento este, muitas vezes, tido até como virtude. Por outro lado, não entendemos bem o que é essa fórmula de felicidade da Alma que nos é passada, que a religião colocou na nossa cultura, que consiste numa série de virtudes absurdas, muitas delas impraticáveis, às quais se espera que você chegue, somadas às práticas religiosas e a certos rituais, para poder alcançar a felicidade, nesta vida ou após a morte.

Na verdade, não são essas virtudes ou ritos que o levarão à realização, mas um sentimento interior, uma comunhão interior com um sistema perfeito, que é a própria representação do Espírito Uno em nós, que nos conduz ao universo das realizações. É um sentimento de que somos ótimos por termos ambições e conquistado certas coisas. Essas conquistas fazem parte dos anseios de nossa Alma.

Uma vida dinâmica é aquela que realiza com as coisas que nos realizam

O dinheiro não é terrível, as posses não são terríveis, nada é terrível. A única questão é que nós temos a ilusão de que a aquisição de certos bens nos fará sentir realizados e completos. Ao comprarmos um carro nos satisfazemos porque percebemos que crescemos, que conseguimos, que não somos mais incapazes, mas alguém que pode fazer algo bom, e esse carro é a prova de que podemos, que conquistamos mais independência, mais confiança em nós, que nos tornamos mais hábeis e isso é um anseio de nossa Alma. Ela sente-se muito satisfeita e nós, realizados. Foi assim comigo.

O primeiro carro que comprei me realizou profundamente. Depois, com o tempo, adquiri outros, mas a sensação de realização marcante deu-se na aquisição do primeiro. Não foi o carro que me realizou, porque se assim fosse seria uma satisfação passageira, perdendo a conotação de realização, mas aquilo que na ocasião nasceu em mim, que foi um sentimento que trago até hoje de confiança, de poder adquirir as coisas que quero, de me sentir mais bonito, mais considerado, mais livre. A Alma adora isso. O carro foi o instrumento da minha realização.

Toda vida material é apenas um instrumento para as realizações

Aprendemos que o dinheiro é o motivo de muitas desavenças, que ele não traz felicidade, e que não é ético a gente querer as coisas, desmerecendo, dessa maneira, seu valor em nossa vida, bem como nosso empenho para obtê-las. No entanto, ao contrário, tal empenho é que nos motiva à evolução, pois se as coisas não fossem atraentes, o ser humano não iria se mover, se acomodaria e, por conseguinte, não cresceria em seu potencial. O Espírito passa do potencial passa para o real, por meio do nosso empenho. Não vamos condenar a ambição. O anseio, atributo da Alma, também é ambição. Querer sentir-se melhor é um anseio.

Os bens materiais desempenham um papel importantíssimo em nossa vida. A vontade de possuí-los fez com que eu compreendesse que, ao procurar tê-los, desenvolvi-me tanto que hoje estou me sentindo muito realizado em saber que posso. Sei que outras coisas serão muito mais fáceis de conseguir hoje, porque a Vida não para de exigir que a gente continue, que façamos coisas, que as conquistemos, que caminhemos de acordo com as mudanças dela. Hoje, sinto-me mais inteiro, mais completo, mais poderoso para tocar a vida e ser uma pessoa feliz.

O Espírito veio para dominar a matéria. Para dominar a matéria é preciso possuí-la, experienciá-la.

Dominar a matéria não é abster-se dela, mas tê-la e sentir-se bem com ela, sem se tornar seu dependente

Se não fosse assim, por que encarnaríamos no mundo material? O próprio termo encarnação remete ao material. Carne é matéria. O conceito de material não se restringe apenas à posse de bens materiais, mas a tudo o que diz respeito ao sentir do corpo físico, como a sexualidade, os relacionamentos amorosos, a comida, uma viagem. Nosso Espírito precisa exatamente do mundo material para desenvolver aí as virtudes, as faculdades de que necessita para cada vez mais se expressar através de nós.

Assim é que não ter dinheiro, não ter posses, não ter conquistado uma série de coisas de que gostamos significa fracasso espiritual, enquanto que as conquistas materiais dizem que o Espírito está conseguindo seu intento.

É sucesso espiritual ter bens materiais

Por intermédio da matéria nosso Espírito está se habilitando a *realizar-se*. É seu treinamento, por isso sente-se feliz com ela. A matéria é seu instrumento, seu meio, e não um fim. O fim é a realização dele por meio de nós, e assim podermos gozar de todos os privilégios que estão disponíveis. Aquele que não conseguir não vai usufruir. É assim hoje e por toda a eternidade.

"Não somos seres humanos passando por uma experiência espiritual... Somos seres espirituais passando por uma experiência humana".

Arnaldo Jabor

Mesmo as religiões que insistem na virtude da renúncia de posses materiais necessitam delas para desenvolver seu trabalho.

É muito comum apresentar-se a figura de um monge budista em estado de meditação, sempre que se fala de uma pessoa altamente espiritualizada. Ou seja, uma pessoa que se afastou das coisas "mundanas" e se dedica inteiramente às "coisas do Espírito". Ao contrário, as virtudes espirituais são mais bem desenvolvidas no cotidiano daqueles que lidam com pessoas, com coisas e fatos ao seu redor. Por exemplo, quantas virtudes e quantas faculdades não estão desenvolvendo uma mãe e um pai que precisam lidar diariamente com toda espécie de problemas que envolvem a criação de uma família, nos seus diversos aspectos, como relacionamentos, educação, setor financeiro, de saúde e espiritual? Ou então um dirigente de empresa que precisa tomar decisões nada confortáveis, como a demissão de funcionários? Existe algum ambiente mais favorável, mais intenso, mais propício para desenvolver virtudes que uma vida a dois?

É ótimo ter ambição por dinheiro e por posses materiais, assim o Espírito evolui quando domina a matéria

A função do Espírito é dominar a matéria. É no exercício diário da prática mundana que ele se desenvolve, dominando paulatinamente a matéria, o que equivale a dizer que aqueles que se afastam desse viver em sociedade também estão emperrando o d esenvolvimento do seu poder espiritual. Assim, nosso ponto de vista é exatamente o oposto do que as religiões nos ensinaram, que devemos nos afastar das coisas materiais para desenvolver nossa espiritualidade.

Entendemos, também, que é falso o modelo de pessoa espiritualizada que nos foi passado, o de uma pessoa cheia de renúncias, levando uma vida similar à de um monge, porque o modelo é a santidade. Aliás, a verdadeira santidade não tem nada a ver com tudo isso. A religião, colocando dessa forma, inutiliza a família, o sexo, a procriação, todos os bens da sociedade, a necessidade da reencarnação, ou seja, nega toda a vida. E negar a vida para atingir o espiritual não faz nenhum sentido.

Outro erro das religiões é considerar que o processo de espiritualização é prerrogativa de algumas pessoas especiais, com determinadas atitudes, escolhidas a dedo para desempenhar uma missão aqui na Terra, enquanto que o restante das pessoas se resume a meros seguidores. Obviamente que não. Nós, da Espiritualidade Independente, entendemos que a espiritualização está ao alcance de todos, indiscriminadamente, e que a melhor forma de desenvolvê-la consiste nos desafios comuns e até corriqueiros do dia a dia, no exercício rotineiro envolvendo a vida material, isto é, nas relações com as coisas "mundanas", não no sentido de renunciar a elas, ao contrário, possuindo-as, iniciando-as, pois só dessa forma conseguiremos desenvolver nosso domínio sobre elas.

Dominar a matéria é espiritualizar-se

Aliás, é isso que todo mundo está fazendo, mesmo sem ter Consciência. Todos nós estamos nos espiritualizando, cada qual no seu ritmo, mesmo que alguns queiram se dedicar mais a tal intento numa certa fase de sua vida. Você não devia estar em nenhum lugar diferente de onde está neste momento para se espiritualizar. O melhor lugar do Universo para você desenvolver a espiritualidade é onde você se encontra neste exato momento, seja lá o que for que esteja fazendo. Qualquer outro lugar é mera fantasia.

Mente evoluída

Para ser feliz, realizado, é preciso ter uma cabeça boa para lidar com as conquistas. Você é feliz com as coisas que tem? Ah, está esperando adquirir outras coisas, ou resolver determinadas situações em sua vida para sentir-se feliz? Sinto muito, mas você não vai ser feliz nunca, porque você não tem uma mente evoluída. É que na hipótese de ocorrer tudo o que você acha que lhe trará a felicidade, levará consigo o mesmo raciocínio de hoje, contaminando suas eventuais conquistas.

A hora de se sentir feliz é agora, e então seu caminho se abrirá para novas conquistas de forma satisfatória e realizadora, naturalmente. Assim, à medida que você desenvolve a habilidade de ser feliz hoje, com as coisas que tem, mais conquistas virão, de maneira cada vez mais fácil, e mais realizações experimentará. De que vale um jardim de rosas se você não tiver uma a mente aberta para perceber essa beleza? Desenvolva a sabedoria de saborear com a Alma as coisas que tem.

Saborear com a Alma

Muitas pessoas não sabem apreciar o que têm. Vivem querendo, querendo, querendo. Caso conquistem algo, partem logo para o próximo querer sem desfrutar do que conseguiram. Sabe aquela criança abarrotada de presentes que não sabe mais onde guardar? Ganha um presente de cada parente no aniversário, no Dia da Criança, no Natal, quando passa de ano, quando vai visitar, quando recebe visita. Essa criança não valoriza a todos os presentes. Pega um, dá uma olhada, põe de lado e vai para o próximo. Quando ela quer realmente brincar e curtir um presente, vai buscar aquela boneca surrada de tanto tempo ou aquele carrinho simples que o acompanha desde os primeiros anos de vida.

As pessoas em geral agem da mesma forma que as crianças. Ao menos as crianças têm algo para curtir, apreciar. Muitos desejam, desejam, desejam. Quando o desejo pega e eles o seguem, deixam de funcionar com a Alma e então não se realizam porque também não apreciam com a Alma. A Alma tem todos os sensos, é nosso aparelho sensório. É a única capaz de sentir a realização, de sentir todas as coisas, à maneira dela. É a Alma que dá sentido às coisas, ao próprio modo dela, que é perfeita. Se a pessoa não souber apreciar o que tem, estará fadada ao tédio e à depressão, porque quem não aprecia com a Alma sofre ou vai sofrer desses males.

Apreciar é saborear com a Alma. As crianças fazem isso com maestria. O que elas saboreiam, saboreiam com a Alma. É por isso que uma criança fica horas a fio brincando sozinha. Naqueles momentos ela, sua Alma e os brinquedos formam um mundo completo.

Muitos pais vivem tão preocupados com seu desempenho egoico, com a aprovação do mundo e se esquecem de saborear com a Alma o convívio dos filhos. Até sabem no final, com o passar do tempo, que fizeram um bom trabalho, mas prazer em si não existiu, porque não saborearam com a Alma. Uma mãe satisfeita e realizada é uma mãe que viveu com a Alma a maternidade, que hoje tem saudade de quando os filhos eram pequenos, de tão gostoso que foi. Logo, ela se sente uma mãe satisfeita, uma mãe realizada.

A realização tem a ver com o sentir com a Alma, apreciar com a Alma, saborear com a Alma. Como se aprecia uma pessoa, um livro, uma obra, uma comida! Com a Alma.

Saborear com a Alma traz realização as pessoas

Ter uma cabeça boa é ter uma mente sem dramas, sem ilusões, sem preconceitos, sem morbidez. Por exemplo, se você comprou uma casa e sentiu ser alguém muito mais considerado, mais seguro, mais confiante em si e na vida, mais independente, então você sentiu-se realizado e os próximos passos serão mais fáceis. Perceba porém que, embora a casa seja útil e lhe ofereça uma série de facilidades, daqui para a frente você vai ter uma gama de preocupações para administrar. Tudo que você possuir precisa de cuidado. Se você não tiver uma mente equilibrada, a casa vai se tornar um aborrecimento. Melhor não tê-la. É assim com todas as conquistas, em todas as áreas da nossa vida.

O pior inimigo das realizações da alma é a dramatização

Tudo o que se expressa por meio de você passa necessariamente pelo crivo do aparelho mental. A Alma reage de acordo com a mente. O que você sente é a reação da Alma segundo o que você pensa. Se você cultiva bons pensamentos, a Alma fica feliz. Se você se deixa levar por maus pensamentos, não vai produzir felicidade. Tudo depende da mente. Faça um teste agora. Literalmente, ligue-se com aquela pessoa no seu peito. Pense que há uma pessoa dentro de seu peito. Vá lá dentro daquela pessoa. Agora, pense numa coisa muito, mas muito boa mesmo. Imediatamente e impressionantemente, você vai sentir a expansão da Alma. A felicidade mora lá, mas a mente precisa induzi-la.

Uma mente evoluída produz bons pensamentos, e provocam na Alma reações felizes

A dramaticidade

Geralmente as pessoas trabalham para ganhar dinheiro e assim poder comprar a casa própria. E se você parar e perguntar: por que eu quero uma casa própria? Na verdade, a colocação é a seguinte: eu penso que se tiver uma casa, vou sentir-me realizado, completo, despreocupado, confortável, em paz. Tal pensamento pode ser apenas uma leitura do aparelho mental, um desejo, em vez de ser o que a Alma realmente quer. Pode ser que a Alma não queira a casa. Você é que está pondo na cabeça que quando tiver a casa vai escapar do aluguel, devido ao drama que faz ao pagá-lo. E se você olhar para o aluguel de forma diferente, com outro ponto de vista? Ou então você deseja um tipo de casa em determinado lugar, enquanto a Alma anseia por outro tipo, em local diferente.

Assim, existe o desejo que é a interpretação do que vai fazer você feliz e existe o anseio da Alma, que é o que vai realmente trazer-lhe a realização. Se você parar e perguntar para aquela pessoa que está aí dentro de você o que realmente ela quer, ela vai dizer que quer se sentir assim. Mas, será mesmo que aquilo que você pensa é que vai fazê-la sentir-se como ela quer? Será que é eficiente? Como saber se é eficiente?

Na verdade, há uma grande confusão quando a pessoa não para, permitindo-se sentir. Ela não vê claramente o que quer. Ela sai de uma casa deixando o aluguel que a atormentava e vai para a casa própria, se atormentar em mantê-la, em conservá-la, em pagá-la, em fazer uma série de coisas que a atrapalharão. O que a atormenta não é a casa nem o aluguel. O que ela quer não é deixar de pagar o aluguel, nem comprar a casa. O que ela quer, realmente, é não se atormentar. É que ela interpretou que, tendo a casa e não pagando aluguel teria paz, mas continua atormentada, sentindo que não valeu a pena comprar a casa própria, e acaba, muitas vezes, por se arrepender do que fez.

Nem a casa própria nem o aluguel são os problemas. A questão é que a pessoa é dramática. Na verdade, o que era aquele anseio no começo? Se ela tivesse parado, prestado bem atenção em seu *feeling,* naquela pessoa que dentro dela lhe diz para parar de sofrer com as coisas, nada disso teria acontecido.

Não importa o que a pessoa conquiste, sempre encontrará problemas, porque ela é dramática. É a mesma situação das pessoas com relação ao serviço, ao trabalho. Quando não têm um, ficam se cobrando porque não o têm. Quando o conseguem, acham uma série de problemas. É que a mente não está raciocinando em termos de trabalho, e não importa que mudem, levarão o mesmo pensamento e continuarão se atormentando. O drama é que machuca e não o trabalho ou a falta dele.

Procure, então, pensar, ir mais fundo para notar o que essa pessoa aí dentro de você quer para estar bem, para sentir-se realizada. Vamos ensinar-lhe a encontrar a realização, mas você precisa primeiro saber que:

Não é toda satisfação que provoca a realização

Tudo depende do ponto de vista

Nossa Alma é polivalente. Ela tem interesse em milhões de coisas na vida, enquanto que nossa cabeça é extremamente seletiva, implicante, preconceituosa. Por exemplo, muitas vezes, a visão de trabalho para certas pessoas é positiva. Elas o veem com uma cabeça boa e, obviamente, qualquer tarefa em seu trabalho gerará coisas boas, sensações boas, e haverá realizações ali. No entanto, se a cabeça for ruim, nem mesmo aquilo que tem potencial de as realizar promoverá realização. A pessoa pode até estar na carreira que escolheu, na vocação dela, mas se a cabeça for ruim, não sentirá realização. Por outro lado, a pessoa pode estar desempenhando um trabalho que não tem a ver com sua vocação, mas tem uma visão tão boa daquilo, que consegue satisfazer a Alma e tirar muito proveito dessa situação, sentindo-se realizada.

Eu percebi que já fiz diversas coisas que não tinham relação alguma com aquela grande vocação, mas consegui tirar muitos conhecimentos bons dali, tendo sentido um bom nível de realização com aquelas experiências. Tudo depende do ponto de vista. As coisas são neutras. De como as vemos é que vai depender o significado, o tipo de experiência que teremos naquilo. Tudo é neutro. Até seu filho é neutro, depende de como você o vê. O filho pode ser um terror, mas a mãe poderá sentir-se bem com ele, dependendo de como ela o vê. O amor pode ser uma coisa maravilhosa ou ser um tormento, cheio de ciúme e insegurança. O amor não é bem nem mal. Depende de como a pessoa está vivendo a experiência amorosa.

Espiritualização

Completude

Como sabemos que aquele algo vai nos realizar? A realização é um sentimento de completude. Permanecer insatisfeito não é realização. Se você disser *olha, eu fiquei satisfeito, mas não me sinto completo*, então você não sentiu a realização.

Quando a gente se realiza é nossa Alma se realizando por nosso intermédio. A sensação de realização é de um sentir-se maior, de se expandir, pois o Espírito, quando se realiza através da gente, aumenta de tamanho, ou seja, ele sai do mundo das potencialidades e vem para o mundo da consciência, o mundo da realidade. Assim é que a realização tem tudo a ver com a espiritualização.

Sem espiritualização não há realização

O que é espiritualizar-se? É viver na Alma, no Espírito, onde se encontra o plano básico de onde todos os outros planos e dimensões do universo vêm. É o mais profundo, o imutável, é a origem, a *fonte*, enfim, é a estrutura básica de todo resto.

"Inteligência Espiritual é uma terceira inteligência, que coloca nossos atos e experiências num contexto mais amplo de sentido e valor, tornando-os mais efetivos. Ter alto quociente espiritual (QS) implica ser capaz de usar o espiritual para ter uma vida mais rica e mais cheia de sentido, adequando senso de finalidade e direção pessoal. O QS aumenta nossos horizontes e nos torna mais criativos. É uma inteligência que nos impulsiona. É com ela que abordamos e solucionamos problemas de sentido e valor. O QS está ligado à necessidade humana de ter propósito na vida. É ele que usamos para desenvolver valores éticos e crenças que vão nortear nossas ações".

Dana Zohar, revista Exame, 25/7/2001

Por vezes as pessoas não entendem por que apesar de terem conquistado dinheiro, terem filhos saudáveis, terem tido um bom casamento, tudo isso não as preencheu, não lhes deu a sensação de completude e permanecem com a impressão de que lhes faltou algo, ou seja, internamente estão ainda insatisfeitas. Por certo, o motivo é a forma pela qual a mente viu e dirigiu as experiências. Não são os filhos, o dinheiro, o bom casamento que trazem a realização, mas como as pessoas estão dentro delas perante tudo isso. Você seguiu seu ego de mãe ou de pai, seus valores, os preceitos sociais de como criar um filho e serem pais maravilhosos, ou você esteve ligado com sua Alma e viveu a experiência de Alma? Não é o filho que traz a felicidade, mas sua capacidade de se ligar com sua Alma e viver a experiência da presença do filho.

É assim com tudo na vida, com o trabalho, com a família, com os relacionamentos, com o dinheiro, com as posses materiais. Nesses casos, muitas vezes a mente, as ilusões levam para um caminho completamente oposto. Embora as coisas sejam boas e estejam lá com um grande potencial, você, perdido na ilusão, se desconecta de sua Alma e não consegue completar a experiência. A experiência foi boa, seu filho está bem, está tudo bem, só você não está, porque não viveu com a Alma.

A Alma, nosso aparelho sensor, é que dá o sentido completo a tudo,e o que preenche você é a sensação interior de completude

Sempre que você não estiver conectado com sua Alma, está numa ilusão. Ilusão egoica, ilusão do orgulho. Na ilusão de ser uma mãe ou um pai exemplar e perfeito, perdeu o contato com sua Alma e não viveu a experiência com o seu coração. Talvez você tenha achado que fez tudo certo, como manda o figurino, no entanto, não viveu com a Alma. Aquilo não foi significativo para você e para seu Espírito é como se não o tivesse vivido. Vem daí a sensação de vazio e cansaço que você sente. Também é assim no seu trabalho. Talvez para mostrar a seus pais ou ao mundo que você tem valor, fez de determinada maneira. Deu tudo certo, mas restou esse cansaço, essa insatisfação. Valeu a pena? Nada vale a pena quando se faz fora de sintonia com sua Alma.

Todo sofrimento vem da desconexão com a Alma

O trabalho, os filhos, o dinheiro, não têm nada a ver com seu estado. Tudo é muito bacana e gostoso, vai ser assim se você souber ligar-se a sua Alma e viver isso como uma bênção; ao contrário, se você se desconectar dela, viverá tudo como um problema.

"A maioria de nós busca um claro sentido de nós mesmos. Percebemos que as únicas sensações de completude vêm de dentro. Percebemos que a segurança exterior é falsa e que precisamos nos sentir seguros dentro de nós mesmos. Quando estamos totalmente presentes, ou em casa, é muito mais fácil nos sentirmos em paz e seguros e em harmonia com o todo – o Universo".

Sandra Ingerman[1]

O caráter deste trabalho é a espiritualidade, com o intuito de ensinar a viver na essência, pois que sem espiritualidade não há realização.

Cultuamos a Espiritualidade Independente, onde procuramos desenvolver, nosso próprio entendimento, o caminho de entrada nessa zona de nossa existência, que revela todas as fontes do saber e todos os sentidos das coisas, porque a Alma é o paraíso dos sentidos. É o que dá sentido à vida, à nossa existência, ao que fazemos

Sem espiritualização não há sentido

A vida por si só é desprovida de qualquer sentido. É a gente que dá um sentido a ela. Por isso é importante mergulhar na Alma, pois a Alma é só sentido, e nós procuramos o grande sentido, onde ocorre o fenômeno da realização. Buscar um sentido para a vida, na verdade, é se espiritualizar. Lembre-se: sem espiritualização não há realização.

A espiritualidade é uma necessidade inata do ser humano, independente da religião. O espiritual transcende a religiosidade. Religiosidade é a prática do espiritual de acordo com os ritos e regras peculiares a determinada religião, enquanto que o espiritual é a essência. Os índios, por exemplo, têm muita espiritualidade e nenhuma religião.

Viver na espiritualidade é viver sob uma influência constante que me orienta a trabalhar com o resto, e através dessa influência mexer com a Alma. Precisamos entender que

1 Trechos do livro *Resgate da Alma* da autora xamânica norte-americana Sandra Ingerman, publicado no Brasil pela Editora Vida & Consciência

O processo de espiritualização é um processo psicoespiritual, e não um processo religioso

A espiritualidade cuida da essência. Qualquer obra de arte é espiritual. Não precisa necessariamente ser uma obra sacra, pois o autor transfere para sua obra o que lhe é passado pelo Espírito. Espírito e Essência são sinônimos. Da mesma forma, o bom apreciador da obra é aquele que capta a Essência da obra. Tanto é que, ao apreciar, não raro ele se sente elevado. Ele se desloca do eu consciente, do mental e sobe para a esfera do espiritual, atingindo o nível da Alma, da Essência Divina. Pelo fato de todas as Almas estarem interligadas, por serem manifestações do Espírito Uno, o Espírito do apreciador da obra entra em sintonia com o Espírito da obra do autor. É assim com tudo na vida. Por ocasião do Natal, as pessoas dizem que é preciso entrar no Espírito do Natal, ou então no Espírito do carnaval, ou seja, é algo que não se explica, sente-se. É alguma coisa que está além dos rituais, das fantasias, das festas. Entrar no Espírito é entrar na Essência daquilo que não tem a ver com religiosidade.

Tudo tem um nível espiritual e perceber, sentir o nível espiritual das coisas é espiritualizar-se. Assim, existe o Espírito da aventura, o Espírito do sexo, o Espírito da empresa, o Espírito da maternidade, o Espírito da fraternidade, o Espírito do dinheiro. O que é o Espírito do dinheiro? É a ideia básica do que ele representa, que vai além de um simples papel ou moeda. É algo representativo de valores, de aspectos sociais, que facilita as trocas, desenvolvendo o comércio e promovendo o progresso.

Meditação

Uma das formas mais eficientes de se espiritualizar é através da meditação. Quando pratico a meditação, geralmente uma vez por semana, ao atingir certo grau, percebo que o mental deixa de funcionar na superficialidade e adentra seus níveis mais profundos. Nessa hora, sinto-me em comunhão com meu EU Superior. Nada, nada, realmente nada, tem tanta importância. O tempo parece parar ou não existir. Sinto que os fatos e o que vem das pessoas não me afetam. É um sentimento bom comigo e com todo mundo, não importa o que tenham feito.

No estado meditativo a gente sai do nível superficial do mental e se eleva para o nível mais profundo, o espiritual. Daí a sensação de neutralidade com relação aos fatos e às pessoas, pois a Alma, devido ao seu caráter impessoal, anula as emoções apaixonadas do mental egoico. O que acontece, na verdade, é que, quando a Alma se conecta com o EU Superior, nossas ilusões, o lado pessoal humano cheio de emoções, as diferenças, os preconceitos, os ressentimentos desaparecem.

Na meditação, a Alma, como um grande aparelho sensor que é, liberada das ilusões mentais, percebe a Essência de todas as coisas, num contexto completamente novo. *Ela* tem o poder de penetrar e captar o sentido espiritual de tudo, o Essencial. Nesse estado, nós não somos afetados pelas pessoas e seus atos, mas percebemos as situações em sua profundidade. Então, não interessa se o pai é o pai, se a mãe é a mãe, o que as pessoas representam para nós. O erro é o erro, o certo é o certo, a pessoa é a pessoa, tudo é impessoal. Ser impessoal é transcender as paixões e os papéis que cada um representa, para ver o real, o verdadeiro.

Saber ser feliz

Na realização não há ansiedade. Você não sai por aí ávido atrás de motivos para o deixar feliz. Há paz na realização, porque a realização vem da Alma. E a Alma é pura paz e harmonia. Ao contrário, o mental é ansioso e você acha que quando realizar uma série de conquistas será feliz.

Felicidade é um estado interior, resultado da capacidade de gerar bons estados de Alma. Só é feliz quem sabe sê-lo

Há pessoas que encontram realização em fazer algo para os outros, em cuidar de um jardim, em cozinhar uma comida, em lidar com as artes, com a ecologia, em ensinar, independentemente de um retorno monetário. A realização não depende do que se faz, mas de como se faz. A realização é individual. Cada um tem determinadas coisas na vida que vão produzir realização.

A realização pode estar em qualquer atividade, seja humanitária, tecnológica, científica ou comercial, com ou sem retorno financeiro. O que importa é que a atividade na qual se envolva preencha os requisitos da Alma. Pode ser que você nunca vá se realizar como mulher, como pai, como professor, e por mais que você desempenhe esse papel com boa vontade, por mais que você queira desempenhá-lo, não significa que sua Alma esteja presente, pois para ela talvez não seja importante. Quem sabe seja possível, não significativo.

A Alma é um lugar onde se encontram todos os significados

Tudo que significa algo é porque toca a Alma. Algo significativo é aquilo que é seu anseio interior, muito distante, às vezes, de seu desejo, de seu racionalizar sobre o que seja bom. Pare de pensar sobre o que é bom para você e procure *sentir* com mais cuidado e profundidade o que realmente mexe consigo. Aposto que você vai se admirar com a quantidade de possibilidades que você tem de se sentir feliz, como, por exemplo, quando realiza atividades simples, como cozinhar, ouvir música, sair com o cão, visitar um amigo, frequentar o bar da esquina.

É tarefa individual descobrir o que deixa a Alma feliz

As coisas que vêm de dentro provocam realização. Dizem respeito ao seu jeito, à sua individualidade. Você tem feito muitas coisas na vida? Foram satisfatórias? Sim. Mas sentir-se realizado é outro papo. Muitas vezes não foi o trabalho que o realizou; saber que você foi capaz de fazê-lo o realizou mais do que o próprio trabalho. Você fez, fez benfeito, lhe deu dignidade, uma realização interior saber que é uma pessoa capaz de lidar com uma série de elementos, se deu bem, aprendeu. Poxa! Isso foi legal. Sentiu-se completo. Poderia fazer qualquer outro trabalho, talvez não fosse aquele com o qual mais se identificasse, mas a execução dele teve tais consequências realizadoras, que para você foi uma conquista. Às vezes o trabalho não é muito agradável, mas o que conta é o fato de você ter tirado dinheiro dali e com ele ter feito um monte de outras coisas que trouxeram realização, fazendo você sentir-se mais completo, mais capaz, mais digno.

Saber se satisfazer com as coisas é uma arte, uma sabedoria que precisa ser desenvolvida

A arte da felicidade

A gente costuma ficar esperando que uma determinada situação nos leve a sintonizar a felicidade que já mora em nós, para depois senti-la, tipo assim, *ah, eu fiquei feliz com o que você me fez!* O outro precisa fazer algo para a gente se sensibilizar, para conseguir se ligar na felicidade. Porém, essa tarefa não pode ficar nas mãos dos outros e nem na dependência de eventuais situações que o mundo nos apresenta. Nós precisamos fazer essa conexão direta e de forma independente dos acontecimentos exteriores. Essa é a arte de sentir felicidade. É saber que está em nossas mãos detectá-la e conectá-la. Precisamos aprender que é a mente que controla os momentos que vão sintonizar o lugar interior onde a felicidade já existe.

Os fatores externos não têm mais importância que as coisas de dentro

Quem pensa e age assim está sempre se sentindo feliz, porque não dramatiza, não importa a situação que se apresente. Na medida em que a gente faz a conexão, a Alma toma conta e imediatamente soluciona a situação, e logo sentimos que aquilo é bobagem, que se resolve assim ou assado, que vai dar tudo certo. Dessa forma, a pessoa está sempre bem, mesmo envolvida numa situação densa como, por exemplo, a doença de um familiar. Ela sintoniza a felicidade dela e então fica bem. O contentamento está lá, é só sintonizá-lo.

"Em vão procuramos a verdadeira felicidade fora de nós, se não possuímos a sua fonte dentro de nós."

Marquês de Maricá

Emoções e sentimentos

Um dos sintomas da felicidade é a alegria. Parece óbvio, mas não é tanto assim. É que geralmente as pessoas confundem alegria com euforia, mas há uma grande diferença entre as duas.

O aparelho mental, por intermédio dos pensamentos excitantes, provoca emoções. Ele também pode estimular a Alma provocando sentimentos. A euforia provém puramente das emoções. A alegria provém do bom humor e dos sentimentos. Bioenergeticamente, o excitamento são correntes de emoções que fluem no sentido vertical do corpo. Sobe, desce, sobe e desce, enquanto que os sentimentos, por serem atributos da Alma, são ondas que se expandem no sentido horizontal, a partir do peito.

A euforia sempre vai depender de um fato exterior excitante, como uma festa, um jogo de futebol, um espetáculo, um aumento salarial, uma promoção, uma viagem à vista, enquanto que a pessoa é alegre devido ao seu temperamento, que é a expressão da individualidade do Espírito. O Espírito de todos é alegria. Quer dizer que a alegria já mora em você. Só aparece se a mente provocar, induzir. A alegria é serena e equilibrada, enquanto que a euforia envolve certa aflição. A alegria tem origem no corpo espiritual, por sua vez a euforia provém dos pensamentos excitantes. Nada contra a euforia, é muito bem-vinda. No entanto, vale o alerta para que, quando a euforia se for, o contentamento permaneça.

Todavia, existe outro fator, mais profundo e duradouro que a alegria, que vem totalmente da Alma, ou melhor, se origina nas profundezas da Alma. É o contentamento. A Alma sentindo sem a interferência do mental superficial e mórbido é outra coisa. Enquanto a alegria são ondas bioenergéticas de satisfação, o contentamento é um estado constante de expansão interior.

A alegria nós temos naqueles momentos gostosos, de descontração, como uma hora com os amigos. Aí você vai para casa, quieto, com humor calmo, isso é contentamento. O contentamento não foi provocado pela situação anterior e não depende do estado de humor. Ele já existia antes e continua depois. Só não aparecia porque seu aparelho mental não o sintonizava. O contentamento suplanta a euforia e a alegria, pois a pessoa vive na Alma e não na mente e independe do estado de humor ou de uma situação qualquer.

A alegria é decorrente do humor. A pessoa ri, se balança, sente no peito. Há uma expansão de comportamento. O contentamento, por seu turno, muitas vezes, nem se expressa visivelmente no corpo. Nem precisa, pois trata-se de um sentimento profundo da Alma, que sempre está presente, mesmo que você esteja envolvido num assunto sério. A alegria tem um caráter momentâneo, circunstancial, enquanto o contentamento é duradouro. Nesse ponto a psicologia católica tem razão, porque os valores da Alma são superiores aos valores materiais, ou da emoção.

No entanto, não podemos desprezar os valores da matéria e tampouco as emoções, que têm um sentido importantíssimo em nossa vida. Sem dúvida os valores originários da Alma valem mais, duram mais, são muito melhores. Porém, uns não precisam existir em detrimento dos outros. Muito menos se pode acabar com a emoção e o emocional. Os dois são importantes aspectos para a constituição humana, tanto o espiritual quanto o material. Os dois são expressões da natureza. Tudo, absolutamente tudo, que o Criador inventa tem sua utilidade.

O contentamento é infalível para vencer a depressão e trazer a autovalorização de volta. A falta de contentamento cria depressão porque a pessoa entra no desânimo, isto é, sai da Alma.

De volta à infância

A criança sente a Alma das coisas, por isso é realizada, embora não saiba disso. Ela saboreia com a Alma a cor, se encanta com o novo, saboreia com a Alma os diversos sabores, saboreia com a Alma uma música, um cheiro, cada detalhe. Como seu mental não está tomado pelas ilusões, a Alma tem espaço para se manifestar. Quando está curtindo algo, é sua Alma curtindo através dela. Isso é realização. Isso é felicidade. O dito "*eu era feliz e não sabia*" faz todo sentido, pois a criança não tem consciência da realização. Depois ela cresce, o corpo mental se expande em detrimento do corpo espiritual, abrindo espaço para as ilusões, fazendo com que se perca o senso de realização. Não há dúvida que, para sair das ilusões, terá de lançar mão da dor da desilusão, da frustração. Mas essa dor é justamente para que a pessoa tome consciência do verdadeiro e aprenda a educar sua imaginação, uma vez que as ilusões são formadas pelo uso inadequado dos sensos.

O processo é assim para todo mundo. Na fase adulta, quando sentimos um cheiro, um gosto, quando vemos uma figura, uma cor, ou quando ouvimos uma música de quando éramos crianças, imediatamente somos remetidos, de forma agradável, àquela época. Há um sentimento momentâneo de alegria, de aumento, de expansão. Trata-se das sensações que a Alma sentia quando éramos crianças.

Realizar-se é voltar à infância com consciência. Então você poderá dizer: "eu sou feliz e sei"

"Se não vos fizerdes como crianças, de modo algum entrareis no reino dos céus."
Jesus

Sensos da Alma

A Alma é o grande sensor do ser humano, onde há os sensos. Senso de cor, de proporção, de tamanho, de quantidade, de matemática, de ética, de estética, de verdade, de liberdade, de humanidade, de realidade, de jogo de palavras e de musicalidade na palavra que é a poesia, senso de arte, de adequado, de funcional, tudo isso são sensos. É neles que se apoia a razão. Os sensos fazem movimentar a razão no sentido perfeito dela. Sem o senso não há razão. A Alma dá base ao raciocínio lógico. Sem ele não há matemática, não há ciência.

Na verdade, o que é estimulado na escola é o senso para usar o senso. Toda nossa educação é para estimular o senso. É na Alma que acontece isso. Não existe nada mais extraordinário. E quanto mais se investe no senso, mais ele aumenta, pois ele tem um espaço infinito para se manifestar. A Alma, por ser um aparelho sensório, é que dá todos os sentidos para a vida, passando sempre, porém, pela estrutura da mente.

O aparelho mental é para funcionar com a Alma. Faltou Alma, faltou senso, a mente toma a imagem distorcida. Para evitar a distorção é necessário religar nosso senso, rever com mais cuidado determinada questão. É um trabalho necessário, que nos mostra que cada vez mais disciplinamos nossa percepção, nossa imaginação, por intermédio de nossos sensos. Ou seja, a Alma é o centro de nossa vida. Sem ela criamos as ilusões que fatalmente nos levarão às desilusões e sofrimentos. O que é real? A Alma é real. Sentir é real. Pensar não é real. É simplesmente pensar com o conteúdo da realidade.

Sempre que falamos em bom senso estamos falando dos sensos da Alma. *Use seu bom senso.* Não é assim que dizemos quando queremos orientar uma pessoa numa determinada tarefa? Ou seja, *siga sua Alma.* Quando realizamos algo conectados com nossa Alma, o resultado sempre é saudável, caso contrário será desarmônico. Se a pessoa perder o bom senso ela se torna psicótica. O bom senso é algo individual, portanto, diferente daquilo que chamamos de senso comum, em que todo mundo acha que é política, social, moral e eticamente correto. No bom senso nós seguimos nossa individualidade, enquanto que no senso comum as pessoas são guiadas como cordeiros tangidos pelo pastor, seguindo regras, dogmas e padrões estabelecidos.

O problema do ser humano é que estamos com uma estrutura que não contribui para o respeito à verdadeira individualidade, à Alma. Portanto, é preciso mudá-la, e mexer na estrutura é fazer conexão com a Alma. Fazer conexão em si. Vamos lá.

Ponha a mão no peito, agora. Não escute a pessoa que está na sua mente, mas aquela que está sentindo lá dentro. Sinta-a lá dentro. Diga o seguinte: *agora eu só penso em mim. Eu nunca mais vou pensar em ninguém. Eu vou pensar só em mim.* Sinta como sua Alma se expande em detrimento da cabeça. Esse confronto entre a Alma e a mente faz por percebê-las nitidamente. A estrutura da mente, com seus aspectos mais terríveis ,e a Alma achando isso ótimo. Quando você diz *eu só vou pensar em mim*, na verdade você está dizendo: *eu só vou me sentir. Eu só vou por mim. Só vou me guiar por mim.* E a Alma, que ama isso, promove essa sensação de expansão. Isso significa que você está conectado a ela.

Somos divinos

Na minha infância, ao estudar o catecismo, a primeira pergunta que a catequista me fez foi: *Morigi, onde está Deus?* Como já havia decorado em casa, respondi: *Deus está no céu, na terra e em toda parte*. Para mim Deus era como um homem, um rei muito poderoso que ficava sentado lá em cima no céu e aqui em baixo era como o vento. Estava em toda parte, menos no interior de tudo o que existe e no inferno, território exclusivo do diabo. Aprendi que nós estávamos de um lado e Deus do outro, observando o tempo todo o que fazíamos para, nesta vida ou após a morte, recebermos a respectiva recompensa ou castigo. Ou seja, sempre estávamos separados dele. O "*em toda parte*" significava que Deus apenas circundava tudo e todos. Ele não estava em nós, em nossos atos, nos bichos, nas pedras, nos vegetais, no fogo, na água e em tudo mais.

Com o tempo, ainda na fase do seminário, esse Deus foi caindo em descrédito, porque surgiam questões e mais questões que meus superiores não esclareciam satisfatoriamente. Sempre ouvia a mesma resposta: *são mistérios de Deus*. Tal argumento não me convencia mais.

A questão que mais me intrigava era: se Deus é onipresente, onipotente, onisciente, infinitamente bondoso e infinitamente justo, como cria um filho sabendo que ele vai para o inferno, arder no fogo pela eternidade? Primeiro, esse Deus seria no mínimo o pior carrasco da terra. Em segundo lugar, Ele não seria tão onisciente assim.

Outra pergunta que com frequência me atormentava era: se Deus fez o céu só para as pessoas boas, e quem fosse para lá seria eternamente feliz, primeiro, o que essas pessoas ficariam fazendo lá pela eternidade? Depois, se uma mãe de onze filhos, como a minha, fosse para o céu – eu acreditava que todas a mães iam para o céu – e alguns dos filhos fossem para o inferno, como ela se sentiria? E na hipótese de todos os filhos e o pai também irem para o céu, e os filhos dos filhos, e as mulheres e maridos? Ou seja, sempre haveria alguém com algum filho no inferno. Sempre haveria alguém no céu sofrendo por ter um ente querido no inferno, pela eternidade. Isso era contraditório para mim.

Outra questão envolvia uma figura que muito me atormentou: o diabo. Como eu judiava um bocado de minhas irmãs mais próximas, certa vez, lá pelos meus 10 anos, ouvi uma dizer à outra: *o Lucio é tão ruim que eu tenho medo que um dia o diabo venha buscá-lo*. A maioria das vezes eu rezava mais por medo do diabo do que para pedir ou agradecer a Deus.

Eu perguntava por que Deus, sendo tão poderoso, não acaba com o diabo? Por que Deus tinha que ter um concorrente? Na época eu acreditava que no inferno havia muito mais almas que no céu, pois, se eu que era tão religioso corria o risco de ir para o inferno, imagina todo esse povo que pulava carnaval! No meu entender, o diabo era mais poderoso que Deus.

"O que havia de mais pavoroso era o juízo final. Do lado direito de Deus, os bons, e do esquerdo, os maus. Então dirá também aos que estiverem à sua esquerda: Apartai-vos de mim, malditos, para o fogo eterno, preparado para o diabo e seus anjos".

Mateus, 25.41

No meu pensamento, o inferno já estava pronto antes mesmo de o ser humano existir, e era como se Deus tivesse dito: *Eu sei que alguns de meus filhos me desobedecerão, então vou criar um lugarzinho aqui para eles.* Da minha parte, sempre tinha a esperança de que estaria do lado direito, mas pensava triste: e se um irmão, uma irmã ou o pai estivessem do outro lado? Aliás, a possibilidade de alguns estarem em lados opostos era muito grande, afinal éramos onze irmãos mais o pai, porque a mãe já estava salva. Confesso que muitas vezes tive mais medo de Deus do que do diabo.

Jamais duvidei da existência do Criador, mas sim da forma como era Esse Criador. Tinha uma necessidade constante de saber do Deus verdadeiro. Com o tempo, após ouvir outras pessoas, ler diversos livros a respeito, estudar outras religiões, as ideias antigas que eu tinha sobre Deus começaram a se decompor e tomar uma nova direção. Foi um caminho evolutivo que culminou na mudança radical de meu conceito a respeito Dele. O Deus que só existia fora aos poucos foi desaparecendo, e surgiu Outro que começou a fazer parte de minha pessoa, até tomar conta totalmente. Hoje, além do Espírito Uno estar no céu na terra e em toda parte, também está em mim. Então, todos aqueles *mistérios* começaram a ser desvendados.

Hoje, quando penso em Deus não surge a figura de um homem lá no céu, nem do vento me vigiando aqui na terra. A pequenez de nosso aparelho mental está longe de definir Deus em Sua totalidade, mas a ideia que tenho dEle hoje é infinitamente mais ampla do que a que tinha antigamente. A definição que mais se aproxima para mim é que o Espírito Uno é como uma Onda Inteligente que permeia tudo em todas as dimensões.

É a Fonte de Vida, O que faz existir. É uma Onda Cósmica Energética multidimensional que dá sentido a tudo, que está vibrando em tudo, inclusive em nossos pensamentos, em nossos atos, nas atitudes dos animais, dos vegetais, das pedras, da água, do fogo, do ar. É *algo* totalmente estruturado, um Comando Geral que não está observando, mas existindo, sentindo, vivendo. Hoje sinto verdadeiramente que sou a concretização, a individuação Dessa Onda Infinita. Trata-se de algo mais abstrato, mas ao mesmo tempo mais perceptível, mais palpável, mais real.

Agora olho para mim e me vejo sagrado. Sinto-me muito mais livre. Essa Força agora vive em mim. O Deus que era estranho agora faz parte da minha intimidade. É uma sensação que me credencia à extraordinária conexão Universal. É uma Força Energética que me organiza, me estrutura como ser humano, que me faz perceber individual, com um corpo coeso diferente de um inseto, de uma pedra, da água, da minhoca, de um corpo astral, e ao mesmo tempo com uma leve sensação de que faço parte deles. Há um sentir novo que aproxima Deus das sensações físicas. Um Deus que deixa de ser um homem e se torna homem nos homens, mulher nas mulheres, animal nos animais, objeto nos objetos.

Hoje entendo que o Espírito Uno é infinitamente justo. Ele é tão justo que deixa para eu, para você inventar as leis. Ele não condena nem absolve ninguém. Deixa essa tarefa para a gente. Se nos condenarmos, teremos que pagar. Se nos absolvermos teremos a liberdade.

Toda lei que você inventar ou toda a lei que acatar dos outros, você estará submisso a ela

Faça suas próprias leis, mas faça-as brandas. Não seja tão rigoroso para com você. Faça leis que o liberam e não que o acorrentem. Tudo está no seu aparelho mental. Todo poder está em suas mãos.

Antropomorfismo

Deus não é antropomorfo, ou seja, não tem a forma humana, e muito menos é do sexo masculino. Todo esse desvirtuamento da figura e do comportamento do Poder Universal deve-se ao fato de a gente ligar a imagem e o comportamento dEle aos de nossos pais. Se você prestar atenção vai constatar que a forma de obedecer, de agir com seu pai é muito próxima da que você usa com relação a Deus. Quanto mais autoritária a figura paterna para uma pessoa, mais rigoroso e autoritário se afigurará Deus para ela. E por que a figura paterna e não materna? Porque Deus sempre foi tratado como sendo do sexo masculino. A própria oração diz: *Pai nosso que estais no céu...*

Na Bíblia está escrito que Deus fez os seres humanos à sua imagem e semelhança, isto é, nós somos Deuses. No entanto, os seres humanos fizeram Deus à imagem e semelhança deles, dando-lhe esse aspecto antropomorfo com as atitudes de seus pais. Foi o que aconteceu comigo. Eu tinha meu pai como rigoroso, autoritário, temível, distante e por vezes inacessível, embora tivesse seus momentos de amabilidade, proximidade e compreensão. Deus, para mim, também tinha essas características. As pessoas que têm seus pais mais compreensivos e brandos têm uma visão de Deus correspondente a esses aspectos. Já minha mãe, devido à sua proximidade, intimidade, disponibilidade e ao mimo que, às vezes, me dispensava, ligava-a à figura de Nossa Senhora. Acredito que o que acontecia comigo ocorria com os demais irmãos, pois me lembro bem de que sempre que precisávamos de algo que necessitasse da permissão do pai, era à mãe que recorríamos como intermediária. Tal fato também se refletia nas práticas religiosas. Os pedidos, as preces eram, e ainda são no catolicismo, muitas vezes direcionados a Maria, para que interceda ao Pai por eles.

Meu encontro com o diabo

Felizmente esse Deus não existe. O diabo, por sua vez, também não. (Eu tinha tanta pena dele!) Tampouco assume aquela figura patética e hilária com que o representam. O surgimento da representação do diabo com pés de cabra, chifres, rabo e às vezes como um bode preto deu-se pela importação, por parte da Igreja, da figura do deus Pan da mitologia grega. Pan era o deus dos bosques, dos campos, das florestas, dos caçadores, dos pastores, dos rebanhos, tendo torso, cabeça e pernas humanos, chifres e orelhas de bode. Seu nome em grego significa *tudo*, e nele era adorada toda a natureza. Havia o grande deus Pan e os *panzinhos*, elementais que tocavam uma espécie de flauta pelas florestas, pelos bosques e campos e eram responsáveis pela harmonia da natureza e pelo sucesso das colheitas. Era uma coisa belíssima.

Todavia, com o intuito de desviar as pessoas do culto dos deuses pagãos e arrebanhá-las, durante muito tempo a Igreja vinculou a figura do diabo à do deus Pan, primeiro nas cidades, e só posteriormente nos campos, porque o plantio, as colheitas ainda dependiam das práticas xamânicas pelas quais os campesinos se comunicavam com os elementais.

Para que possamos assimilar melhor o sentido de diabólico ou demoníaco, precisamos falar do conceito de eternidade. Eterno não é um tempo infinito no futuro, mas a ausência do tempo, isto é, um *continuum*. Quando a gente toma consciência de que a eternidade refere-se a um *continuum*, um existir infinito para trás e para a frente, a razão da existência do tempo deixa de fazer sentido, como sugere o pensamento científico, e que cada um de nós está viajando, existindo, nessa linha, a ideia a respeito do que chamamos diabo fica clara.

Estamos aqui onde estamos, experienciando o que estamos experienciando, e seguiremos para sempre na transformação. Quando comecei a perceber isso, que havia outras realidades na vida, que não há como deixar de ser uma Consciência que se expande num *continuum*, que posso estar hoje reencarnado neste mundo, neste planeta, e que daqui partirei para tantos outros mundos, planos, com frequências vibratórias diferentes, pude deduzir, entender mais os propósitos do Grande Espírito. Percebi que esse processo é muito mais antigo.

Assim, pude entender o que era o diabo, ou seja, pessoas em estados temporários e que se demoram na experiência da violência, do caos, das trevas, mas que são todos seres passando por um processo e que se regenerarão no *continuum* de suas existências. Aliás, muito provavelmente todos nós já estivemos nesse estado, vibrando nessa frequência, pois se percebemos hoje que nossa Consciência está mais expandida que no passado, quer dizer que em algum instante desse *continuum* estávamos mergulhados na ignorância, no caos, nas trevas. Foi dessa forma que os cientistas descobriram o Big Bang: se o universo está em expansão, significa que um dia ele esteve reduzido ao infinitamente concentrado.

Embora o diabo como nos foi pintado não exista, quando eu olho para mim, para você e para os outros, percebo que nós temos um lado demoníaco ainda em nós, mostrando bem claro que é apenas um estado que vamos superar, e que ainda estamos superando. Todos nós temos esse lado, que são forças que ainda não sabemos usar com lucidez. Quero dizer que o diabo, ou meu lado ignorante, sempre esteve comigo. Porém, um dia tive que encará-lo.

Aquele diabo, assim como Deus, que era separado de mim, consistindo num ser muito poderoso que batia palmas, vibrava, pulava de alegria toda vez que eu sucumbia às tentações, toda vez que praticava alguma maldade, toda vez que prejudicava alguém, aos poucos fui percebendo que fazia parte de mim. O estado diabólico não é um privilégio de desencarnados. Quando temos inveja, desejos de vingança, culpas, arrependimentos, raiva desgovernada, remorsos, estamos sintonizados na frequência do diabólico. Certo é que todos nós teremos, mais cedo ou mais tarde, que confrontar esse nosso lado atrasado, ignorante, nosso lado preso a valores ainda distorcidos, caóticos, que fazem tanto mal a nós e aos outros.

Obsessão

Um desses males ocorre no processo chamado de *obsessão*. Quando se afirma por aí que tal pessoa *está com o diabo no corpo*, ou *possessa pelo demônio*, significa que um ou mais desencarnados que vibram no plano astral inferior encontram-se energeticamente ligados àquela pessoa. Como se dá a desobsessão, também chamada de exorcismo? Com o concurso, aqui no plano físico, de um ou mais médiuns, seja um xamã, um espírita, um padre, um pastor, ou alguém que não pratica nenhuma religião, pois a mediunidade é um dom natural do ser humano, que com a vibração energética muito forte que possuem facilitam o desligamento, e com a ajuda de trabalhadores desencarnados esses obsessores são retirados e isolados temporariamente. Às vezes, um simples convencimento por meio de palavras, dependendo da compreensão do desencarnado, ele abandona o obsediado. A intensidade do trabalho de desobsessão vai depender da intensidade da ligação psicoenergética. Quando ocorre o processo da obsessão? Quando a pessoa se abandona e constantemente fica reivindicando o apoio alheio.

Quem não tem posse de si, fica com seu poder ao deus-dará, ou seja, em disponibilidade. A pessoa se abandona quando se vê como vítima, quando se vê menor, incapaz, quando é dramática, quando sente culpa e arrependimento. A obsessão não é uma exclusividade do desencarnado. Aliás, os maiores sofrimentos decorrentes desse processo dão-se entre os vivos, nas famílias, nos relacionamentos amorosos, no trabalho. Os sintomas são os mais variados possíveis, como esgotamento físico, desânimo, quebradeira, tristeza, depressão, toda uma gama de perturbações psicológicas, desinteresse, falta de iniciativa, vontade de morrer.

Perceba aí, neste momento, em quem você está ligado? Você dá muita importância para o que os outros pensam a seu respeito ou para os preceitos sociais? Você é mais você ou mais os outros? Quem domina você psicologicamente? Quem dirige a sua vida? De quem você está querendo o apoio, a consideração, o amor? Ou, ao contrário, quem você está dominando? Por quem você está se responsabilizando? A vida de quem você está dirigindo? É para essas pessoas que está fluindo sua energia. Ou seja, você está sendo obsediado ou obsessor. E para cortar o fluxo? É só ficar do seu lado, sempre. É se apoiar sempre. É tomar posse de si. É convencer-se de que aquilo que os outros pensam a seu respeito só interessa a eles. É deixar de ser dramático. É largar o vitimismo.

Ninguém, absolutamente ninguém, seja encarnado ou desencarnado, tem poder sobre você. Eles só aproveitam as brechas que você abre

Então, como dissemos, o diabo, da forma como aprendemos, não existe. O que existe são desencarnados, e muitos deles já reencarnados, que ainda não aprenderam a lidar com a Luz e vibram na ignorância, nas trevas. Seu grau de interferência no plano físico varia desde a simples obsessão de um parente recém-desencarnado, até o caso extremo de provocarem devastações no ecossistema do planeta ou uma guerra mundial. Nesses casos, trata-se de espíritos muito atrasados, perigosos, violentos que perderam totalmente o contato com a Alma. Evidentemente, para a Arquitetura Universal tudo isso tem um sentido, que foge de nosso total entendimento.

Sabemos, no entanto, que é uma experiência momentânea pela qual tais desencarnados estão passando, e que um dia perceberão que não vale a pena trabalhar com a dor, com o caos, com as trevas, então terão sua oportunidade de sair daquela situação. Sempre, sempre terão oportunidades e mais oportunidades. Ninguém será condenado pela eternidade. Afinal, também são filhos que carregam o Poder Universal em seus corações. Todos os seres humanos, por serem filhos do Poder Universal, um dia experimentarão a felicidade, a realização e infinitamente mais.

Os jardins do Éden são para todos, indiscriminadamente, no seu devido tempo. Por isso é que a reencarnação é uma bênção. É a oportunidade que cada um tem de desenvolver suas virtudes e faculdades, para cada vez mais abrir a Consciência e usufruir as maravilhas do Criador. Como vimos, o Espírito vale-se da matéria para poder desenvolver nos Corpos essas virtudes e faculdades, e assim, aos poucos, vai tomando consciência de quem é: o próprio Espírito Uno. Tal pai, tal filho.

Somos Um, porém individualizados

Tudo, absolutamente tudo o que existe é manifestação do Espírito Universal, inclusive nosso mental, nossos atos. Por mais que você considere errado o que tenha feito, foi um ato do Espírito do Universo, pois quando você se expressa é Ele *se* expressando por seu intermédio. É uma grande fantasia a ideia de que você faz e Deus observa. Não há ninguém observando-o que não seja você mesmo. E quando você se observa é o Espírito Uno observando por intermédio de seu aparelho mental. Assim como só existe uma Única Mente, não existem duas coisas separadas, nós e Deus. Há apenas uma: O Espírito Uno.

O Espírito Uno é como se fosse uma lâmpada brilhando na escuridão, sendo que cada ser é um raio seu. Cada raio é totalmente diferente do outro, na intensidade do brilho, na cor, na direção, no comprimento, em todos os aspectos. Nosso EU Consciente está na pontinha do raio, que vem viajando a partir da Fonte de Luz, desde a explosão do Big Bang.

Tudo e todos estão ligados à Lâmpada. Somos raios da mesma Luz. Na Luz, eu e você somos um. Se você deixar de brilhar devido ao desânimo, toda Lâmpada diminui seu brilho. Os raios, portanto, são o Espírito Uno individualizado. Individual não quer dizer separado. Individual é aquilo que é diferenciado. Não há sequer um raio dessa grande Luz igual ao outro.

Nada é igual a nada no Universo

Queremos ressaltar que devido à figura antropomórfica que está ligada à palavra Deus, bem como ao desgaste que sofreu ao longo do tempo, embutindo a ideia de separação, para designá-lo preferimos empregar os sinônimos Espírito Uno, Poder Universal, Mente Universal, Vida, Poder Cósmico e Natureza.

Cada um de nós é estrutura divina individualizada, capaz de viver no Universo da Mente, no Universo da Inteligência, no Universo dos Corpos, no Universo da Alma. Quando você se sente bem, o Espírito Uno se sente bem. Quando você se sente mal, o Espírito Uno se sente mal, porque o brilho de um de seus raios perde a intensidade. Assim é que seu brilho, seu sucesso, sua realização é o desejo do Espírito Universal em você.

Há um só caminhar no universo: o caminhar do Poder Universal, e a velocidade depende de quanto esse Poder a desenvolveu em cada pessoa. Depende da estrutura de cada um. O EU Consciente e o EU Superior são o mesmo, com expressões em quantidades diferentes. O EU Consciente, tendo em vista sua limitação, acha que está separado do EU Superior. Ele sozinho não consegue perceber sua real dimensão, porque não tem estrutura para tanto.

Todo conhecimento vem do EU Superior. Quando somos espirituosos, geniais, criativos, quando temos grandes percepções, *insights*, inspirações, intuições, significa que estamos conectados com camadas mais profundas de nosso EU Superior. Logo, não interessa quem somos, não contam nossas experiências, não importa o que fazemos. A sabedoria se manifesta e pronto. É como na obra de arte, em que ela chega e transmite aquele momento de inspiração, o artista faz algo genial e não consegue mais pelo resto da vida. Como se diz, *foi tocado por Deus.*

Qualquer ato corriqueiro de nosso dia a dia é uma manifestação do EU Superior. A religião nos colocou que as manifestações divinas em nossa realidade são algo espetacular, fenômenos raríssimos, um privilégio de poucos, afastando a possibilidade de esses fenômenos serem cotidianos, de estarem ao alcance de qualquer um. Quando temos lances geniais, somos nós tocando nossa profundidade divina. Quando temos intuição é o EU Superior falando, tentando comunicar-se para nos orientar, eis que ele é o grande orientador. O EU Superior não é um ser distante, praticamente inatingível, completamente separado de nós como nos foi ensinado.

Cada um de nós é parte do Espírito Uno que está se conhecendo

Nós somos deuses expressos em formas humanas. Eu, você somos o Espírito Universal em forma de homem ou de mulher. A floresta é o Espírito Universal em forma de floresta, o rio é o Espírito Universal em forma de rio, a pedra é o Espírito Universal em forma de pedra. A barata é o Espírito Universal em forma de barata, e assim por diante.

Nós, que cultuamos a Espiritualidade Independente, não aceitamos a ideia de um Deus separado de sua obra. Sua obra é Seu Corpo. É como se o Espírito Uno tivesse dito no exato momento da explosão primordial: *Faço-me Corpo, Carne e Vida. Quero Me ver e Me sentir completamente.*

Medo de negar a Deus

Quando fiquei sabendo que eu e Deus éramos Uma Coisa só, levou um certo tempo para eu me acostumar com a ideia e tomar consciência da unicidade. Embora meu conhecimento tivesse caminhado, o condicionamento ainda não, completamente. Permaneceu um componente psicológico muito forte que fazia com que eu criasse resistência à nova estrutura que se apresentava.

Com o tempo, percebi que se tratava do medo do antigo Deus, de negá-Lo. A própria ideia de um Deus-pai rigoroso, autoritário e punitivo contribuía para a existência desse medo. Era como se o sagrado estivesse sendo profanado. Foi preciso confrontar esse medo, com exercícios envolvendo postura interior de sentir-me Uno e de mentalização, que consistia em dizer seguidamente em alto e bom tom, na vibração da voz, *Deus não existe*! Se você proferir essa frase, vai perceber que ela soará um tanto quanto estranha. Pudera! Uma crença tão arraigada, tão cristalizada em nosso subconsciente, não vai ceder assim facilmente. O medo de Deus faz com que a gente não O negue.

Ao tempo em que negava Deus, em Seu lugar fui plantando a ideia do Espírito Uno, já que era impossível conviver sem a crença de um Poder Universal. Fui mentalizando e interiorizando a crença na Unicidade, dizendo da mesma forma frases do tipo

- Eu Sou o Espírito Uno.
- O Poder Universal está em mim.
- Sou Criador e criatura.
- Eu e a Natureza somos um.
- Tudo que eu faço é perfeito, porque sou divino.
- Eu sou a expressão da Inteligência Universal.
- O Espírito Uno *se* realiza por meu intermédio.

Com essa prática, aliada ao fato de que não tinha cabimento ter medo de uma fantasia, e consciente de que minha compreensão havia avançado espiritualmente, o antigo Deus foi sucumbindo e com Ele se foi também o medo.

O Deus separado precisa morrer para surgir o Espírito Universal. Os conteúdos novos, profundos, cheios de *insights*, inspiração, intuição, cheios de espiritualidade verdadeira é que o ajudam a se libertar da ideia equivocada de Deus. Quando me desfiz desse Deus-pai, limitado, opressor, me vi livre também de toda carga emocional que trazia em virtude das experiências traumáticas e difíceis, frutos das ideias autoritárias que impediam a verdadeira conexão com o Espírito Uno. Hoje consigo um contato sensível com o Grande Espírito, que é a sede do mais profundo em nós. Agora me sinto muito melhor, livre, amplo, seguro e corajoso para ampliar cada vez mais essa espiritualidade, que não tem nada a ver com o antropomorfismo. Acredito que isso está muito próximo de você como está de mim. Em mim já está acontecendo. Eu gostaria muito que começasse a acontecer com você.

Minha Consciência é a Consciência Divina conhecendo as coisas divinas, porque tudo é divino

Unicidade

O conceito de unicidade muda radicalmente nosso entendimento sobre o que é o Poder Universal, quem somos e, logicamente, as noções, crenças e atitudes a respeito do mundo espiritual, o que concorre para uma não menos radical transformação de nossa existência, para melhor, claro, uma vez que é a espiritualidade que tudo comanda, e sem espiritualização não há realização.

O respeito pelo ser humano, pela natureza, pelos animais, aumenta substancialmente. Quando você se deparar com um mendigo na rua, com uma pessoa esquizofrênica, com um bandido, em resumo, ou com uma pessoa seja lá a condição espiritual, física, moral, ética, financeira em que se encontre, não a verá mais como um ser inferior a você. Perceberá que ali está alguém portando um tesouro valiosíssimo, que se encontra escondido simplesmente porque ainda não chegou para essa pessoa a hora de encontrá-lo. Ou seja, não a verá mais com os olhos da face, mas com os olhos da Alma. Esse é o verdadeiro princípio da compaixão.

A crença na unicidade acaba com qualquer preconceito. A ideia de vítima deixa de existir. Todos são iguais em potencial, porém diferentes, individuais, originais nas expressões. Não sobra espaço para os julgamentos. Não há mais juízes nem réus. Isso é liberdade interior.

Só é livre por fora quem é livre por dentro

A crença na unicidade acaba com a pena, a piedade e o dó, pois não há ninguém nem mais nem menos que a gente, apenas diferente. Isso é compaixão.

O mito da separação restringiu nossa compreensão de que você é uma parte minha e eu sou uma parte sua, e isso traz consequências desastrosas. Por exemplo, aceitamos nossos familiares sem proteção, já o outro é inimigo. A minha turma eu defendo, faço tudo por ela, dos outros preciso me defender. Na unicidade, a ajuda é mútua, há uma relação diferente com os outros. Quando o outro cresce, eu também cresço, ou seja, somos raios da mesma Lâmpada, então o que faço para você, na verdade estou fazendo para mim. Não somos iguais, mas somos ligados. Isso é fraternidade.

A crença na unicidade acaba com os medos fantasiosos, pois o que há a temer se eu e a Proteção Divina somos o Mesmo? Medos fantasiosos são aqueles em que a pessoa supõe, imagina a possibilidade de perder algo como a segurança, o conforto, um relacionamento, alguém, dinheiro, um bem, a vida. Por trás do medo fantasioso sempre se encontra a crença numa maldade, resultado de uma idealização. Trata-se de um medo ilusório, hipotético. Nada aconteceu ainda. Só existe na mente da pessoa, diferente, portanto, de um medo real, que é benéfico, porque serve como precaução frente a uma situação real de perigo, como, por exemplo, andar à beira de um precipício, saltar de paraquedas, passar por uma rua escura e perigosa.

A crença na unicidade faz com que sejamos mais compreensivos e tolerantes com a ignorância alheia e com a nossa. O termo ignorância aqui aplicado não se refere à burrice, mas ao fato de não saber, de não ter aprendido, de desconhecer. Só ainda não chegou o momento para a lucidez prevalecer. A estrutura da pessoa não lhe deu condições além da lucidez diminuta que ela tem, mas ela chegará, como você chegou, nas transformações e evolução da estrutura interior. Ela também está evoluindo, aprendendo e desenvolvendo sua estrutura para poder alcançar o que você hoje alcança, principalmente se você resolver ajudar. Lembre-se, eu, você e ela somos raios da mesma Fonte de Luz. Quando alguém evolui, melhorando sua estrutura, seu raio brilha mais, a claridade da Lâmpada aumenta e todos ganham, nosso caminho se torna mais fácil. Já que você é um aspecto de mim, é responsabilidade minha ajudá-lo a melhorar para que nós nos realizemos.

A crença na unicidade muda nossa maneira de entrar em contato com o Poder Universal nos momentos de necessidade, pois não tem cabimento pedirmos algo para nós mesmos, porquanto o ato de pedir subentende a existência de dois elementos. Então, em vez de pedirmos como filhos obedientes e temerosos, vamos assumir de corpo inteiro declarando na vibração do corpo. É na vibração física do corpo que a Força de Vida reage em nós. Assim, declare:

- O Poder Universal em mim é paz agora.
- O Poder Universal em mim é saúde agora.
- O Poder Universal em mim é abundância agora.

Faça já um exercício muito simples para constatar como seu corpo reage imediatamente. Sinta que você é seu EU Superior e diga, vibrando na voz e no corpo, de forma prolongada, a palavra *paz*, três vezes. Seu corpo vai sentir paz. É que você faz a ligação com seu EU Superior, que é pura paz. Se seu corpo reage positivamente, significa que tudo que fizer nesse sentido reagirá na sua vida.

A crença na unicidade acaba com as culpas e os arrependimentos, isto é, com a pretensão de sermos perfeitos, eis que já possuímos a perfeição pelo fato de sermos divinos. Obviamente, não é a perfeição que estipulamos, que a Igreja, a sociedade, a Ciência estipularam, mas a perfeição do plano original, do modelo original da Criação Universal. De acordo com a Natureza, existe um padrão e eu sou perfeito para *ela*, mas provavelmente não seria para os padrões do que você acha que é a perfeição. Perfeito ou não perfeito depende da espécie de padrão com que você está medindo. Por exemplo, se você tem uma série de padrões que configuram o que é ser uma boa mãe, se a pessoa não preencher tais requisitos, você vai dizer que ela está errada.

Não é errado errar

Ninguém erra de forma absoluta, mas relativa, como a criança que ao falar errado não está errando, mas simplesmente aprendendo a falar. Não é errado errar. Errar faz parte do processo de aprendizagem. É assim em todas as suas ações. Pode não ser o que esperava, mas está certo para a sua idade, para a sua estrutura. O ser humano, quando faz as coisas que faz, não é considerado pelo Universo como errado, mas como alguém que faz um exercício, uma experiência para desenvolver suas qualidades de forma cada vez mais expressiva.

Ao viajar no seu processo de transformação, é necessário passar por fases que contribuem para seu desenvolvimento. Certamente, a pessoa precisa de ajuda, e quando melhor estruturada, não agirá mais daquela forma. Isso a Natureza sabe e não considera como erro, mas como experiência e, não raro, intensifica a experiência até que a pessoa perceba o que ela pretende. No ponto de vista da pessoa é sofrimento, mas no da Natureza é intensificação para promover o desenvolvimento de sua estrutura, para que possa se expressar melhor através daquela pessoa e no final ambas ganham.

O erro é funcional

Aquilo que você considera um erro tem sua função. É por meio dos erros que você discerne, percebe uma série de detalhes que não notava antes. Você errou, sente que errou, volta a fazer diferente até conseguir aprender e dominar aquilo. Quando você quer alcançar algum intento e não consegue você pensa, estou errado porque eu quis chegar lá, fiz de um jeito, fiz de outro e não consegui. Isso ocorre porque você estipulou onde quer chegar e como vai ser. O erro é um erro porque você lhe dá essa conotação. Na verdade, você está apenas conseguindo algo diferente do que pretendia. Ao fazer um café e perceber que ficou muito doce para seu gosto, você não errou. Você apenas pretendia que o café tivesse menos açúcar. Há pessoas que preferem o café bem doce, outras sem açúcar nenhum.

O funcional é a ciência da Alma a lidar com a realidade

Realidade e ideologia

Os modelos idealizados e os modelos da Natureza

É muito comum ouvirmos expressões do tipo, *você está errado, menino*! O tom recriminador é muito nocivo, principalmente na infância, quando a criança está começando a desenvolver suas aptidões. O erro nunca deveria ser recriminado como se fosse feito de propósito, mas entendido como uma tentativa válida para alguém alcançar seu intento. Ignora-se o desenvolvimento da pessoa como íntegra e valoriza-se o modelo. É dessa forma que surge a desvirtuação. O homem tem que ser assim, a mulher tem que ser assim, a criança tem que ser assim, a mãe tem que ser assim, se não for está errado, caindo no mecanismo dos modelos ideológicos em detrimento da abertura para cada um seguir a Natureza, que tem seu modelo, seu plano original para todos. A Natureza é deixada de lado como um referencial para se considerar certos pressupostos. Foi assim que inventaram o erro.

O erro foi inventado, quando inventaram o acerto

O plano original que a Natureza tem para cada um consiste num conjunto de valores únicos, diferenciados, individuais, logo, o caminho também é único, o propósito dela também é único. Isso mostra que cada criação representa um conteúdo e um caminho importante no contexto geral. Você tem uma vida única, um futuro único, com determinadas funções para as quais você foi criado. Seus propósitos estão dentro destes valores da Natureza. Pode ser que você, por mais que se desdobre em fazer algo, jamais consiga se desenvolver em determinada situação, porque não consta do plano original da Natureza em você, enquanto que em outra coisa os resultados revelam-se fantásticos, pois dentro de si estão os conteúdos, os germes, os dons para tal empenho, ou seja, você está enquadrado no contexto.

Muitas vezes, nós queremos impor uma coisa para a criança, por exemplo, que não está no contexto dela. Aí nós a violentamos, só porque nosso modelo ideológico indica de determinado jeito, ignorando os planos da Natureza nela. Ao permitirmos o curso da Natureza, sentiremos o dom da criança e descobriremos o verdadeiro caminho para ela, a sua vocação. Estaremos facilitando seu desenvolvimento em todos os aspectos, que culminará, com certeza, em realizações em sua vida. Temos que compreender que uns nasceram para uma função e outros nasceram para outra, pois a sociedade, tendo em vista sua diversidade, precisa de todos, cada qual no seu trabalho específico.

Para que você nasceu?

Você já se perguntou alguma vez para que você nasceu? Já procurou saber de quais qualidades e dons a Natureza tão habilmente o proveu? Quantas vezes você tentou ser de um jeito enquanto seu temperamento é de outro, não é verdade? Quantas vezes você se violentou em função de achar que devia seguir um modelo ideológico e acabou se machucando?

Uma dica importante para você chegar à realização é compreender que a sua realização não está em tudo, mas em certas coisas específicas com que a Natureza o equipou

Aliás, isso é determinante para alcançar a prosperidade que tanto deseja. Quantas vezes você sonhou em ter a vida do outro? Saiba que é na sua própria vida que irá encontrar os elementos para fazer determinadas coisas, que só você vai fazer para realizar-se. Só você pode assinar como você assina. Só sua individualidade o levará à realização.

Temperamento e personalidade

Temperamento é a qualidade do potencial espiritual em cada um. São características, dons, capacidades específicas, individuais, potenciais de qualidades que compõem a estrutura do Espírito. São os dons divinos de cada um. Por isso, aceitar seu temperamento é seguir a Natureza em você. Se foi a Natureza que o proveu com tais características, significa que são inatas e imutáveis. Significa, ainda, que seu temperamento não dá para ser mudado, porém pode ser educado, aperfeiçoado e desenvolvido. Por exemplo, a pessoa nasce com o dom de ensinar. Ao longo da vida ela vai procurar desenvolver essa qualidade inata em praticamente todos os seus atos. A tudo que disser respeito à função de ensinar vai se mostrar interessada. Ela tem todo um jeito para aquilo. Vai procurar desenvolver a didática, aperfeiçoar-se na comunicação. Ela foi feita para ensinar. Certamente será um ótimo professor, não importa se ensine o be-a-bá, não interessa se esteja numa sala de aula, no escritório, ou dando uma palestra, ou escrevendo, ou numa igreja. Para ela o importante é ensinar. Ela se realiza transmitindo o conhecimento que tem aos outros.

Por outro lado, um cientista, por mais brilhante que seja, ou um músico, por mais virtuoso que seja, ou uma médica, por mais habilidosa que seja, se seus dons não forem para ensinar, não desempenharão bem o papel de professor. Se forem, terão sucesso e realização nos dois empreendimentos. O temperamento faz com que a pessoa se sinta à vontade na função que ela quer desempenhar. É como se diz: *É o jeitão dela.* Ela tem vocação para aquilo, identifica-se com aquilo e o talento flui naturalmente. Vai assimilar tudo que diz respeito àquela área com muita facilidade e se expressar com desenvoltura.

A personalidade, por sua vez, é aprendida, construída, modificada ao longo da vida, de acordo com a aprendizagem necessária para que a pessoa saiba lidar bem com o mundo exterior. Por essa razão é mutável. Se mudarmos para um país de língua, cultura, religião, costumes diferentes, teremos que mudar nossa personalidade, para nos adaptarmos à nova sociedade. Esse é o lado bom da alteração da personalidade.

Embora a personalidade seja aprendida e modificada no decorrer da vida atual, quando a pessoa nasce já vem com certos traços, seguindo tendências de personalidades adquiridas em vidas passadas. O maior benefício da reencarnação é justamente a possibilidade de reestruturar, de reciclar a personalidade no sentido de ela conviver em harmonia com o temperamento. A personalidade, quando absorve os aspectos positivos do social, isto é, aqueles que têm a ver com o natural, com o temperamento da pessoa, torna-se muito funcional. Porém, muitas vezes, para servirem às necessidades sociais, as pessoas mutilam seu comportamento, assumem uma personalidade que impede a expressão de seu temperamento, acarretando uma série de problemas pessoais. Esse é o lado ruim da alteração da personalidade, pois a torna disfuncional.

Uma boa personalidade é aquela que ajusta bem o temperamento da pessoa com o ambiente

A personalidade vai criando estilos, formas que se adaptam a um contexto, e se expressa não só para servir ao interesse do mundo, como também para possibilitar a expressão do temperamento da pessoa.

Voltando ao exemplo do professor, seu temperamento é pessoal, especificamente ensinar, enquanto que sua personalidade é como ele aprendeu para lidar com o ensino na sociedade e na escola. Ou seja, como ele vai desempenhar seu papel de professor. Ficará mais do lado da diretoria ou dos alunos em eventuais reformas? Precisará manter-se atualizado em sua disciplina, precisará adaptar-se à estrutura da escola.

A personalidade, portanto, a pessoa a modifica conforme suas conveniências sociais, profissionais e religiosas, fazendo com que se sinta à vontade nos mais diversos ambientes. Todavia, o temperamento, que é imutável, quando corrompido, não aceito, ou simplesmente reprimido, as consequências serão terrivelmente danosas. Daí advêm as mais diversas patologias e a morbidez do ser humano.

Ao corromper, castrar ou reprimir o temperamento para seguir o idealizado, a pessoa bloqueia a ação da Natureza em si, violentando-se

Por isso a ideologia é o maior dos crimes. Toda violência da humanidade nasce ali.

Ousadia reprimida

Ao reprimir o temperamento, a ousadia, um de seus traços importantes, se retrai. Em consequência, a pessoa desenvolve os mais diversos tipos de medos e fobias. Isso aconteceu comigo. Certa vez, um de meus alunos me disse: *o que mais admiro em você é a ousadia*. Realmente, desde a infância, uma característica marcante de meu temperamento é a ousadia. Com o tempo fui percebendo que meus medos apareciam ou se intensificavam sistematicamente após frear esse impulso natural, frente a uma situação de vontade de me sentir bem, fazer ou obter algo. Eu agia dessa maneira ou por me criticar por não estar seguindo determinados padrões sociais, ou por orgulho, ou por seguir a opinião de outros, ou, então, por achar que estava sendo descuidado.

Como agravante, pelo fato de eu ter a mediunidade à flor da pele, a somatização do medo era muito rápida. Dessa forma, não foi difícil para mim perceber logo a relação *ousadia reprimida* e *medo*. Perante tal constatação, passei a confrontar meus medos, tomando atitudes em favor de minhas vontades, reassumindo minha ousadia e seguindo uma máxima de Jung, segundo a qual *se há uma vontade é porque há um caminho para satisfazê-la*. Eis, então, uma nova constatação. Além dos medos começarem a perder força, deixando claro que minha teoria estava correta, tudo começaria a dar certo nas diversas áreas de minha vida.

Entre vários exemplos, um que costumo passar aos alunos é que, em decorrência da repressão de minha ousadia, comecei a desenvolver o medo de voar de avião. Diante de uma turbulência, minha insegurança era total. Num desses momentos tomei a atitude de reassumir minha ousadia. Imaginei, então, que estava lá na frente puxando o avião. Na medida em que o controle do voo supostamente estava em minhas mãos, eu melhorava. Assim minha ousadia crescia, minha confiança aumentava e a segurança se restabelecia. Claro, é do meu temperamento ser ousado, comandar, dirigir, gerenciar. Hoje, voar de avião para mim é prazeroso. Tanto que deixei de utilizar o carro, preferindo o avião nas viagens semanais que faço entre São Paulo e Rio de Janeiro para ministrar meus cursos e palestras.

O temperamento quando reprimido vai se voltar contra a pessoa, ou seja, ele vai atacar aquilo que o prejudica, fazendo-a experienciar o medo, a fobia, a compulsão. É como se a pessoa virasse inimiga de seu temperamento. No meu caso, quanto mais eu reprimia a ousadia, mais eu piorava, e o medo começou a estender-se para outras situações além de voar de avião, como tomar um elevador, entrar num carro dirigido por outro, isto é, a tudo aquilo em que eu estivesse sujeito a ser conduzido. O medo estendeu-se a tudo aquilo que eu não podia controlar. Em absoluto, eu não era assim. É que o que eu chamava de *achar que estava sendo descuidado*, na verdade, era uma repressão disfarçada de minha ousadia.

Outro fato bastante comum na relação *ousadia reprimida* e *medo* ocorre com o homossexual que reluta em assumir sua sexualidade, por motivos religiosos, por constrangimento ou vergonha, ou melhor, por orgulho, pois a vergonha é uma das consequências do orgulho. Nesse caso, a pessoa bate de frente com seu temperamento, com sua Natureza, ou ainda com sua Alma. Essa briga, sem dúvida nenhuma, ela vai perder, porque a Natureza sempre ganha.

A consequência mais comum é o desenvolvimento da síndrome do pânico em decorrência da repressão da ousadia de se aceitar. Como isso é tratado? Reassumindo a ousadia, e reassumir a ousadia, nesse caso, é assumir sua sexualidade, ou, como se diz na gíria, *sair do armário*. Isso não significa sair por aí gritando aos quatro cantos do mundo: *Eu sou gay*! O que menos interessa é se a família, a comunidade, a sociedade sabem ou não e o que vão dizer a respeito. O que importa é a atitude interior de aceitação de sua sexualidade, de seu temperamento, enfim, da realidade. O mundo exterior, que se alimenta de ideologias, está aí para ser como pode ser. O mundo interior, não. Este precisa ser alimentado como quer a Alma, que tem o senso da realidade, e ela quer que a pessoa aceite seu temperamento. Só assim obterá a realização.

Os medos e fobias quando não tratados, ou seja, quando a ousadia não é reassumida, fazem com que a pessoa entre num terrível processo vicioso crescente: eis que a falta dela provoca o medo, e ele contribui para reprimir ainda mais a ousadia, que por sua vezprovoca mais medo, culminando com a síndrome do pânico e, por conseguinte, com a perda total de sua liberdade, uma vez que a pessoa passa a evitar os lugares onde a crise a acomete.

Que tal? Você faz tudo o que seu temperamento tem? Você realmente aceita seu temperamento como um todo? Não será por isso que você tem algumas manias ou vícios estranhos? Como será mesmo seu temperamento? Uma maneira de descobrir é pensar em quando você era criança, e ia ausente de preocupação adulta e social. Do que você gostava? Quais eram suas tendências e preferências? Imagine-se, agora, sendo essa criança, como você se sente? Como você quer viver? Do que você gosta? Pelo que você se interessa na vida?

Ideologia é arrogância

Quando alguém taxa de errado o ato, a maneira de ser do outro, deixa de levar em consideração várias circunstâncias. A pessoa pode ter se enganado, pode estar tentando acertar, pode ter esquecido. Por trás do ideológico sempre vem a recriminação, a punição, o amedrontamento, o violentar, o forçar o outro a seguir o que se idealizou. A ideologia é pura arrogância, ou seja, ao fantasiarmos o que seria bom, desejamos que a realidade seja daquela forma. Acontece que a realidade tem seu curso natural e se direciona a partir de uma série de variáveis, de situações muito maiores, muito mais específicas do que aquilo que a fantasia levou em consideração. *Eu preciso comer porque estou com fome.* Isso é real. Agora, no que me baseei par afirmar que *eu tenho que ser assim*? Eu tenho condições de ser assim? Estou maduro para tal? Tenho motivação para isso? Está implícito no meu temperamento? É justo para mim? É um bem para mim? Ou seja, existem tantas questões a meu favor, que precisam ser levadas em conta antes de validar a fantasia de que *eu tenho que ser assim.*

O segredo do sucesso é ser si mesmo

O conceito de erro que nós adotamos na sociedade, dentro da ideologia do certo, e não nas condições reais da situação da pessoa ou do fato, acaba por provocar consequências desastrosas em nossa vida, tirando-nos o prazer de viver, trazendo-nos uma série de sofrimentos que podem variar de uma simples tristeza à loucura ou à morte, em função das culpas, arrependimentos, complexos, traumas, revoltas, queixas, críticas, ressentimentos, decepções por não termos conseguido o ideal. Os índios que não foram civilizados não sofrem desses males, pois seguem os modelos da Natureza.

Alma é que tem o senso de realidade

Nós somos totalmente despreparados e fracos para lidar com a fantasia. Não lidamos melhor com a realidade porque não sabemos lidar com a fantasia. Aprendemos que os cinco sentidos são os responsáveis pelo senso de realidade, mas acontece que eles são monitorados pelas ideias, na maioria das vezes ilusórias, e como a gente vê tudo por intermédio delas, nossa percepção não é de confiança. Geralmente, é distorcida. Se a cabeça não for boa, as ideias também não o serão e a realidade será um transtorno que tenderemos a evitar. Por exemplo, a ideia que temos de beleza faz com que exista o feio. Se tirarmos a ideologia do belo, teremos a realidade da Natureza, pois cada um tem sua singular beleza. Quem sabe onde está o real,como é o real? Não são os cinco sentidos, nem o sexto, que é a mediunidade, mas o sétimo sentido, a Alma, que tem todos os sensos e também é a responsável pela organização da realidade.

O bom senso

Você pode perceber que tudo o que fez de bom na sua vida foi porque usou o bom senso. E o que é usar o bom senso? É investir na realidade. Toda vez que você usa o bom senso, numa situação qualquer que queira resolver, você consegue lidar bem com ela, porque está com os pés no chão. Ao contrário, quando você está emocionado, desesperado, nas ilusões, só faz bobagem. A frase "*esfria a cabeça*" é muito propícia para essas ocasiões. Esfriar a cabeça é usar o bom senso, o senso da Alma, é cair na real. Só ele faz você perceber e agir de maneira moderada, contornando a situação, e sair-se bem dela. O bom senso é o senso do bem. Aliás, o próprio raciocínio e a inteligência são guiados pelo bom senso.

Você só constrói alguma coisa no real. A realidade é boa. O que a está atrapalhando é a fantasia ideológica, em que a realidade não é orientada para ser um instrumento de ajuda, mas um elemento de completa distorção. Quem organiza a realidade é a Alma. Quando você está na realidade, você está junto com a Alma organizando; quando você foge da realidade, mergulhando nas fantasias e ilusões, mais caos aparece em sua vida e nada se resolve.

Toda a solução só é possível no real

Fora dele o resultado é caótico e doloroso, condizente com as atitudes do orgulhoso. Quem adota a modéstia e o bom senso em sua vida está bem, porque trabalha na realidade.

A realidade não dói, mas a fantasia ideológica sim

Experimente fazer um exercício relembrando de uma situação em que você sofreu muito com a decepção, com a frustração, com a desilusão, com o desapontamento, com o desencanto, gerando revolta e mágoa. Verifique como você a imaginava antes da ocorrência do fato marcante que desencadeou todo sofrimento. Aposto, com cem por cento de certeza, que você nutria uma situação idealizada, imaginando que os fatos ocorreriam de determinada forma. Imaginava, imaginava, imaginava. Você sonhava, idealizava, queria porque queria que as coisas ocorressem conforme planejara. No entanto, como tinha que ser, chega a visita da realidade, provocando um choque com a ideologia, e então você despencou. Qual foi sua primeira reação? *Eu não esperava isso... A realidade me decepcionou.... Ela é cruel... A pessoa é má... O mundo é atrasado... A Vida é dura... Eu sou vítima deles... Estou magoado e ferido...* Mas a Vida é real. Foi sua ilusão que causou tudo. A dor da decepção permanecerá enquanto você ficar do lado de suas fantasias ideológicas.

Vamos supor que você não tivesse ideia alguma, que não alimentasse nenhuma ilusão, que não esperasse nada das pessoas, do mundo, mesmo porque cansou-se de se iludir, de sofrer, de esperar que os outros sejam e ajam de acordo com suas expectativas. Você certamente descobriria a verdade das pessoas, e acharia naturais seus comportamentos. Descobriria um jeito próprio de lidar com elas e com o mundo, sem se machucar. Então, valendo-se de sua criatividade, conseguiria tirar vantagens do ocorrido e perceberia como a realidade é boa e como você, com suas ilusões, só cultiva o sofrimento.

Para esses casos, recomendamos o seguinte procedimento:

- Primeiro, lembre-se do fato.
- Segundo, procure perceber com clareza as ideias e ilusões do tipo: *espero que a pessoa seja assim, assim...; que aja de tal forma comigo; que ela me...; se ela fizer assim, vou me sentir...*
- Terceiro, qual foi a realidade que o chocou?
- Quarto, tire a culpa da realidade e a coloque nas ilusões.
- Quinto, desvalorize as ilusões e perceba como se sente.

Vejamos também o exemplo da mãe que perdeu seu filho muito jovem. É natural sentir a perda de alguém querido, como é natural chorar nessas ocasiões. O sofrimento apenas da morte pela morte, da sua ausência, é pequeno e passageiro. O que aumenta bruscamente e prolonga a dor dessa mãe são as ilusões que ela nutria sobre o filho e a experiência de morte. A mãe não está apenas chorando a morte do filho. Ela está lamentando a perda das ilusões que alimentava sobre ele. A origem de tanto sofrimento é a ausência da realidade, do pé no chão.

Ela está inteiramente tomada pela ideologia fantasiosa de como planejou, de como imaginou a vida dele, geralmente em favor dela, tipo *eu queria que, eu imaginava que*. Então surgem os porquês dramáticos. Não há nada mais ilusório que um porquê. *Por que morreu tão jovem? Por que ele? Por que não evitou isso, aquilo? Por que tenho que passar por isso? Por que só acontece comigo? Por que fiz ou não fiz desta ou daquela maneira?* Ou seja, para essa mãe que idealizou ter um filho maravilhoso, saudável, bem-sucedido no casamento, que lhe faria companhia até sua morte, que lhe daria netos lindos, que teria um futuro brilhante, que deveria morrer serenamente na velhice, a morte realmente é um choque terrível. É o choque da realidade com a ideologia. Ela não leva em conta, por exemplo, que, apesar de o ter gerado, o filho não é dela, que cada ser humano tem seu próprio percurso, seu próprio tempo de vida na matéria. Não considera que a morte é apenas a passagem para uma nova vida, e que esse filho, como todos, tem um Espírito infinitamente sábio, que determina quando é preciso morrer.

No entanto, se após um período de choro e lamentos essa mulher obtiver a lucidez necessária para aceitar a realidade, que o filho realmente morreu, que há inúmeros aspectos que não dependem dela nem dele, que a Vida é assim mesmo, todo sofrimento fruto do ideal ilusório cessa. Eis que aparece generosamente a realidade salvadora. É claro que sentirá saudade do filho querido. Porém, nada se compara ao sofrimento do drama vivido por conta das idealizações que a prendiam, a sufocavam e a desnutriam. Ocorre que toda energia que era desviada para as ilusões ideológicas agora é canalizada para sua realidade, que é onde realmente se constrói algo edificante, nutrindo-se para se refazer e sentir-se bem e, consequentemente, conviver com a saudade numa boa.

A realidade é fácil, boa, fértil e realizadora. A ideologia é caótica. Você só se realiza no real

Você poderia questionar: se a realidade é boa, como vou dizer para uma mãe que leva uma vida infernal, porque tem dois filhos drogados e um marido alcoólatra, que a realidade é boa? Há tantas realidades quanto pessoas no planeta. A realidade é feita pelas crenças e atos individuais. Cada um vem criando sua própria realidade, tendo ou não consciência disso. Não importa se as crenças são ilusões ou verdades. Se as crenças forem ilusórias, sustentadas em ideologias fantasiosas, a realidade será ilusória, falsa e dolorosa. Se forem sustentadas em verdades, a realidade será verdadeira, boa e espiritual. Vimos que a Alma é que nos dá o senso de realidade, a realidade verdadeira. Portanto, assim como a Alma tem o senso que cria a realidade boa, nós também criamos com nossas crenças distorcidas a realidade trágica.

Realidade falsa e realidade verdadeira

Muitos confundem sua realidade com a da coletividade, ou do senso comum. Isso se deve ao fato de terem crenças e atitudes parecidas, fazendo com que as realidades também sejam próximas, levando-os a crer que há uma única realidade, geralmente dura e difícil. Não tiramos sua razão, porque algo que tem como fundamento ilusões só pode dar em desilusões. Algo que tem como causa fantasias só pode ter como consequência o vazio. Algo que se sustenta em ideologias, só pode terminar em conflitos com a Natureza, portanto, em sofrimento.

É muito simples: se sua realidade está sendo boa, aquela que tem a ver consigo, significa que você está se valendo dos sensos de sua Alma para criá-la. Caso contrário, você está se baseando em ilusões, fantasias e idealizações. É por essa razão que quanto mais você investir na sua individualidade, nos sensos da Alma, na sua Natureza, mais você emergirá da coletividade, adquirindo cada vez mais liberdade, mais prosperidade, mais realização, mais maturidade, será detentor de uma carga de energia cada vez mais refinada, o que lhe garantirá sensações agradáveis e felicidade. Uma das características do senso comum é a prevalência de energias densas.

Felizmente, as realidades individuais não consistem apenas de ilusões, mas também de parte do senso da Alma. Por isso, muitos levam uma vida relativamente boa e agradável. Já outros encontram mais aspectos negativos. Tudo depende da proporção da contribuição da Alma e das ilusões na constituição da realidade individual. Sem dúvida, o plano original da Natureza em nós é que utilizemos cem por cento do senso da Alma na criação de nossa realidade, para atingirmos o que chamamos de realização plena.

Não são os filhos, nem o marido que fazem da vida daquela mãe um inferno. É ela própria com suas ilusões. Ela está totalmente fora de si, esperando que a família mude de atitudes para satisfazer suas necessidades interiores, que todos ajam corretamente para ela ter paz. Ela põe a felicidade nas mãos dos outros e não assume a responsabilidade de ordenar a sua vida.

Ninguém consegue mudar ninguém, a não ser que o outro queira

Existe uma lei na Metafísica que diz: *semelhante atrai semelhante*, para poderem se ver, se perceber, experienciar, tomar consciência, mudar e evoluir. A realidade dela é boa, só que ela não percebe isso devido às suas ilusões.

Quando ela largar a dramaticidade, o papel de vítima, quando ela fizer valer sua vontade deixando de ser tão submissa, quando se responsabilizar pela criação de sua realidade, quando ficar mais com os pés no chão, com toda certeza perceberá os sensos de sua Alma, que possibilitarão a criação de uma realidade nova e verdadeira, a sua realidade espiritual. Ela perceberá que os filhos são pessoas muito orgulhosas e alienadas, que precisam da droga para ter contato com a própria espiritualidade. Perceberá que o marido é orgulhoso, que para ter contato com sua modéstia precisa se valer da bebida, pois só quando bebe consegue relaxar, se abrir e ser si mesmo.

De forma alguma essa mãe é uma vítima dos outros. Trata-se de uma mulher completamente insana, que para se sentir bem tem que se sacrificar, se martirizar pelos filhos. Ela também é uma viciada e vive drogada, só que pelo ópio da vaidade. Todos os membros dessa família têm afinidade entre si, e quando essa mulher encontrar a modéstia de ser responsável por si mesma para se sentir bem, descobrirá sua realidade verdadeira e, das duas uma: ou os familiares se transformam ou deixam de fazer parte de seu convívio. O importante não é o que ocorre com eles, mas a harmonia da realidade dela. Se ela fizer sua parte, a Vida se encarregará do resto.

Há aqui um evento que precisa ser levado em consideração. Para a Vida não importa o nascimento e a morte. Pelo fato de sermos eternos, *ela* considera tanto o nascimento como a morte experiências como outras quaisquer. Se para resolver uma situação a morte for necessária, é desse expediente que a Vida irá lançar mão. Ao ir para o astral, a pessoa continuará vivenciando a mesma realidade que tinha aqui. Se lá ela continuar com os mesmos procedimentos daqui, na próxima vida continuará criando a mesma realidade ilusória. Ou seja, enquanto a pessoa não fizer a sua parte, ela não melhorará. Essa mãe, por exemplo, pode ter vindo iludida de outras vidas, o que é bem provável, e enquanto não perder essas ilusões, permanecerá criando sua realidade com base nelas, atraindo pessoas da mesma espécie. Porém, não importa há quanto tempo vem repetindo as mesmas crenças e atitudes, criando a falsa realidade. No momento em que ela se propuser a mudar, sua realidade também começará a mudar.

A força magnética dela é muito grande. Tanto é que tem os familiares como dependentes. No momento em que se dispuser a proceder às mudanças necessárias, voltando para seu lado, para sua Alma, passará a enxergá-los sob outro ponto de vista. Porém, antes de tudo isso acontecer, muito provavelmente essa mãe vai se cansar deles e perder todas as ilusões, até chegar ao fundo do poço. É lá que ela vai encontrar seu espaço interior, sua espiritualidade, tendo uma nova compreensão, e começar a formar a realidade verdadeira, enquanto sua Alma irá guiando-a para uma elevação.

Conforme ela se eleva em sua trajetória, vai espalhando Luz ao seu redor, podendo ou não influenciar os demais membros da família, dependendo deles. Como o magnetismo dela é forte, certamente começará a providenciar recursos de sua Alma para despertar o mesmo na Alma dos outros. Talvez o marido sinta-se mais humilde e deixe a bebida. Talvez os filhos, despertados pela capacidade de sentimentos, voltem para seus interesses, suas motivações e passem a modificar sua vida, abandonando as drogas. De alguma forma, com ou sem os familiares, ela estará bem. A realidade dessa mulher poderia ter sido assim desde o início, se ela já tivesse atingido a maturidade de viver guiada pela sabedoria da Alma.

Realidade e experiências

Quando afirmamos que a realidade é boa, queremos dizer que a vida é boa, a menos que a pessoa crie ou materialize a negatividade, através de ilusões. Nesse caso não é a realidade que é ruim, mas a experiência pela qual alguém está passando é ruim. Chamamos de realidade as experiências focadas nos sensos da Alma e não nos seis sentidos, que são enganosos por permitirem a interferência do mental, desorientado da Alma em função de ideologias, criando ilusões, fazendo com que enxerguemos um mundo deformado.

A realidade é um estado que a Alma domina e determina

Dessa forma, se a pessoa segue os parâmetros da Alma, a realidade se apresenta absolutamente maravilhosa.

Só dentro da realidade o Espírito pode tomar totalmente nosso Corpo. A realidade é a perfeição do Espírito. O Espírito Uno a faz maravilhosa, só que não a percebemos assim, porque estamos cheios de ilusões que fazem que a enxerguemos distorcida e caótica. Enquanto não estabilizarmos o mental, por intermédio da disciplina para que os estados do Espírito possam se mostrar, não a perceberemos como ela realmente é: maravilhosa. O ser iluminado vive na realidade verdadeira.

O choque do ideal com o real

A realidade não é dura nem cruel, mas o resultado proveniente do ideal que você imaginou. O que o fez sofrer, o real ou o ideal fantasioso? A realidade é boa, é ela que nos possibilita a realização. Você está magoado porque a pessoa não agiu conforme você idealizou. *Ah, eu não esperava isso de você*! De quem é a culpa? Da realidade ou da sua fantasia? As pessoas são o que são, não o que você idealiza. Você está se machucando porque não está lidando bem com a realidade. Ou melhor, está fora da realidade, alimentando ilusões. Você não aceita porque não sabe ver. Sempre vê os fatos distorcidos, logo, a realidade o choca. *Ah, eu queria o bem dela*! Não, você não queria o bem coisa nenhuma. Você queria uma ideologia, uma fantasia e sua fantasia é uma concepção isolada da Natureza, porque ela tem planos diferenciados para cada ser humano. Do idealizado ilusório é que surgem as revoltas: *não, essa Vida não presta; o mundo está perdido; a Vida é injusta; só acontece comigo.*

Toda vez que você se sentir decepcionado, frustrado, magoado, ressentido, desapontado é porque a ideologia fantasiosa se chocou com a realidade

É preciso disciplinar as fantasias

É fundamental que controlemos nossas fantasias, no sentido de pararmos para observar como é a Natureza, que ela tem propósitos individuais para cada um. Só assim perceberemos que a realidade é boa. A Moderna Metafísica e a Espiritualidade Independente que nós desenvolvemos pretendem centrar-nos na Natureza, assim como a Ciência, procuramos ver as coisas sem as distorções passadas e tentamos revê-las no seu elemento natural como vierem. Procuramos entender os princípios da Vida de outro ponto de vista, por meio de observações cotidianas e sistemáticas da realidade, da vida e dos seres humanos.

As ideias básicas que levaram muitos pensadores do passado a lidar com a realidade, as visões do mundo, da vida, são distorcidas, pois se fundamentam em ideologias, ignorando o processo da Natureza, que tem propósitos eternos, individuais, razões diferentes para cada ser humano. A Natureza tem seu próprio agir, seu próprio caminhar explícito na realidade. É tarefa nossa esforçarmo-nos para compreendê-la e não nos revoltarmos só porque fantasiamos, idealizamos que seria bom se fosse desta ou daquela maneira. A realidade não está errada só porque não atende a nossas expectativas. Na verdade, o que precisamos é de disciplina mental, por onde circulam as fantasias, da mesma forma que a disciplina científica, para que possamos nos relacionar com os fatos e situações de maneira melhor.

Aprenda a viver sem expectativas

O mundo exterior está aí como pode estar. Os fatos acontecem como podem acontecer. As pessoas agem conforme seu grau de inteligência. E quando o mundo, os fatos, as pessoas não agem conforme seu interesse? O problema não é deles, mas seu. Você está na sintonia deles. Nada nem ninguém tem o poder de interferir na sua vida se você não permitir, se você não lhes der esse poder.

Quando você responsabiliza algo ou alguém pelo que de bom ou de ruim acontece em sua vida, está submisso a eles. Se você idealizar, imaginar como devem agir consigo, geralmente o resultado será decepcionante e frustrante. Na sua mente está registrado: *espero que aconteça desta ou daquela maneira.* Em função disso, cria uma série de expectativas. Porém, não temos domínio sobre os acontecimentos externos, mas sobre as coisas de dentro, sim. É dentro da gente que o trabalho tem de ser feito, não devemos forçar a barra para que os outros ajam conforme nossos interesses. Isso é impossível. Ninguém consegue mudar ninguém.

Quando uma pessoa lhe causa desapontamento, como já vimos, por trás existe uma ideologia a respeito de como ela deveria agir para o satisfazer. E toda vez que você constrói uma ideologia, vêm a reboque as expectativas, e essas, por sua vez, redundam em frustração, desilusão, desapontamento e provocam mágoa.

Ao acontecer um fato semelhante, procure, interiormente, responsabilizar-se pelo ocorrido. Saiba se o que esperava da pessoa e as consequências dolorosas foram frutos de sua ideologia. Entenda que a pessoa é responsável pelos atos e pelas consequências deles, assim como você é pelos seus. Sucederá, então, que não mais sentirá raiva daquela pessoa. Ao contrário, experimentará compaixão, um grande alívio, uma sensação de poder e domínio. Com o tempo, você não atrairá para sua vida pessoas que o agridem e, se por acaso as atrair, não mais o atingirão.

Aprenda, pois, a viver sem expectativas. Procure avaliar como seria viver sem elas. Como seria viver sem esperar nada das pessoas? Não há necessidade nenhuma de esperar algo de ninguém. Quando acontecer verá como proceder. Pense nisso. Perceba como alivia. Não deduza nada sem antes observar bem. Dê tempo para familiarizar-se com as coisas, com as pessoas, sabendo que tudo tem muitos lados. Discipline seu aparelho mental para não ficar achando sem fundamentos. Verifique as situações em vez de supor. Investigue, não creia, permanecendo no real. Não escute só o que a pessoa está dizendo.

Pratique a arte da desconfiança sábia indo além das aparências, porque em geral as situações já vêm mascaradas, já vêm prontas num pacote, completamente distorcidas em função de ideologias. Assim, você estará preparado para o que der e vier, as pessoas e fatos serão sempre uma aventura, uma descoberta, e conseguirá penetrar mais fundo na natureza das coisas. Então, perceberá o quanto a Natureza tem coisas maravilhosas para você e como a realidade é boa.

O que move a ideologia?

A ideia que faço do bom para mim é que move a ideologia. Por isso é que é uma fantasia. Idealizar é fantasiar o que poderá acontecer. *Será bom para mim se acontecer desse jeito!* O mais grave é que acreditamos que a fantasia é real e passamos a viver nela. Por exemplo, quando vemos uma pessoa vestida com uma roupa que lhe caiu bem, imediatamente queremos pôr a mesma roupa, e quando a vestimos notamos que não ficou tão bem. A fantasia do que era bom transformou-se em frustração. É que esquecemos que cada um é original, que cada um tem uma estrutura própria, que cada um tem um plano natural, individual, muito maior, muito melhor imposto pela Natureza. Por causa disso a comparação é muito nociva. Se a Natureza não repete, se a Natureza abomina a mesmice, se a Natureza é única e original em cada ser humano, por que razão teremos que comparar? Cada ser humano, cada fato, cada coisa, cada situação é incomparável.

O real corta caminho

Assim é que a causa do sofrimento está na ideologia: *você tem que ser, fazer, agir de certa forma.* De maneira alguma. Você não tem que ser, fazer, agir conforme um modelo idealizado. Onde fica sua individualidade? Onde está o plano que a Natureza sabiamente desenvolveu para você? Se você insistir nesse ponto de vista, a dor vai crescer até você atingir o fundo do poço, e será obrigado a ceder para não adoecer. É lá que você vai encontrar a humildade e a modéstia para se refazer.

Não espere sua Alma se valer dessa *via crucis* para poder organizar sua realidade. Você pode cortar caminho, optando pelo caminho da Natureza, que é desprovido de qualquer idealismo. Sua realidade não precisa, necessariamente, ser a da coletividade, que evolui a passos lentos. Invista no real, aceitando a realidade que se apresenta. A realidade é boa. Dolorosa é a ilusão de determinado ideal, que é uma característica do senso comum. Quanto sofrimento, quanta crueldade, quantas guerras, quantas mortes não houve por causa de ideologias? Toda espécie de violência que sofremos ou praticamos tem sua origem numa ideologia.

A ideologia imposta é caótica porque fere profundamente a individualidade, um atributo da Alma

"Do mal, muita coisa boa resultou. Mantendo-me calmo, nada reprimindo, permanecendo atento e aceitando a realidade. Vendo as coisas como elas são e não como eu queria que elas fossem. Ao fazer tudo isso, adquiri um conhecimento incomum, assim como poderes invulgares, de uma amplitude que jamais poderia ter imaginado. Sempre pensara que quando aceitamos as coisas, elas nos sobrepujam de um modo ou de outro. Resulta que isso não é verdade em absoluto. É somente aceitando as coisas que podemos assumir uma atitude em relação a elas. Por isso, tenciono agora fazer o jogo da vida, ser receptivo a tudo que me chegar, bom e mau, sol e sombra alternando-se eternamente; e, desta forma, aceitar também minha própria natureza, com seus aspectos positivos e negativos. Assim, tudo se torna mais vivo para mim. Que insensato eu fui! Como me esforcei para forçar todas as coisas a harmonizarem-se com o que eu pensava que devia ser..."

Carl Gustav Jung

O lado bom da fantasia

A fantasia, a imaginação, quando lidada com consciência e inteligência, torna-se um instrumento extraordinário para trabalhar a nosso favor, criando uma realidade satisfatória. Uma lei fundamental da Metafísica diz que *você é o que acredita*, isto é, você cria sua própria realidade com base nas suas crenças.

Todo mundo está criando, transformando, reestruturando sua realidade, estando ou não consciente disso

Cristo, sempre que realizava um milagre, proferia a frase: "**Tua fé te salvou**". Acreditar, ter fé é dar importância. Dar importância é importar para si, ou seja, é enviar para o subconsciente uma determinada crença. O subconsciente é um espaço interior onde estão todas as crenças que nortearão nossa realidade, sejam boas ou não. O que estiver gravado no subconsciente, um dia, se tornará realidade. Não importa se é uma crença real ou fantasiosa. Se for uma crença real, que atende aos anseios da Alma, o resultado será bom, caso contrário, será caótico, porque o interior gera o exterior.

Crer é o poder do ser humano

Queiramos ou não, sempre acreditamos em algo negativo ou positivo. Muitos dizem: *eu não creio em nada*. Não crer em nada é uma crença. É o mesmo que dizer *eu acredito que não creio em nada*. Essa crença está afetando sua realidade. Quantas vezes desacreditamos em nosso crer. Ou seja, usamos nossa própria crença para não acreditar em nós. É crer em nosso descrer. O poder de crer está aí, porém dirigido para o descrer. Quando não creio no meu crer, eu não sou de confiança, então a crença nos outros é maior e meu poder vai para eles, me tornando submisso, dirigido. Em algo que eu creia, meu crer está: *creio no meu poder; creio que não posso; creio que não acredito.*

Acreditar é realizar

A fantasia molda o fluido universal que cria a realidade. Se o molde for distorcido, ela cria uma realidade distorcida, que provoca dor e sofrimento. Se ela está sendo guiada pela Alma, cria situações realizadoras. A fantasia sempre vai ser a forma, apenas que a forma tem de ser ajustada pela Alma, que é a responsável pela ordenação do caos, de acordo com o modelo do Espírito Uno. Caso contrário, seremos levados por esse caos, somatizando sofrimento em nossa vida. Há apenas duas situações: ou se está ligado à Alma ou não. Se não estivermos, o caos nosarrastará para seu lado. Não tem como ficar em cima do muro. Para não se deixar arrastar pelo caos, é só agarrar-se à Alma.

Você pode perceber que toda pessoa negativa, que seguidamente fala em doenças, que acha que a vida é difícil, que se interessa por notícias mórbidas, de violência, em suma, a pessoa dramática, tem uma qualidade de vida coerente com essas ideias, não é mesmo? Essa é uma constatação bastante comum. Tal pessoa não percebe, mas ela vive no mundo das fantasias, arrastada pelo caos. Essa é a parte ruim da fantasia, da imaginação. Se é uma evidência que a fantasia funciona para o aspecto negativo, significa que funciona também para o positivo. Não lhe parece óbvio? Portanto, vamos usá-la para criar o que nos faça bem.

Aprendi numa palestra que versava sobre mentalismo, que se a gente afirmar várias vezes, com convicção, na vibração da voz, algo que queira que aconteça na realidade, e ao mesmo tempo visualizar, imaginar, isto é, formar uma imagem mental daquilo, incorporando a ideia, com o tempo, nosso subconsciente aceita-a como verdade e então passa a materializá-la. Para poder impressionar mais rapidamente o subconsciente aconselha-se valer-se de figuras ou imagens relativas ao que se quer.

Isso ocorreu há quase vinte anos, ocasião em que eu estava adquirindo peso com facilidade, o que me incomodava bastante. Numa viagem que fiz à Itália, ao passar por Florença, comprei uma réplica da estátua do Davi de Michelangelo e a coloquei num determinado lugar da casa para que a visse com frequência. Toda vez que passava por ela, eu dizia a frase: *meu peso ideal é setenta quilos*. De lá para cá meu peso nunca se distanciou desse número. Muitas vezes chegou a ser até inferior. Não quer dizer que eu possa exagerar nas calorias e ainda assim continuar com o mesmo peso. Até há essa possibilidade, mas minha fé não chega a tanto. Aprendi que nossa Alma, quando quer que um anseio se torne realidade, vale-se dos mais variados caminhos que temos à disposição. Percebi que sempre que sinto que meu peso começa a incomodar, a vontade de ingerir comida calórica diminui sensível e naturalmente, e passo a desejar mais frutas, saladas e outras espécies de alimentos *light*. É o poder da autossugestão.

Tome posse do seu poder de autossugestão, de autoimpressão

Não importa que artifício minha Alma utilize. O que conta é que para a manutenção do peso ideal, não me valho de regimes que resultam em sacrifício. Ao contrário, sinto até vontade de comer tais alimentos, como a mulher grávida sente de comer algo diferente às três da madrugada. Se não bastasse, pinta uma vontade nas pernas de sair correndo por aí como o cavalo às vezes sente. Então pratico corrida. Quem viveu em fazenda sabe que os cavalos de repente começam a correr pelo pasto, sem mais nem menos, até se cansarem. Quando são dois ou mais, parece que apostam corrida. Eu cresci em cima de um. Quantas vezes, lá pelas tantas da noite, eu ouvia o barulho das patas dos animais no solo, mesmo que não fosse lua cheia, pois os cavalos enxergam no escuro. Eu cobria a cabeça morrendo de medo, porque diziam que eles viam almas penadas.

Qual a diferença entre a fantasia, a imaginação que nutri e as ideologias ilusórias de que falamos? rimeiro, ela não me foi imposta. Eu a escolhi de livre e espontânea vontade. Se não desse certo, eu a teria descartado simplesmente. Segundo, essa vontade atesta que segui a Natureza preservando minha individualidade. Terceiro, utilizei a imaginação com consciência e inteligência, como um instrumento de criação em meu benefício. As ideologias impostas sempre resultam em caos.

Se usar a fantasia, use-a para criar uma realidade que o realize

O plano divino

Podemos definir a verdadeira realidade como um plano diferenciado divino para cada um de nós. Se cada um é único, singular, diferente e tem uma realidade única, pois a realidade decorre das crenças e atitudes individuais, é natural que haja um plano divino diferente para cada um. Se cada qual tem qualidades únicas, obviamente essas qualidades por si sós traçam uma função. Por exemplo, se alguém for bom na área das artes, significa que tem uma tendência para elas.

As qualidades individuais, o que sentimos como prazeroso, como agradável, como habilidade, o que fazemos de coração, são uma evidência cabal do que é adequado para nós e, consequentemente, de que cada um tem determinadas funções. Observando tudo isso, somos levados a deduzir que existe um plano divino para cada um de nós. Podem até ser planos semelhantes, mas iguais não serão, pois a Natureza não se repete. Que coisa magnífica! Há um plano divino só para mim? Há uma realidade maravilhosa à minha disposição, apenas aguardando que eu seja EU MESMO, aguardando que eu volte ao natural.

O entendimento que existe em um plano estabelecido para cada um tende a soar como determinismo, mas não é. O Espírito Uno é fatal e ao mesmo tempo não. É fatal a existência de um plano divino individual, o caminho não. O plano divino em cada um é sabido pela Alma, pelo EU Superior, pelo Espírito Uno. A forma pela qual cada um chegará lá não, pois o Espírito Uno se revela, se mostra de maneira diferente em cada um a cada instante. O Espírito Universal é um *continuum*, isto é, um eterno presente. Dessa forma, o tempo conforme o percebemos, devido à linearidade do aparelho mental, não existe. Se o tempo não existe, o futuro também não. Em vez de dizermos futuro, palavra que traz uma conotação marcante de tempo, vamos usar depois. O depois será influenciado pelo que fazemos hoje. Ou seja, tudo é um desenvolvimento, uma consequência, uma transformação, um rearranjo, um fazer e refazer, um organizar e reorganizar constante. É assim desde o Big Bang: do caos para a organização, por intermédio das experiências cotidianas individuais, no sentido de cada um alcançar o seu plano divino, que contém a realização.

Faz muito sentido que o plano divino individual seja, propositadamente, secreto e que seja descoberto paulatinamente. Se hoje que estamos correndo atrás das conquistas imediatas e passageiras nossa ansiedade sobe às alturas, imagine se o plano divino nos fosse revelado com essa estrutura que temos? A gente entraria em parafuso! A ansiedade e a aflição seriam um entrave tão grande que o caminho para se atingir o plano divino estaria totalmente prejudicado.

Para saber a verdade é preciso ter estrutura

De nada adianta forçarmos a barra para que as coisas se deem conforme os planos fantasiosos do mental, e tampouco nos revoltarmos quando não acontecem. Se não forem de acordo com o plano divino, é dar murro em ponta de faca. Então, para que a autoagressão? Para que nos machucarmos, se sabemos que existe um plano divino perfeito para cada um, onde nossas qualidades desabrocham, onde nos realizamos? Para que o desespero? Para que tanto medo de não dar certo? Para que tanta luta, tanto esforço, tanto sacrifício em busca de algo que você nem sabe o que é? Pense aí, agora. Seu hoje está sendo de acordo com o que você planejou no passado? Aposto que não. Você poderá dizer: *é... mas alguma coisa eu consegui.* É muito pouco. É insignificante perto do plano que está traçado para você. Não aceite o pouco. Não aceite o mais ou menos. Não aceite o remediado, na medida em que há um plano simplesmente divino para você. Passa pela sua cabeça o que isso significa? Você tem ideia da amplitude da realização? Do nível de satisfação, prazer e liberdade que isso encerra? Quando dizemos para não aceitar o pouco, não significa que deva revoltar-se, brigar, mas simplesmente que aceite que *isso não é para você.*

Até bem pouco tempo, jamais cogitara da possibilidade de escrever um livro. Aliás, eu sequer gostava de ler e escrever, não lia nem mesmo um gibi. Sempre havia algo mais interessante para fazer. Hoje é o que mais faço. De que valeu toda revolta pelos planos que não deram certo? De que valeram tantas preocupações e noites maldormidas? De que adiantou tanto controle? Para que serviu tanto lamento pelas supostas perdas? Muito ao contrário, renderam-me algumas visitas ao hospital.

Não tem jeito. Você não vai ser outra pessoa que não aquela que já é em Espírito. Por isso, não adianta fazer força para melhorar, para se aperfeiçoar. Aceite que você é perfeito como é, de acordo com sua estrutura atual, de acordo com seu grau de evolução, que a melhora virá naturalmente. Isso não quer dizer que você não deve se envolver e se empenhar nos afazeres, mas sim que você não precisa ficar se desmembrando em dez, se estressando, se matando, se revoltando, forçando a barra para conseguir realizar-se. Não. Dessa forma, além de não conseguir seu intento, vai arrumar alguma doença pelo fato de se mover contra sua natureza, seu temperamento e sua individualidade. Portanto, relaxe, solte as preocupações, desligue, não se estresse por coisas que não saíram conforme seu desejo. Quando a gente solta e relaxa, acaba por evitar caminhos mais tortuosos. Diga para si, agora, com convicção, na vibração da voz:

- Estou disposto a relaxar e assumir o plano divino para mim.

Então assuma , porque esse é o caminho, essa é a sua realidade verdadeira. Assumir hoje é tornar possível e mais fácil para o Espírito transformar-se em realidade sensorial, se expressar e existir aqui. O Espírito precisa existir e você pode ajudá-lo a fazer isso, pois ele precisa da sua autorização.

Se o Espírito percebe que você relaxa seu mental, que abandona a luta por qualquer coisa, ele assume o comando e a responsabilidade fica nas mãos dele, que em seguida começa a pôr em ordem sua existência. A ordem é aquilo que você vai descobrir sentindo plenamente no seu mundo experiencial, e sentindo a ordem das coisas, percebe como o Espírito é encantado, milagroso e mágico. É muito diferente daquilo que pensamos em fazer com a mente. Ela (a mente) acredita no que os outros acreditam, e o que os outros acreditam é para eles. O Espírito tem um plano só para você.

Enquanto a mente acha, enquanto os outros acham, mergulhados na imaginação, nas fantasias, o Espírito trabalha no real, tão absoluta e divinamente no real, e a realidade se apresenta maravilhosa. Quanto mais você fluir com ela, quanto mais sua fé, seu crer, seu confiar der as mãos firmes para seu Espírito, mais divinamente a realidade se apresentará. Vamos lá! Chegou a sua vez. Você não está atrasado. Não está faltando nada na sua vida, não no sentido espiritual da palavra. Tudo o que precisa neste exato instante é da confiança de estar se transformando e se movendo a favor do plano perfeito, e quanto mais vibrar nisso, mais facilitará o processo. E quanto mais desenvolver o processo, mais você encherá a sua vida de Espírito e de Alma e tudo ficará, surpreendentemente, cada vez melhor.

Sinta neste instante como o Universo o abraça. É como se o ambiente o abraçasse junto com o Espírito. Sinta a segurança que o abraço do Espírito lhe proporciona, e quando ele abraça você, está abraçando tudo o que lhe diz respeito, todos os fatos que estão acontecendo em sua vida. Sinta que ele está mexendo, movendo, cuidando absolutamente de cada mínimo detalhe do que está ocorrendo no plano espiritual, no plano metafísico para transmitir a sua realidade.

Aja como se você tivesse caminhado à exaustão e agora parasse à sombra da árvore, porque chegou a hora do descanso, de tomar a água cristalina, do repouso do guerreiro. Abandone a luta. Largue as preocupações. Deixe seus medos fantasiosos, porque chegou o momento da espiritualidade cuidar disso, da sua espiritualidade, que não é igual à de ninguém. Abandone a rigidez e permita que a espontaneidade atue, para que desta forma o Espírito atue. Aceite esse *acontecimento* incrível movendo-se no seu caminho, na sua aura, no ambiente, no aparelho mental, no subconsciente, nos sentimentos, no Corpo. Aceite perder aquela ideia de um *eu* só humano para uma Coisa mística, invisível, diferente e poderosíssima. Assuma o Eu missionário de seu próprio caminho nesta vida, ajudando a acontecer o seu plano divino.

Reflexão

A melhor das notícias é que o plano divino para mim é meu guia. É do que realmente preciso. É o que cabe em mim, que me satisfaz profundamente no nível da realização. Não sou eu que me encontro, mas o caminheiro que me leva a mim, o caminheiro que me direciona. Neste momento, iluminado, eu comungo minha vida na comunhão interior, na união com o meu Espírito, na consciência de que tenho meu próprio caminho. Tenho um plano para mim que eu posso usar daqui para a frente para criar um alívio, que posso usar para minha paz, para acabar com a ansiedade, com as preocupações e com as situações adversas, com meus medos. Mas eu quero mais. Quero a segurança, quero caminhar seguro em tudo o que eu estou fazendo, sabendo que estou no meu plano. E se não estou no meu plano completamente, tudo está caminhando para que fique completo, porque eu aceitei, porque estou afirmando constantemente que estou em direção ao meu caminho de estrelas. Eu caminho nos passos da minha própria Luz. Eu caminho na minha própria conquista, e em tudo o que me pertence, nos planos que o Espírito Uno fez para mim. Eu sou a parte dele que caminha entre tudo, realizando-se. Meu caminho agora é justo, é real. As dúvidas se afastam porque não são mais úteis. A certeza é meu gesto interior da crença no plano divino, e quando as coisas parecerem incertas, simplesmente me calo, sabendo que há um plano divino para mim. Basta que eu fique apenas olhando. E nesse simples olhar cheio de fé o Espírito fala comigo, mostra-me, inspira-me, guia como uma estrela meus passos, minha consciência. É chegado o fim do tormento, do desespero e de todo o sofrimento. Começo uma nova etapa. É um renascer na companhia eterna de mim mesmo em Espírito, na confiança plena de que tudo isso é uma grande benção e que sou a pessoa mais abençoada do Universo. A fé abre caminho para o Espírito, que vai endireitando os caminhos tortuosos. E na minha doçura e aceitação, o Espírito vai adoçando minha vida de beleza e realizações. Quando afirmo que há um plano divino para mim eu sei que estou orando, e orar é vibrar na *consciência* divina. É a oração do caminho meu caminhar. Por isso vou ter uma nova maneira de sentir paz, porque a realidade é doce, é fabulosa e divina.

A estrutura necessária

Para a Alma e para o Espírito fluírem, temos de possuir uma estrutura adequada. Quanto mais desenvolvida for nossa estrutura, que também se remodela e se reorganiza no processo evolutivo, mais flui nosso Espírito, mais flui nossa Luz.

Muito do chamado processo de espiritualização é a transformação de nossa estrutura a favor da expressão de nossa Alma, do nosso Espírito, que é a realização. Assim é, quanto mais estruturamos nosso aparelho mental, mais o Espírito está pleno e se realiza.

Tudo no universo tem uma estrutura. O próprio universo tem a sua, cada elemento, cada corpo tem a sua estrutura individualizada. Por exemplo, o corpo humano tem sua estrutura geral. No entanto, o cérebro tem a própria, o coração tem a sua, o dedo tem a sua, a pele tem a sua, a célula tem a sua, o átomo tem a sua. Há inúmeras coisas já estruturadas e outras em vias de estruturação.

Quando algo se encontra estruturado, significa que está organizado e tudo nele flui harmônica e abundantemente. Nós temos infinitas estruturas: a estrutura do Corpo físico, do Corpo mental, do Corpo astral, do Corpo etéreo, do Corpo espiritual, do Corpo emocional, do Corpo sinérgico, e assim por diante.

Da nossa estruturação individualizada é que vai depender o quanto iremos usufruir tudo o que nos dispõe, constantemente, o Poder Universal

É como um aparelho sintonizador que capta as diversas ondas que estão disponíveis no ar. Um bom aparelho captará, com nitidez, as imagens e os sons vindos em ondas de rádio, televisão, celular, emitidas por uma fonte qualquer. Já um aparelho de segunda categoria...

Todos os seres estão constantemente se estruturando, se organizando em todos os sentidos, fisicamente, psiquicamente, energeticamente, espiritualmente, socialmente, etc. Lembre-se de que já fomos seres unicelulares.

A Alma já está pronta, mas ela só pode se manifestar conforme a expansão da nossa estrutura, caso contrário permanece bloqueada. No entanto, ela própria, quase sempre, instiga essa expansão, pois precisa dela para sair do latente e se manifestar mais e mais. É a mesma *força* que vem instigando a expansão do universo desde o Big Bang e que nos impulsiona para a frente. Tudo e todos que pertencem ao universo são movidos por essa *força*. Não dá e não há como parar nem retroceder. Vamos para a frente por bem ou por mal.

Nossa inteligência é a própria Inteligência Divina que se manifesta no grau de expansão da nossa estrutura individual. Só existe uma inteligência, a do EU Superior. Só existe um poder, o do EU Superior. Então, a inteligência e o poder que temos são Inteligência e Poder do EU Superior se expressando em determinada quantidade, dependendo da estrutura do Corpo de cada um. Esse conceito faz com que nós e o Poder Universal sejamos um só, indivisível. O Poder Universal não é um processo à parte. Não somos o Deus que imaginamos, nem somos o eu que pensamos. Somos um Terceiro, o único que existe, manifestando-se em diferentes quantidades. Somos o infinito, o inconsciente e também somos o consciente presente possível na nossa vivência.

Tudo e todos somos UM: o Poder Universal

"Não procures a verdade fora de ti, ela está em ti, em teu ser. Não procures o conhecimento fora de ti, ele te aguarda em tua fé interior. Não procures a paz fora de ti, ela está instalada em teu coração. Não procures a felicidade fora de ti, ela habita em ti desde a eternidade."

Mestre Khane

Nosso extraordinário Corpo

Nós somos uma máquina multidimensional, um aparelho sintonizador sofisticadíssimo, poderosíssimo. Pense num aparelho, um computador inventado pelo homem, utilizando a tecnologia mais avançada que há, a ponto de ser considerado muito futurista. Esse aparelho está longe de ser um pequeno vislumbre do aparelho sintonizador que somos. Pudera! Somos uma máquina divina e nosso aparelho mental é como se fosse a antena desse instrumento, passa pelo seu crivo.

Dependendo do grau de desenvolvimento da nossa estrutura básica, de nossos Corpos, temos a possibilidade de captar outros níveis mais sutis de nossa existência. Normalmente, nossos aparelhos sensores percebem a realidade mais imediata, de frequência mais densa, chamada matéria. No entanto, podem perceber também frequências mais sutis, como acontece, por exemplo, ao olharmos para uma pessoa e percebermos seu estado de Alma, mesmo que ela não o esteja demonstrando. Ela se encontra bem-arrumada, sorrindo, mas se estivermos com o mental aberto, poderemos perceber que está pesada, triste. Poderemos sentir outros níveis da energia dela. Se estivermos nublados em nossa tela mental, não perceberemos. Ou seja, somos um aparelho que funciona em vários níveis de realidade, dependendo de como ele está.

Decorre daí a necessidade de disciplinarmos, e com o tempo controlarmos o aparelho mental. É isso que estamos fazendo aqui na matéria densa, porque no mundo denso tudo é mais lento e mais fácil.

No plano astral, onde as moléculas são menos coesas, a força do pensamento age com muito mais facilidade e rapidez, possibilitando somatizar desejos em segundos. Percebi com bastante clareza esse fato quando, numa viagem astral que fiz acompanhado de meu guia, lhe perguntei se em meu mundo havia cães, porque eu os adoro. *Sim*, ele disse. *Olhe para a frente e pense num cão.* Obedeci e instantaneamente veio em minha direção o Barão, que havia morrido havia pouco tempo, um cão que eu amava e ele também a mim, pois me acompanhava a cada passo, e pulou em cima de mim, como que me abraçando.

Ter essa facilidade de plasmar no astral é muito bom, mas também pode ser um imenso transtorno. Quem tiver um mental indisciplinado e descontrolado vai transformar sua vida lá num verdadeiro inferno. Aqui também é assim. Felizmente a densidade da matéria faz com que tudo seja menos intenso e mais demorado, facilitando tremendamente o processo.

Não somos formados apenas de um corpo físico, como vimos acima. Os amigos desencarnados dizem que temos aproximadamente dois mil corpos e a tendência é descobrir mais. Eles permanecem vibrando na frequência do astral após a morte.

Estamos escrevendo Corpo com "C" maiúsculo devido à multiplicidade de corpos que ele encerra e por tratar-se da manifestação consciente do Espírito Uno em nós. Não pode haver Espírito sem Corpo. O princípio da criação compreende dois elementos: o princípio da inteligência e o da matéria. O princípio inteligente, denominado EU divino, o Espírito Uno em nós, isto é, os princípios divinos que estavam latentes e entraram em ação em nosso Corpo. Só existe vida em ação na massa.

Corpo é um conjunto de qualidades e de aparelhos extraordinários de capacidades infinitas

Quando falamos em Corpo, falamos de uma máquina que vive em muitas dimensões ao mesmo tempo, com aparelhos requintadíssimos, feitos para viver na eternidade, indestrutíveis, capazes de se regenerar em toda e qualquer situação que se apresente necessária. Pense que você tem aí dentro de si uma capacidade restauradora infinita, disponível a qualquer momento. Mesmo que vocêmorra num estado precário e chegue ao plano astral completamente velho, tudo vai se regenerar e você voltará a ser uma pessoa saudável, jovial, com o propósito de uma nova vida. Não é formidável?

Como existem vários universos paralelos, temos tantos Corpos quantos níveis de realidade em cada universo, cada Corpo com sua própria estrutura, cada Corpo ressoando em sua respectiva sintonia. Como faríamos parte de todos esses níveis se não tivéssemos aparelhos capazes de frequentar esses ambientes tão únicos?

A constituição, a estrutura do Corpo é imensa. Vai de níveis superficiais a níveis muito sutis. Para se ter uma ideia de quão extraordinário é esse nosso aparelho sintonizador, temos Corpos que fazem experiências extrafísicas, mesmo estando na matéria. Como é o caso do desdobramento ou projeção da consciência, ou ainda projeção astral, o fenômeno paranormal mais fantástico que já tive a oportunidade de experimentar.

Sabe lá o que é estar deitado, prestes a pegar no sono, e de repente, você se ver sair do Corpo, permanecer a uma certa altura, ver seu Corpo inerte, voltar, tocar nele e depois sair por aí volitando, se encontrar com pessoas que já morreram, ou com um colega que também está em viagem astral e, se não bastasse, no dia seguinte comentar com ele, que diz também se lembrar da experiência? Que máquina extraordinária nós somos.

Vivemos num sistema admirável, que é nosso Corpo, como se fosse um escafandro que utilizamos para caminhar na eternidade

Esse escafandro consegue atingir níveis da matéria do mundo e outros níveis paralelos. Quando a matéria se reduz a um pequeno apêndice, por ocasião da morte, ele continua vivendo nessas realidades mais sutis da vida, ou mundo extrafísico, no mundo astral.

Eu tive experiências de acesso a realidades mais sutis, e o interessante é que mesmo que eu me reparta em dois, como no fenômeno da bilocação, que consiste em estar em dois lugares simultaneamente, minha sensibilidade esteja lá, minha consciência esteja lá, que uma parte do meu Corpo esteja lá, é extraordinário que eu possa fazer tudo sem perder minha integridade. Que MARAVILHA é essa máquina que somos, poder estar em dois lugares ao mesmo tempo, sem deixar de ser si mesmo! Somos um fenômeno holográfico.

Foi durante uma viagem astral que fiz a uma localidade onde passei minha infância, acompanhado de meu guia, que percebi, além de uma série de informações preciosas, a diferença de frequência do plano físico e do plano astral.

Meu guia disse que naquele plano eu sabia voar, que era só uma questão de concentração. Fiz o que ele recomendou, então experimentei a sensação mais fantástica de minha vida: voar. Ele me pediu que voasse em direção à copa de uma árvore, sem me incomodar com seus galhos. Foi o que fiz e então vi as folhas e os galhos da árvore passando pelo meu peito sem interferir. A árvore estava no plano físico, enquanto que eu estava no plano astral, por isso uma frequência não interferiu na outra. Todavia, quando peguei na mão do guia percebi como se estivéssemos no plano físico. É que estávamos na mesma sintonia, a do plano astral. Isso acontece porque os dois planos, apesar de estarem no mesmo espaço, existem em frequências diferentes. É como as ondas de rádio, de televisão, de celular que necessitam de um aparelho para sintonizar a frequência que se deseja. Ah, no final da viagem, virei para a direção de São Paulo e disse ao meu guia: preciso voltar para meu Corpo físico. No mesmo instante acordei e vi o abajur ao meu lado. Isso não é fascinante?

Tudo o que se percebe é porque existe um Corpo para perceber. Tudo é uma questão de sintonia. Tudo é aqui. O astral está aqui, não está lá no céu. A eternidade é aqui, tudo está aqui, vibrando nas mais diversas frequências, enquanto que nosso extraordinário Corpo é o aparelho sintonizador.

Como é maravilhoso esse nosso aparelho, eterno, cósmico, que de repente aglutina matéria por meio de outra pessoa, e, posteriormente, deixa esse apêndice físico e volta à sua origem! Não é magnífico esse passeio que estamos fazendo pela matéria?

Para podermos perceber, trabalhar, aproveitar, usufruir cada vez mais dessa divina máquina, temos de, obrigatoriamente, desenvolver o poder sobre o aparelho mental, porque, apesar de sermos tudo isso, tudo tem que passar pela estrutura mental. Caso contrário, é o mesmo que entregar um computador de última geração a um analfabeto.

A mente é única

Temos a ilusão de que nossa mente é individual. Quando chamamos de mente individual, na verdade estamos nos referindo ao aparelho mental. A mente é uma só. O EU Consciente, o aparelho mental, a mente coletiva, a Alma, o EU Superior, o Espírito Uno, tudo faz parte de uma única mente.

A mente é o ambiente cósmico onde ocorre a existência

O aparelho mental, sob o comando do EU Consciente, é que sintoniza as diversas zonas do ambiente cósmico. Como se trata de um aparelho sintonizador, também é frequencial.

Nosso aparelho mental é um elemento muito delicado pelo fato de ser altamente influenciável, vibrando com pequenas situações. É um instrumento extraordinário. Aliás, tudo o que ocorre em nossa vida passa pela estrutura do nosso aparelho mental. Sendo assim, ele precisa ser disciplinado a obedecer ao nosso comando. Se deixarmos tudo ao seu sabor, ele vai viver de superficialidades, ou seja, vai sempre vibrar nas camadas superficiais onde proliferam as ilusões. Sem dúvida que as consequências serão dolorosas. Assim é, se estivermos sintonizados com nossa Alma, o aparelho mental vai proceder de uma forma, se não estivermos, procederá de outra. Em outros termos, se estivermos conectados ao mundo de fora, ele será dirigido pelos outros e vagará nas ilusões. Se estivermos conectados ao mundo de dentro, o aparelho mental cada vez mais adentrará camadas mais profundas da realidade, resultando em mais harmonia, mais paz e mais pé no chão.

Estamos utilizando a expressão "aparelho mental", em substituição à palavra mente individual, exatamente porque a mente nunca é individual, mas cósmica e única.

A mente é um mar infinito. Quando nos conectamos com a Alma, isso não significa que saímos do mental e fomos para a mente espiritual. A mente é uma só. Nós é que precisamos desenvolver a habilidade de navegar daqui para lá e de lá para cá, conforme nossa conveniência.

Tudo é uma questão de vibração mental, dependendo da sintonia. Se acalmarmos as camadas inferiores, que por hábito nutrimos no dia a dia, e deixarmos o aparelho mental mais solto, certamente níveis mais profundos serão sintonizados, níveis esses comumente alcançados pelos sábios.

Então a Alma nos conduz a caminhos novos e o mental vai vislumbrar realidades até então não percebidas.

A mente é completa e nós temos nosso aparelho mental que nos possibilita sintonizar qualquer frequência sua. Fazendo uma analogia, nosso aparelho respiratório está para a atmosfera assim como nosso aparelho mental está para a mente infinita. Da mesma forma que não podemos viver sem atmosfera, não podemos viver sem o mar infinito da mente.

Nosso aparelho mental, com base em experiências vividas, tende a dar importância a determinados aspectos. Ou seja, seu foco de atenção é sempre direcionado para os mesmos pontos. Existem pessoas cuja vida gira em torno do futebol. Sua preocupação principal é a situação do seu time na tabela. Em qualquer encontro, o assunto que emerge é o futebol. Para outras é a saúde o principal tema. Estão sempre falando em doenças e remédios. O foco de atenção pode ainda ser o sexo, ou notícias ruins, ou comida, ou dinheiro, ou religião, ou trabalho, ou espiritualidade, ou ciências, e assim por diante. Apesar de termos um aparelho sintonizador fantástico, com possibilidades de sintonizar infinitos aspectos da mente, preferimos direcionar a atenção para pouquíssimos pontos, limitando sobremaneira sua capacidade.

Os limites de sua vida estão em suas mãos, ou melhor, no seu aparelho mental. Tire a importância de certos aspectos e procure diversificar. Permita que o novo entre em sua vida. Dissemos que o Espírito Uno é um renovar constante. Assim, quando você sintonizar o novo, estará se alinhando ao EU Superior.

Só tem sucesso quem tiver o mental aberto para o novo, pois estará em sintonia com o Espírito Uno, que se renova constantemente

Os fenômenos da telepatia, da percepção extrassensorial, da paranormalidade são uma prova de que a mente é única. As pessoas que desenvolveram essas capacidades, na verdade, estão sintonizando seu aparelho em outras camadas da mente. Basta graduarmos nosso aparelho para formas mais sutis e poderemos conectar camadas e camadas da mente infinita.

Grande parte das coisas que passam em nossa mente não nos pertence. Não foi criada por nós. É da mente coletiva. Se você sentar num lugar e deixar seu aparelho mental divagar, irá perceber que aparecem muitas coisas que você nunca fez e nem pensou. A mente é imensa e você está dentro dela com seu aparelho mental, porque tudo é aqui. Depende de quanto seu aparelho pode captar. Assim acontece com as ondas de televisão, de rádio, de celular que estão vibrando à sua volta, se não houver um bom aparelho que as sintonize. elas não serão captadas. Um simples binóculo e o Hubble têm a mesma função.

As camadas superficiais da realidade são feitas de imagens em que preponderam as ilusões. Quando a gente solta essas camadas devido ao processo de descrença nelas provocado pelas desilusões que nos causaram, vamos libertando-nos dos limites que elas nos impõem. Então, nossa Alma vai nos conduzir a percepções mais reais e mais profundas, fazendo com que nossa Consciência se expanda cada vez mais.

Os quatro EUs:
EU Consciente, EU Alma, EU Sombra e EU Superior

Embora tudo o que existe no universo, tudo que somos seja uma Coisa só – a manifestação do Espírito Uno –, para um melhor entendimento do assunto, para percebermos melhor como funciona, vamos falar de alguns conceitos a respeito da estrutura desse Espírito, ou seja, de centros inteligentes importantes da estrutura divina em nós.

O EU Consciente

Quando falamos em EU Consciente estamos falando do "EU percebedor", o que tem o poder de controlar o aparelho mental, o que tem a vontade, a iniciativa, a atenção, a concentração, o que toma posse, para poder disciplinar o mental e manipular os outros EUs. Todos os demais EUs estão sujeitos à estrutura do EU Consciente, que controla o mental, não no sentido de serem submissos ao que ele determinar, mas no sentido de se expressarem de acordo com a capacidade da estrutura do EU Consciente desenvolvida até o presente.

Na criação da realidade individual, na expansão da espiritualidade, o EU Consciente tem sua cota de participação no universo das escolhas. Ele entra com o arbítrio, no sentido de facilitar ou criar situações conflitantes, decidindo tudo. É assim que ele desenvolve e desenvolveu sua estrutura ao longo do tempo. Sem dúvida que o ideal é o desenvolvimento de sua estrutura mental, a ponto de agir de acordo com as demandas interiores dos outros EUs.

Para o desempenho do arbítrio no cotidiano da vida, há uma faixa larga e não um caminho estreito. Porém, é apenas nas beiradas dessa avenida que o EU Consciente pode atuar com suas escolhas. Ele pode optar, mas terá limites nas opões, limites esses impostos pelo EU Superior. Nós escolhemos porque a avenida é larga e são muitas as opções, mas existem cercas nesse imenso caminho, que não podem ser ultrapassadas, a menos que o EU Superior as remova. Embora a avenida da vida seja reta, o caminho percorrido através de nossas escolhas, não o é. Vamos ziguezagueando dentro dela. Os desígnios divinos são retos, mas nós andamos de lá para cá nas opções, manipulando nossa individualidade e desenvolvendo nosso discernimento, nossa estrutura mental, nossa evolução, ampliando a lucidez e consequentemente a Consciência.

Nosso EU Consciente está sempre agindo no presente. Ele é perfeito para lidar com as experiências voltadas para o social, no dia a dia, nas relações imediatas do trabalho, nas relações da vida que estão acontecendo neste momento. É pronto para responder ao que está acontecendo imediatamente, no sentido de obter uma colocação no meio ambiente para sermos aceitos e fazer as coisas andarem em nossa vida, percebendo essa mobilidade. A função do EU Consciente é administrativa e coordenadora, por isso é responsável direta ou indiretamente pelos problemas ou soluções que experimentamos. Seu papel de coordenador deve-se ao fato de ele estar na Consciência, enquanto que os demais EUs estão no inconsciente. Sempre que há um problema qualquer, os EUs, respeitando sua área de atuação, voltam-se para o EU Consciente e cobram dele, utilizando a dor como instrumento.

Do ponto de vista espiritual, o EU Consciente nada mais é que uma projeção minimizada do EU Superior. É como se o Espírito Universal precisasse se afinar, *se* apertar para se tornar um EU Consciente. Comparando essa colocação a um triângulo invertido, em cima está a Totalidade Divina, o EU Superior, enquanto que no vértice, na pontinha em baixo, está o EU Consciente.

Assim é que o fenômeno da região superior, manifestando-se no vértice, corresponde aos atributos do Espírito Uno, quais sejam, a intuição, a inspiração, a criatividade. É quando o Espírito Uno fala explicitamente com a gente. É nosso acesso direto à Inteligência Divina. É nessa hora que vem a inspiração para as belas obras de arte dos escultores, pintores, arquitetos, escritores, músicos e poetas. É quando surgem as ideias revolucionárias dos cientistas, dos inventores, dos executivos, dos empresários, dos estadistas. É nosso EU Superior, como se diz na psicologia, a região mais nobre do nosso inconsciente, que *se* manifesta em nós, isto é, é o nível espiritual se manifestando na gente.

Um exemplo do EU Superior em nossa lucidez é o que ocorre no processo de meditação. O EU Consciente, com sua mente, se eleva. O pontinho do vértice do triângulo sobe para o espiritual, para o divino. Nesse momento, o aparelho mental livra-se das camadas chamadas "*camadas mentais superficiais*", que nos dominam, para atingir camadas mais profundas, dominadas pelo EU Superior. Na verdade, o aparelho mental não deixa de interferir, pois tudo é uma só mente com várias camadas. O EU Consciente, ante a superficialidade do mental, utilizando sua vontade inerente, diz: *não dou importância, não quero, não dou bola para isso*. Logo, a camada superficial, não sendo alimentada pela energia da nossa atenção, fica como que num canto, abrindo caminho para o aparelho mental dirigir-se às camadas mais profundas.

O EU Alma, a Luz

O EU Alma é a nossa ligação com o Espírito Uno, por intermédio do EU Superior, permeando nosso Corpo desde sempre. É nosso aspecto Luz, detentor do conhecimento espiritual e da sabedoria. É um centro cheio de sensos, como já vimos, a nos orientar e a nos fazer caminhar pela senda do invisível. É o guia seguro de nossa razão.

A Alma também tem *seu* arbítrio. Se isso lhe parece impossível, tente gostar de quem sua Alma não quer. Impossível, não é? Ela também escolhe. Ela escolhe de quem vai gostar, o que vai sentir. Ela escolhe uma série de elementos dentro de seu campo de arbítrio e ação. Seu campo corresponde à área relativa a todos os sensos, pois é o senso absoluto da equação de tudo. Possuidora do senso da verdade, como o senso da realidade verdadeira, dos sensos de equilíbrio, da justiça, da ética e de todos os sentimentos sutis.

Nossa Alma percebe aquilo que está por trás de tudo, trazendo informações preciosas para nossa atuação na consciência e no Espírito em *sua* grandeza e arte. Traz a sabedoria e a agilidade desperta, para que consigamos lidar com as coisas. Atua no encaminhamento e direcionamento da percepção e da evolução. Por ser sensória, é a orientadora da realidade, mostrando novos caminhos, outras situações da vida completamente novas, organizando de tal forma para que possamos viver na realidade verdadeira, que é pura perfeição e beleza. A Alma costuma ajudar no serviço dos sonhos e é muitas vezes neles que o Espírito Uno se apresenta, procurando trazer e influenciar a relação das forças interiores de forma positiva nas demandas dos caminhos divinos, como já dissemos.

O EU Sombra

O EU Sombra, também chamado de EU bicho, animal interior, ou ainda EU magnético, é nosso aspecto Sombra, responsável por tornar algo real, por materializar. Nosso EU Sombra é a realidade física instintiva. É poderosíssimo, com forças magnéticas extraordinárias. Trata-se de um universo imenso com todo potencial para criar a realidade.

É ele o responsável por todas as funções fisiológicas do Corpo. Ele dá valor ao nosso conforto, ao nosso prazer. É de natureza animal. Tudo que diz respeito ao Corpo físico, todas as opções, são de nosso EU animal, aceitemos ou não, concordemos ou não em ser a mulher, o homem que ele queira ser, eis que o temperamento é um de seus atributos.

O EU Sombra nos mostra nossas energias e situações. É nossa estrutura realizadora.

Sem a Sombra não há realidade, não há vida. Trata-se de dimensões de nossos Corpos que têm poderes extraordinários para regenerar, reconstituir, restaurar e criar

É o EU Sombra com seu magnetismo que fixa as crenças, sejam elas boas, as provenientes da Alma, ou ilusórias, criando uma realidade boa ou caótica, respectivamente. Nossos impulsos básicos, como o domínio, a sensualidade, a curiosidade, a responsabilidade e a presença, são todos de sua propriedade, assim como é nosso temperamento.

O EU Sombra também tem arbítrio. Procure colocar uma comida na boca sem que ele queira. Você vai vomitar. Tente fazer sexo com a pessoa que ele não está a fim. Veja o que acontece. Ou melhor, o que não acontece. Vista uma roupa só porque está na moda, mas que não tem a ver com seu jeito, com seu temperamento e vá para uma festa. Para você não haverá festa. Portanto, o EU Sombra tem suas escolhas nos campos em que domina, os vastos campos da realidade, da materialidade, da corporificação. Se ele decidir que não quer mais viver porque está mal, tira a vida física da pessoa.

O EU Superior

O EU Superior ou Espírito é o Espírito Uno em nós. Tudo é o Espírito Uno em nós, mas o EU Superior é nossa parte mais explícita dele. É a manifestação absoluta divina no ser humano. É o EU da genialidade, da criação, do fluxo de vida.

Os dons extraordinários do EU Superior são imensos. Ele age na Consciência Cósmica, na essência de todos os elementos do princípio da magia da realização. Ele consegue ativar fontes inesgotáveis de regeneração, tem a dimensão da compreensão divina na solução em benefício de todos, pois se conecta com todos pela sua própria natureza. É capaz de atuar na mecânica universal ou quando estamos lavando nosso quintal. É imenso e eterno porque é a expressão mais pura do Espírito Uno na *sua essência*. É multidimensional, cheio de universos paralelos que se interligam.

O EU Superior, nosso Grande Espírito, também tem *seu* arbítrio nas suas decisões. Também tem determinantes ou escolhas na função que exerce no trabalho cósmico, no trabalho divino, no trabalho de expansão e evolução, e pode criar determinações fortíssimas para os outros EUs. Os demais EUs podem optar, mas terão limites nas opções, limites esses impostos pelo Grande Espírito. Fora dessas áreas limitadas, quem opta, arbitra e comanda é o EU Superior, que é quem detém a decisão final.

A função do EU Espiritual é conseguir um entrosamento completo entre todos os EUs, numa expansão tal de Consciência, que sua manifestação consiga passar de níveis, ampliando sua existência na realidade, atuando de maneira muito mais abrangente.

Como o EU Espírito tem outra visão, infinitamente ampla, tem outro campo de ação. Para ele tudo está certo com o que os demais EUs façam, eis que, em última instância, tudo o que acontece no universo é manifestação dele.

Vamos compreender do ponto de vista do EU Superior. Todos os EUs podem ter uma forte conexão conosco, quando nós despertarmos para o EU Superior. O EU Superior é um EU extraordinariamente poderoso. Todos nós já estivemos tomados pelo Espírito. Nessas ocasiões a conexão é forte e então nos sentimos profundamente bem-humorados, temos um grau de inteligência habilidosíssimo, virtuoso, principalmente para fazer piadas, para brincar. Por isso se diz que nesse estado a pessoa é espirituosa, pois está cheia de Espírito. É nesse "estado" que vem a inspiração, a criatividade, a nossa lucidez se acende, nossos olhos brilham e nosso mental funciona com rapidez incrível.

A presença do Espírito em nós também se manifesta no EU Alma. Aquilo que apenas era bom senso passa agora a ter uma dimensão grandiosa, intuitiva, passa a revalorizar tudo pelo crivo dos sentimentos interiores, dirigindo com grandeza o dom da arte. Quanto à sua manifestação no EU Sombra, quando o Espírito está presente, o nosso bicho se dignifica, se torna forte, altivo, corajoso, um verdadeiro gigante, capaz de habilidades extraordinárias que só vemos nos grandes atletas, nos grandes bailarinos, nos grandes magos, nos grandes empreendedores.

Nosso Espírito se alimenta da arte, do profundo conhecimento da mecânica da vida, da sabedoria verdadeira. Alimenta-se das grandes obras e da percepção sutil.

Contato com o Espírito

Quando se fala da presença do Espírito também se fala, obviamente, da perda da sua presença. Nós apenas conhecemos os fenômenos na psicologia, quando nossos aspectos animais frustrados, causa-nos grandes lesões psicofísicas. Mas existe também a perda do contato com o Espírito. É preciso compreender que a perda do contato com ele nos faz absolutamente egoístas, principalmente presos na sociedade e nos seus valores imediatos, isso porque nosso EU Consciente está sempre agindo apenas no presente. Nossa Sombra, nossa Alma e nosso Espírito é que dão dimensões profundas ao EU Consciente.

Todos os EUs trabalham coordenadamente. Quando temos a noção do equilíbrio interior e cada dia mais nos espiritualizarmos, fazemos com que essas forças caminhem juntas e interligadas. O Espírito possui a Alma. Uma pessoa que tem Alma presente e não o Espírito é uma pessoa muito conscienciosa, ética, de comportamento equilibrado, de raciocínio claro e lógico, porém, sem genialidade, não tem criatividade, não tem gestos de grandeza e não tem arte. A Alma tempera, mas quem concede é o Espírito, atravessando as barreiras do conhecido, levando-nos ao desconhecido. A força divina em nós é que nos "abre os olhos e a mente", expandindo o universo, em consequência. Portanto, quando queremos nos centrar na Alma, confiando que ela faz tudo, na verdade, estamos unindo esses dois grandes centros. Isso é valido na medida em que estamos chamando suas forças para atuarem em nossa vida.

Percebamos, então, a distinção existente nos momentos em que nossa Alma está preenchendo, dando significado às coisas e quando estamos mais completos, com nosso Espírito presente na magnitude de tudo, tendo o mental claro, brilhante, a inteligência fulgurante, tendo *insights*, criações, percepções, tendo inspiração nas artes, na escrita, no trabalho, seja de que espécie for. Somos tomados por um sentimento de domínio sobre tudo e sobre todos, uma sensação de estarmos plenos de nós.

Quando nos sentimos na dimensão do Espírito, toda realidade divina aparece. Então vemos a vida com os olhos do Espírito Uno

Para o Espírito as leis do imediato não são as mais importantes. Com sua profundidade eterna, nos faz sentir as raízes de todas as coisas, transforma o significado imediato no significado eterno, transmuta o pensamento na velocidade da Luz, fazendo com que novas relações fantásticas ocorram dentro do nosso aparelho mental, como se fosse uma máquina que, acelerada ao máximo, como que conseguisse transpor a si mesma. Isso é sublimação, transcendência.

O EU Espírito constantemente inunda de Luz divina todos os domínios dos outros EUs, dando-lhes vida. Sem ele os demais EUs diminuem a interferência em nós, causando-nos desânimo, falta de sentido na vida, depressão. Essa Luz purifica, tonifica e mexe com nossos centros de força, para que possamos desenvolver nossas estruturas, para nos possibilitar a elevação a uma categoria acelerada, no sentido de fazer com que funcionemos como se fôssemos gênios, numa rapidez incrível, com uma percepção fantástica. É isso que acontece quando temos nossos momentos de sabedoria. Sentimos usar um poder calmo sobre tudo, uma segurança absoluta. Quando perdemos o contato com o Espírito, ficamos presos no social, nos costumes, nos valores e regras, dentro de uma visão distorcida da realidade. Aparecem os medos, as situações da visão apenas imediata e superficial do EU Consciente e não da visão profunda e eterna que nos proporciona tanta força e tantas possibilidades.

Precisamos seguidamente evocar o Espírito em nós. Necessitamos senti-lo e identificá-lo. Quando estamos lendo ou comentando um assunto desta natureza, sentimos que estamos com Alma, sentimos que nossa Alma está presente. Porém, precisamos sentir que o Espírito também está presente, chamando-o, criando condições psicológicas, numa interferência saudável do nosso EU Consciente, para que ele encontre um ambiente interior mais sustentável para as suas emanações e para a coordenação dos elementos, que produz naturalmente campos melhores, mais perfeitos e muito mais eficientes.

Quando se diz que as coisas estão dando certo, que há feliz coincidência, que parece mágica, que há uma sincronicidade, que foi um milagre, que a pessoa estava no lugar certo na hora certa, tudo isso é a ação do EU Espírito. Então, desenvolva o hábito de evocar seu Espírito, de falar com ele, de dar-lhe importância. Cada vez que você age dessa maneira, é um voto de confiança que está dando a ele, e assim cada vez mais o Espírito atuará em sua vida. Você sabe que tudo aquilo que não é usado, a que não se dá importância, tende a se retrair ou desaparecer. O mesmo acontece com nosso Espírito. Claro que ele não vai desaparecer, mas vai ficar quieto lá no canto dele, aguardando o momento de ser chamado à ação.

Os prazeres dos EUs

Os prazeres são absolutamente distintos nos quatro EUs. No entanto, todos esses prazeres trazem consigo uma demanda para que sejam atendidos. Quando você diz: *eu quero*, que EU é esse? É o EU Consciente. Por exemplo, *eu quero estudar para ser alguém na sociedade*. Quando você diz: *eu sinto, eu gosto*, que EU é esse? É o EU Alma: *eu me sinto tão bem com aquela pessoa*, ou *eu gosto de sua presença, porque me traz alegria*. Quando você diz *eu preciso*, que EU é esse? É o EU Sombra: *eu preciso me alimentar para praticar a dança*, ou *eu preciso dançar para me sentir total*. Quando você sente vontade de se elevar, de orar, de ter paz mental, emocional e espiritual, de sentir contentamento, de contar piadas, de alegrar os outros, de se inspirar, de desenvolver alguma habilidade no campo das artes, tudo é a ação do Espírito.

Os prazeres da Alma são aqueles decorrentes do amor, da compaixão, da bondade, da generosidade, da doação, que geram sentimentos como o contentamento, a alegria, a harmonia, a gratidão, produzindo em nós uma sensação de expansão na região do peito. Já os do bicho se caracterizam por se originarem do contato com a natureza, com outras pessoas, com o próprio Corpo, provocando excitamento, emoções, como a dança, o ato sexual, o tocar um instrumento, o cantar, o ensinar, o curar, o conversar, o gargalhar, o se banhar, o praticar esportes, o sair na chuva como as crianças, o cair na lama, o beber, o comer, o calor da praia, o inverno na montanha, etc.

Os prazeres do Espírito, por sua vez, são os prazeres que nos expandem, nos elevam sobre as coisas superficiais e nos colocam numa situação em que absorvemos a essência da sabedoria e da grandeza de todas as coisas. São alcançados nos estados meditativos, na contemplação, na intuição, na inspiração, na realização de trabalhos geniais.

Quando se fala em prazer, é o mesmo que dizer que nosso sistema está fluindo na realidade divina. É onde o caos se encontra ordenado. Fora da realidade divina, o caos tem total influência sobre nós.

É importante observar-se nos seus vários estados, percebendo-os e se perguntando *de onde vêm essas coisas em mim*? Que centro inteligente em mim está reivindicando o quê? Se é que eu posso atender.

O EU Consciente precisa aceitar as decisões dos outros EUs

Apesar de os três EUs – o EU Alma, o EU Sombra e o EU Superior – deterem um poder muito forte em suas escolhas, podem surgir complicações com a interferência do EU Consciente. Se sua Alma sentir que não gosta de determinada pessoa e, no entanto, seu EU Consciente achar, por conveniência social, que você deve conviver com ela, que você se dará bem com essa pessoa, sem dúvida nenhuma, você vai arrumar um conflito com sua Alma. Ela não volta atrás, e se você não voltar também o confronto acabará em doenças psicossomáticas.

Da mesma forma, seu EU Sombra, com impulso instintivo de animal, com o seu temperamento, também opta por caminhos e decisões pessoais. Se seu EU Consciente pode interferir, pode, obviamente, não aceitar certas decisões dele. Então você vai criar um grande conflito em suas opções nos caminhos eróticos sexuais, na decisão da estrutura do Corpo de encarnar e reencarnar, na estruturação da saúde, na preferência da alimentação, no temperamento.

A Alma e o animal costumam concordar plenamente com o EU Superior, mas o EU Consciente pode discordar do caminho. Claro que mais cedo ou mais tarde vamos entrar no caminho EU Superior, querendo ou não.

Todo mundo sabe que há necessidade de fazer alguma coisa para que nosso EU animal seja saudável. Não apenas com relação à alimentação, mas também com relação à atividade afetiva, às atividades sexuais, às práticas esportivas, às brincadeiras, às danças. Sabemos também que há coisas de que ele não gosta. Há cheiros que o EU animal não suporta e há outros que ele procura. Algumas pessoas não gostam de praia porque o bicho não gosta de praia. Preferem a montanha, o mato, os campos. Umas gostam de flores, enquanto outras são indiferentes a elas. Há pessoas que preferem os desertos, outras o mar. Existem as que gostam da amplidão dos espaços, já outras gostam de lugares escondidos. Somos todos diferentes porque os animais interiores são diferentes. Assim são os bichos em suas escolhas, que se alteram, experimentam, gostam, têm vontades novas, decidem, mesmo que o EU Consciente não concorde. A mesma coisa ocorre com o EU Alma. Quando a Alma se decide por aquilo que ela gosta, por aquilo que ela quer, pela razão, pela justiça, pela ética dela, pelas leis que ela quer impingir, pela alegria que ela quer ter, pelas razões que quer expandir, ou nós aceitamos suas condições ou ficaremos perdidos na vida, completamente desencontrados, sem nenhuma vontade.

Às vezes, algumas decisões do EU Consciente, mesmo que estejam alinhadas ao querer do EU Alma, podem resultar em conflito com o EU bicho. Então, é preciso interiormente apaziguá-los. Por exemplo, se você estiver assistindo a um filme que está muito interessante. Tanto seu EU Consciente como seu EU Alma estão adorando, mas o EU bicho não está nem aí para esse fato. Se o Corpo físico estiver cansado, pinta um repentino sono e você vai adormecer sem ver o fim do filme. A natureza da Alma é bastante movimentada com o Corpo, excita muito o bicho. Ele gosta, mas quando se cansa nem a Alma o controla, por mais que esteja motivada. Ela é obrigada a aceitar, uma vez que sem dormir os canais da percepção se fecham, e sem esses canais ela não pode atuar.

Patologias

As demandas interiores, os conflitos nos quais todos os EUs podem se envolver, causam os quatro campos da patologia humana: física, mental, emocional e espiritual. Antigamente diziam: *ele tem problema espiritual*, referindo-se a uma série de coisas que não tinham sentido, nem eram tão claras. Hoje, sabemos que problemas do Espírito são do Espírito, da Alma são da Alma, da Sombra são da Sombra, do EU Consciente são do EU Consciente. Geralmente, a participação do EU Consciente tem em si a função administrativa e coordenadora, sendo por isso responsável direta ou indiretamente por todos os problemas e prazeres que experimentamos.

A Inteligência única interior não tem absolutamente nada a ver com o que observamos na psicologia. Na verdade, os psicólogos perceberam algumas relações importantes, mas a estruturação está longe de ser suficiente para explicar a diversificação da constituição interior. Portanto, observando as experiências compreenderemos melhor.

Nada no ser humano é complexo, quando ele tem uma experiência como referencial. Você é tão bom quanto qualquer outro para observar as coisas

Os comportamentos patológicos oriundos do EU Consciente são os que envolvem os aspectos da personalidade, uma vez que a função dela é lidar com o mundo exterior, como a timidez, a vergonha, a vaidade exacerbada, o orgulho, o medo de se expor, o narcisismo.

Quando o EU Consciente entra em conflito com a Alma, os problemas que a pessoa desenvolve são os relativos à depressão, à solidão, ao desânimo, ao vazio, à falta de sentido de vida, à perda do sentido das coisas, à perda do gosto, à perda do raciocínio, à perda da agilidade racional (falta de inteligência), à perda dos sentimentos humanitários, tais como o amor, a compaixão, a generosidade, a caridade e a bondade. Desenvolve a síndrome do egoísta, os complexos de inferioridade e de superioridade, a ganância, e torna-se uma pessoa apegada ade futilidades.

Os conflitos com o EU Sombra provocam todas as espécies de doenças físicas, todos os tipos de fobias, as manias compulsivas, a hipocondria, a síndrome do pânico e toda espécie de obsessão.

Quando o EU Consciente rejeita as vontades do Espírito, a falta de humor é o primeiro sintoma que aparece para a pessoa, o que a faz ranzinza. A alegria e o contentamento passam distante. Sabe aquela pessoa que vive de mal com a vida, reclamando de tudo e de todos, rasa, sem profundidade? A mesmice e a falta de criatividade, de inspiração, de boas ideias também se fazem presentes em sua vida. Se ela teimar em não concordar com a vontade do Espírito, fatalmente vai desenvolver alguma espécie de psicopatia, quando não a esquizofrenia. Quem não anda do lado do Espírito é candidato a desenvolver a teomania, cuja característica é o fanatismo religioso.

Todos os nossos problemas são perfeitamente aceitáveis pelo nosso EU Superior. Ele sabe que não importa o caminho que venhamos a tomar, porque todo caminho é caminho dele. Todas as experiências são práticas que vão despertando a percepção de todos os Eus no caminho. A própria Consciência Espiritual, mesmo agregada à Consciência Universal, não possui a lucidez total, porque ela se faz em conjunto. A lucidez carrega você do latente para a realidade. Portanto, o conscientizar-se, o estar lúcido, o perceber, o discernir e todas as funções da atenção vêm da lucidez. São esses os conteúdos mais importantes na expansão e na vida, porque quando falamos em vida falamos de Consciência, fluindo da realidade dos universos que nos compõem. A realidade tem várias camadas, e todas elas interagem.

Percebamos, então, que a divisão desses vários EUs vai promover nova percepção de nossa dinâmica interior, das situações que ela nos causa. Nossas forças são imensas. As forças de todos eles estão sempre em andamento. Jamais entram completamente no sono. Tiram a consciência do EU Consciente, mas continuam trabalhando em nós durante toda a noite, digerindo e trabalhando em várias regiões da gente.

A Alma costuma ajudar no serviço dos sonhos, e é muitas vezes neles que o Espírito se apresenta, procurando trazer e influenciar a relação dessas forças interiores de forma positiva nas demandas dos caminhos divinos. Quando o Espírito se faz presente, tornam-se claras as sensações, pois ele transforma pesos, dores, desconfortos, instaurando-se uma sensação de harmonia.

Você não é o que pensa que é

Perca a ideia de quem você é, porque, na verdade, uma ideia não é obrigatoriamente fiel ao que você é, mas apenas uma ideia. Quanto mais nós negamos quem somos, mais procuramos e iremos encontrar, e esse encontrar é parte do nosso processo espiritual, porque ao encontrarmos, estruturamos nossas percepções, reestruturamos nossos conteúdos, possibilitando mais avanço dos nossos EUs e mais espiritualização.

Todos nós estamos nessa viagem, que não é opcional porque é o Espírito que decide. Nossas decisões, restritas ao EU Consciente, obviamente não podem decidir pela vida ou pela morte. Não podem decidir por evoluir ou não evoluir, não podem decidir na dimensão do Espírito sobre o Espírito. Só o Espírito decide na sua dimensão, e nós também somos Espírito. Nosso único engano é pensar que quando dizemos *eu* é só do EU Consciente que estamos falando.

A partir de agora, é necessário compreender e aceitar que é preciso ampliar dentro de nós o conceito do EU, que não é só algo restrito à mente, mas algo tão maior que o próprio aparelho mental não consegue dimensionar, poupando-nos de uma série de complicações

Por exemplo, às vezes nos perturbamos por achar que deveríamos ser íntegros, que o conceito de integridade é ser sempre coerente com o que pensamos ou com aquilo que achamos no EU Consciente. De forma alguma, a integridade não consiste nisso, mas na capacidade de observar todas as nossas forças e politicamente encontrar posições adequadas, internamente. Dizemos politicamente porque "política" é a área da arte de gerenciar forças na sociedade, em nosso caso, de gerenciar as forças interiores.

Reflexão

Não quero todas as coisas da vida. Quero apenas a vida que meu Espírito quer. Não quero expiar tudo ou passar tudo. Quero apenas aquilo que o Espírito quer. Quero poder estar na sociedade sem ser vítima das suas ilusões. Quero ter meu animal livre, mas educado. Quero a Alma *se* expandindo, mas coordenada com os propósitos do brilho e da riqueza do meu Espírito. Sou Espírito navegando na eternidade. Meu nome é humanidade. Sou palavra na boca, sou sangue na carne, sou hálito no sopro, sou movimento no desejo, sou da ternura o beijo com que me abraço em todos. Minha casa é a vida onde me aconchego completamente, e me admiro em me ver no espelho e todas as minhas transformações em todas as vidas. Sou aquele que produz a multiplicidade, a variação, a ocasião. Sou aquele que está integrado com todos e não possuo rivalidade. Não sou da guerra, não sou do fazer, sou do ser. O resto é apenas exercício com que me movimento, como o vento invisível por entre as folhas. Sou a chama que arde eternamente, a inspiração, a água de cada semente. Sou do pensamento além do mental. Sou da Consciência além da lucidez. Estou sendo todas as coisas, sendo cada coisa na coisa. Sou o que se multiplica sem deixar de ser. Sou multiplicado em tudo o que está somado na unidade do meu ser. Sou o bicho, sou a Alma, sou o consciente, sou mais que tudo isso. Ainda há muito, muito a conhecer. Meu nome é volátil, penetro em todas as coisas como se não penetrasse. Caminho na Sombra, nas Luzes, na agonia das trevas e no reino de Deus. Sou mais que todos os deuses. Sou as coisas que fazem com que esses deuses existam, pessoas que de mim nascem. Sou um Deus nos deuses. Sou um ser nos seres. Não sou compreensível numa frase, não sou resumido, não sou fácil, não sou simples, mas sou sensível. Sou o jeito que me apraz em cada um. Meu gosto é ser diferente, sempre diferente. Minha integridade é inquebrável como o tempo que não pode voltar, mas minha presença faz acalmar e lembrar que tudo é passageiro. Passo pelas coisas sem sê-las, sem me aborrecer, sem me confundir, apenas ver e passar. Minha morada é na infinidade indefinida da minha própria presença. Eu sou o que se chama espiritualidade, vida, chama, clareza, vivacidade, genialidade, atividade. Minha constituição é apenas a minha constituição. Não sou bem nem sou mal, simplesmente o que funciona, e de mim tudo existe como me apraz que exista. Todos os mistérios estão abertos, pois sei ler, mas a maior leitura é sentir-me presente porque aí eu entro em meu mental e traduzo todas as coisas complicadas e implicadas do universo nas linguagens entendíveis, porque é esse o meu poder, me fazer tão grande que ninguém entenda e tão pequeno que entendam menos ainda, mas eu sei me fazer entender em mim. Me basta receber o Uno, não deixando o social e o humano me prenderem completamente. Sou vivo mas não me deixo ser possuído. Deixo o Espírito entrar no meu cotidiano para reiniciar a vida a cada momento.

Luz, sombra e trevas

Como vimos no capítulo anterior na composição da estrutura divina em nós, há dois componentes no processo de realização. Um que lida com a estrutura, chamado SOMBRA, ou EU Sombra, responsável por tornar real, material, corporal, e outro que lida com a forma da estrutura, denominado LUZ, ou EU Alma, responsável pelos diversos sensos. A Alma é que dá sentido a tudo, pois é nossa ligação ao Espírito Uno, por intermédio do EU Superior. Portanto, fazendo uma analogia, é como se a Sombra, maleável, plástica, fosse a massa e a Alma o molde, a fôrma do pão. Em outros termos, como já foi dito, o princípio da criação compreende dois elementos: o princípio da inteligência – Alma, Luz – e o princípio da matéria, a Sombra. A matéria é moldada inteligente e funcionalmente, para que aja a expansão da Consciência. É relevante para o nosso estudo entender que:

Luz sem Sombra = trevas
Sombra sem Luz = trevas

De que vale uma boa ideia se não houver coragem de pô-la em prática? De que vale a liberdade que a Luz proporciona, se lhe falta a estrutura proporcionada pela Sombra para desfrutá-la? Do mesmo modo, de que vale tanto domínio e poder se lhe falta a sabedoria? *Assim na terra como no céu. Assim na Sombra como na Luz.*

Para entendermos melhor esses conceitos, vamos a uns exemplos. Uma pessoa que ama muito (Luz), mas que não tem os pés no chão (Sombra) vai sofrer bastante (trevas), porque vive iludida e só faz besteira. Uma pessoa que tem a sexualidade (Sombra) bastante forte, mas a usa sem bom senso (Luz), o resultado só pode ser caótico (trevas). Outro exemplo é o da pessoa que tem a parte Sombra bastante desenvolvida, representada aqui pelo domínio, desprovida, porém, de compaixão (Luz), vai fazer uma porção de bobagens que resultarão em sofrimento (trevas). Há também aquela pessoa que sabe horrores sobre a espiritualidade (Luz), mas não tem coragem (Sombra) de pôr em prática o que aprendeu, vai se ver frustrada (trevas) e não sentirá a realização.

Uma comparação bastante feliz é aquela em que a Sombra representa as raízes de uma árvore, enquanto que o tronco, a copa com seus galhos, folhas, flores, frutos e sementes são os aspectos da Luz. Uma parte sem a outra não constitui uma árvore.

Sombra

A Sombra é uma corrente de forças interiores que trabalham pelo inconsciente, pelo escuro, pelo não visto, por baixo, no processo de tornar real. Sem a presença da Sombra não há realidade, não há vida. A vida existe na Terra devido à Sombra. São dimensões do nosso Corpo que têm poderes extraordinários para regenerar, reconstituir, restaurar e criar. São os deuses de nosso Corpo, ou seja:

Os deuses estão em nós. Sombra é o Espírito Uno na matéria falando conosco

É muito importante memorizar que o conceito de Sombra aqui tratado não se refere ao que comumente denominamos de trevas. Sombra e trevas são tão diferentes como a água e o vinho. Enquanto Sombra é a força interior inteligente, inconsciente responsável pela estrutura realizadora, as trevas correspondem à ignorância, à dor, ao caos, à desarmonia, ao distorcido, ao popularmente tido como demoníaco, enfim, ao espaço onde proliferam as ilusões, e não a verdade. Isto é, trevas são a Sombra sem Luz.

São componentes de nossa Sombra tudo que diz respeito à matéria, à física, aos Corpos, à vida na Terra e suas complexas estruturas e sistemas, tais como o sistema imunológico, regenerador, genético, o sistema conhecido como modelo organizador biológico. É a Sombra que faz nosso coração bater, nosso cérebro funcionar, que determina a quantidade de proteínas e vitaminas que precisamos, enfim, é a responsável pelo funcionamento de qualquer órgão do Corpo humano.

São também aspectos da Sombra o aparelho mental, o subconsciente, a mediunidade, o temperamento, os impulsos ou instintos básicos, naturais, ou ainda impulsos vitais, quais sejam, o domínio ou agressividade, a sensualidade ou sexualidade, a curiosidade, a responsabilidade ou habilidade e a presença, bem como os procedimentos decorrentes desses impulsos, como a coragem, a força, a ousadia, a determinação, a atitude, a ação, a convicção, a certeza, a firmeza, o arriscar-se, a iniciativa, o bancar-se, o centrar-se, a boa vontade, o pé no chão.

Uma das funções mais maravilhosas das forças da Sombra quando despertadas é a cura. Aliás, a Sombra é um conjunto de aspectos que influenciam todas as áreas de nossa vida. As forças da Sombra, além de trabalharem na área da saúde, trabalham com a sexualidade, com relacionamentos, com a área profissional e com a prosperidade. O trabalho dos xamãs resume-se em lidar com essas forças. O que o xamã faz é usar a força da pessoa para despertar a Sombra dela. Ele apenas ajuda. É a Sombra de cada um que promove a cura.

Os condicionamentos, os traumas, os medos, os bloqueios energéticos, só são dissolvidos com as forças da Sombra

As forças da Sombra são um conjunto de aparelhos funcionais que se manifestam de várias formas. Elas não têm uma forma específica por se adaptarem às peculiaridades regionais, mas possuem função bem definida. Por exemplo, a fala é uma força da Sombra definida dentro de cada um, força essa que precisou se adaptar à língua local. A função é falar, mas a forma segue as inúmeras línguas e dialetos existentes no Planeta. Se as forças da Sombra tivessem uma forma, elas se manifestariam na mesma língua para todos os povos.

Tudo que se refere ao Corpo e à materialização diz respeito à Sombra, porquanto o Corpo é matéria, raiz, terra e sem ela, não há materialização de dinheiro, de saúde, de relacionamentos. De que vale você fazer mil cursos de prosperidade – assunto atinente à Luz – se não houver o magnetismo da Sombra para fixar o que deseja? Tudo que se faz na Terra é com o concurso da Sombra, assim como toda planta necessita das raízes para existir. Para receber, não basta pedir. É necessário o magnetismo da Sombra para fixar na matéria o objeto de seu pedido.

Sem sombra não há realidade nem realização

As forças da Sombra seguem a funcionalidade

As forças da Sombra se caracterizam por assumirem formas cada vez mais funcionais. Por que temos pernas? Por que andamos na vertical? Por que o morcego tem uma espécie de radar? Por que os vaga-lumes têm luz? Por que a cobra é lisa? Por que nossos olhos estão na cabeça e não no umbigo? Por que o ânus é escondidinho, longe dos olhos e do nariz? É lógico! Não, não é lógico. É totalmente funcional, assim como nada é por acaso. A beleza é funcional, a diversidade é funcional, a praticidade é funcional. A Sombra trabalha pela funcionalidade. Tudo é assim na natureza. Há uma sabedoria, uma inteligência, uma Luz orientando a forma, desde a estrutura de uma folhinha seca que cai na floresta amazônica até nossa galáxia, para que tudo seja cada vez mais organizado e funcional.

O Espírito, por intermédio da Alma, com sua Luz orienta, e a Sombra, com sua plasticidade e força magnética fixa, assume os moldes fornecidos pela Luz. Uma sem a outra resulta em caos. É exatamente isso que diz a teoria evolucionista de Darwin. Por trás da evolução das espécies há uma orientação para que a reprodução, a alimentação, a defesa sejam cada vez mais funcionais, proporcionando sempre mais liberdade e conforto a cada ser. O prazer é uma orientação da Alma.

A Sombra é só energia com capacidade infinita de transformação, de plasticidade, e na hora que a Sombra lida com a Luz, ela ganha forma. A forma, a funcionalidade quem dá é o Espírito, por intermédio da Alma. Quanto mais Luz, mais funcionais e eficientes são as formas assumidas pela Sombra. Isso é evolução. Isso é expansão da Consciência. O que estão fazendo a Sombra e a Luz da engenharia genética? Tornando mais funcional nossa vida. Toda a medicina, toda a tecnologia, toda a Ciência trabalham nesse sentido: aperfeiçoando a funcionalidade.

Todavia, se nosso EU Consciente insiste num ponto de vista desprovido de Luz, ou com pouca Luz, como, por exemplo, sacrificar-se pelo bem-estar do outro, a Sombra, que é neutra, vai assumir a forma contaminada, e o resultado na prática é dor, até que mudemos o ponto de vista ou a atitude. A Sombra, embora inteligente, é um aspecto do Espírito Uno em nós, não tem a faculdade de discernir por si própria. Seu campo de discernimento é limitado às suas funções, e a Luz que lhe é impressa é a que nós passamos para ela. A dor é a reação da Sombra para mostrar que a Alma tem uma fôrma, ou melhor, um molde. Portanto, o EU Consciente é a porta de entrada e de saída para as mudanças.

Luz

Nosso aspecto Luz lida com a fôrma da estrutura. É a Luz que molda o que a Sombra precisa para haver a materialização. Diz respeito ao conhecimento espiritual, à sabedoria, a todos os sensos da Alma, tais como o bom senso, o senso da realidade, o senso da ética, o senso da estética, o senso da verdade, o senso vocacional, o senso social, o senso do amor, da compaixão. Tem a ver também com a inteligência racional, afetiva, artística, científica, com a intuição, com o discernimento, com os sentimentos, com o gostar, com a boa ideia, com a fé, com a contemplação, com a meditação, com a prece, com a praticidade, objetividade, simplicidade, clareza, enfim, com tudo que diz respeito à fôrma.

Em nosso contexto a palavra Luz significa esclarecimento, composta pelo radical claro. Aquilo que está claro faz sentido, não há mais questionamento a respeito, e a dúvida deixa de existir. Andar no claro é andar tranquilo. Ninguém gosta de andar por uma rua mal iluminada. O escuro sugere o medo e medo é caos, trevas. O que gera o caos é a ignorância. Onde houver ignorância haverá dor. Entrou a lucidez em determinada área, nos diversos aspectos de nossa vida, a dor deixa de existir.

Trevas

Trevas são ignorância. Ignorância no sentido de falta de informação, de desconhecimento, de falta de lucidez. Ignorância, trevas, caos são sinônimos, pois referem-se à falta de lucidez. A Luz ancorada à Sombra resulta em lucidez que ilumina e expulsa a dor. O sofrimento provém da ignorância. Quanta ignorância existe numa guerra? Quanta ignorância existe nos países avassalados pela pobreza? Quanta ignorância existe na falta de Consciência ecológica? Quanta ignorância existe nos preconceitos?

Sombra não tem a ver com trevas e tampouco é o inverso da Luz. Sombra é a outra face da Luz e vice-versa, como no símbolo *ying* e *yang*. Quem está nas trevas está na dor. Obviamente, existem vários graus de dor. Desde a mais branda, que pouco incomoda, até a mais intensa, emocional ou física, que atinge níveis insuportáveis. É o que comumente se conhece por inferno. A palavra inferno significa inferior, característica da terceira dimensão, a dimensão densa, na qual estamos vibrando. Tal como aqui, o inferno existe no astral, também conhecido como umbral, pois a parte densa do astral também está na frequência tridimensional.

O inferno e o paraíso são estados em que a pessoa se encontra, caótica ou organizada, com ou sem a Alma.

Todavia, as trevas, o caos, têm uma função divina, pois representam o estímulo para despertamos as qualidades do Espírito em nós, para fixarmos a presença da Alma em nós, quando não sabemos usar a inteligência. Sem o caos não haveria organização. Sem o caos não haveria o processo da lucidez, do discernimento, muito menos da expansão da Consciência. O caos é parte da perfeição divina, na medida em que serve de estímulo para o surgimento de uma série de coisas boas, como o aprendizado, o conhecimento, o desenvolvimento de virtudes, o domínio, o poder, a liberdade e a realização.

Luz e Sombra em desequilíbrio

O grau de sofrimento varia de acordo com o nível de desequilíbrio entre Sombra e Luz. Numa dor leve, por exemplo, o desequilíbrio é pequeno. Na dor profunda, como um grande remorso, o desequilíbrio é total. Qualquer Luz a respeito não encontra sustentação, pois a Sombra necessária para ancorá-la, como a coragem e o domínio, é nula. A paz total, por sua vez, resulta do equilíbrio perfeito entre a Sombra e a Luz, em todas as áreas de nossa vida. É quando o caos é nulo. Há apenas organização. É vibrar em dimensões superiores. É a realização plena.

Quando se diz que uma pessoa é iluminada, isso significa que ela é lúcida, tem muita sabedoria, a sabedoria do equilíbrio entre sua Luz e sua Sombra. Uma entidade tida como iluminada, um santo, por exemplo, é representada com uma aura bastante luminosa, ou com uma auréola, ou ainda com uma Luz proveniente do chacra cardíaco. Sua figura é composta por um corpo físico, a Sombra, e por uma energia, a Luz. Essa luminosidade é o reflexo de seu estado interior refinado, puro, em que, não havendo ilusões cristalizadas, crenças densas no corpo físico, não há anteparos, permitindo que o reflexo dessa Luz se propague livre e intensamente. Tal fenômeno é percebido pelos clarividentes.

A realização só é possível mediante o equilíbrio entre a Luz e a Sombra. Só Sombra ou só Luz, mais Sombra que Luz, ou mais Luz que

Sombra, o resultado é o caos em seus diversos graus. É por esse motivo que em nossa vida temos dores fortes e dores amenas, dependendo do nível de equilíbrio entre a Sombra e a Luz naquela determinada área.

Como saber se falta Luz ou falta Sombra? Com exatidão não conseguimos perceber. Contudo, a experiência tem mostrado quase que totalmente que a carência é de Sombra. É bastante evidente o exemplo das pessoas que se alinham às ideias da Metafísica e do Espiritualismo Independente. Os frequentadores habituais dos diversos cursos existentes e leitores assíduos dos inúmeros livros da espécie que ultimamente vêm sendo disponibilizados já possuem um grau bastante satisfatório de conhecimento, de sabedoria a respeito, isto é, já se encontram familiarizadas com novas verdades. Porém, a queixa mais frequente é de que o resultado positivo na realidade ainda deixa muito a desejar.

Esse é um exemplo característico e muito comum de que está sobrando Luz e faltando Sombra. Há pouca Sombra para fixar a Luz, e o excedente de Luz provoca um resultado desarmônico, já que seu fluxo migra para as ilusões. Esse é o caso das pessoas que ensinam, falam coisas maravilhosas, têm todo um discurso espiritual ou metafísico na ponta da língua, porém, a qualidade de sua realidade não condiz com seu saber, seu falar e seu querer.

No caso oposto, em que o excedente é a Sombra, os resultados costumam ser bastante caóticos. Nessa situação, a pessoa possui a coragem, a determinação, a ousadia, a força, ou até o carisma, porém não tem a Luz suficiente para ser ancorada por tanta Sombra. Então a Sombra excedente é canalizada para seus preconceitos, para suas ilusões, para suas fantasias. O resultado não pode ser outro que não o catastrófico, regado a muito ódio e revolta, pressupostos indispensáveis para acabar com o orgulho e a vaidade. A Alma sempre ganha. Ela aproveita o caos como estímulo para organizar o próprio caos, eis que a pessoa que se encontra mergulhada no caos, para sair dele, não vislumbra outra alternativa além da dor.

Outros exemplos da razão entre a Luz e a Sombra

Um exemplo marcante e extremo do desequilíbrio entre a Sombra e a Luz, totalmente favorável à Sombra, é o caso de Hitler. É inegável que seu aspecto Sombra, representado pela coragem, ousadia, pelo poder de sedução, era muito forte. No entanto, quanto caos e, em consequência, quanta dor resultou para si e para os envolvidos, de um trabalho de tamanha magnitude, levado adiante com tanta Sombra e sem a mínima Luz.

A História está plena de exemplos de governos, reis, estadistas, líderes, que são lembrados pelos seus feitos desastrosos ou maravilhosos, dependendo de seu grau de equilíbrio entre a Sombra e a Luz. Entre os exemplos de equilíbrio, apenas para mencionar, temos Alexandre o Grande, Abraham Lincoln, mais recentemente Mikail Gorbachev e Bill Gates, e no Brasil, Dom Pedro I e o Barão de Mauá.

Tomamos exemplos de grandes empreendedores no campo da política e dos negócios por envolverem toda uma nação, até mesmo o planeta. No campo restrito das artes, tanto na música como na pintura, na poesia e na escultura, podemos destacar vários exemplos que indicam que a razão entre a Sombra e a Luz estava longe de ser equilibrada na vida particular do artista. É o caso de Van Gogh, Mozart, Lizt, do Aleijadinho. Quem pode negar a quantidade de Luz e Sombra vertidas por meio de tais personagens, resultando em obras simplesmente indescritíveis? Na obra há uma junção equilibrada e perfeita de Sombra e Luz. No entanto, para o artista, na sua qualidade de vida, quanto à saúde, aos relacionamentos, às finanças, pouco efeito teve tanta genialidade. Picasso talvez tenha sido uma exceção.

O bonzinho e o bondoso

Para melhor firmarmos o conceito de Sombra e Luz, vejamos o exemplo do bonzinho e do bondoso. O bonzinho tem pouca Luz e pouca Sombra. Seus conceitos de bondade, amor, generosidade estão completamente invertidos, ou seja, caóticos. A Sombra, por sua vez, representada pela coragem e pelo domínio, também é pouca. Embora tenha uma dose de certeza de que dessa maneira vai se dar bem nesta vida ou após a morte por uma compensação divina, vive em constante insegurança. Como ele não se aprova, não se considera, não se ama, não se apoia, não se reconhece, procura tudo isso nos outros. Então vai praticar o jogo da troca, da manipulação, da sedução. O sim para os outros é uma constante em sua vida, não se importando se representa um não para si. Ele tira de si para dar aos outros em troca de algo que julga não ter em si. Trata-se de uma pessoa totalmente dependente, com baixa autoestima.

O bonzinho o prende e o controla. Caracteriza-se por cultivar um padrão de energia muito denso. Como não tem energia para se nutrir, vai vampirizá-la dos outros. Sua presença logo incomoda os próximos. Se você lhe disser não, provavelmente vai virar a cara, emburrar e fazer com que você se culpe por negar algo a quem tanto o preza. Faz o papel de vítima o tempo todo para prender sua atenção. O bonzinho é um poço de dó, piedade, pena, culpas e arrependimentos, exatamente o contrário daquilo que consideramos Luz.

Não se trata de uma crítica às atitudes do bonzinho, pois cada qual faz somente aquilo que sua estrutura permite fazer. Trata simplesmente de descrever a situação caótica em que se encontra devido à falta de Luz e de Sombra. É por essa razão que o bonzinho sofre tanto. Para sair dessa situação? Já está fazendo por sair. Por intermédio do próprio caos é que se sai do caos. Quem está envolvido no caos não percebe outra via. Ele não sabe, mas é sua Alma que está por traz desse jogo. Quando souber, e este é o propósito final da Alma, já estará preparado para não agir mais dessa forma e aprender sem precisar da dor.

No lado oposto encontra-se o bondoso. É claro que o bondoso um dia já foi bonzinho. A Luz e a Sombra do bondoso estão em alta e em equilíbrio. Por essa razão ele parece brilhar. Tem claro para si o que é o verdadeiro amor, a verdadeira ajuda, a verdadeira humildade. Ele faz porque gosta de fazer. Não espera nada em troca. Independe de sua atenção, de seu apoio, de sua consideração, de seu amor, pois tem os seus próprios. O bondoso se sustenta. Dá e muitas vezes nem se lembra que deu. Trata-se de uma pessoa de energia nutritiva cujo convívio é agradável, porquanto desejado. O bondoso gosta de seu aplauso, de seu apoio, de sua consideração, de seu reconhecimento, mas não depende deles. Sua autoestima está sempre em alta. Diz não e sim quando precisa, desde que não tenha que tirar de si. Do ponto de vista invertido e caótico do bonzinho, o bondoso é um egoísta. Do ponto de vista organizado do bondoso, o bonzinho está fazendo o que sabe no momento e não é mais nem menos que ele, apenas diferente. Isso é compaixão.

O sexo

Um exemplo característico de que a Luz sem a Sombra resulta em caos ocorre com frequência na área da sexualidade. Vamos supor que alguém procure um profissional do assunto para trabalhar esse aspecto de sua vida que não está bem. O profissional aborda o tema com bastante propriedade e o cliente, entusiasmado, leva para casa uma teoria bem elaborada a respeito. A parte Luz está pronta. Todavia, na hora de pôr em prática todo esse conhecimento, falta-lhe coragem, convicção, posse de si. Toda essa Luz *se* dispersará nas ilusões. Por outro lado, o impulso da sexualidade continua ali pronto para fluir, pois a natureza não estaciona nunca. Sucederá que a Sombra também se dissipará nas ilusões e as duas não encontram ambiente favorável à devida conexão, e todo um trabalho vai por água abaixo, resultando em mais caos, eis que as cobranças, a insegurança e os medos agora aumentam.

A prostituta convicta de que está fazendo seu melhor, ou aquela que está pouco se lixando para o que os outros pensam de si, aquela que se vê digna perante o que faz, como outro qualquer de uma profissão diversa, aquela que não se deita com quem não quiser, aquela que não vê maldade nem imoralidade no que faz, estão bem. A Luz de sua sabedoria encontra-se respaldada na Sombra da coragem, do domínio, da responsabilidade e da sensualidade. Quem sofre? A prostituta que se vê inferior, suja, errada. Neste caso, não há nem Sombra e nem Luz, ou seja, sua realidade é um caos completo.

O trânsito caótico

Se você estiver parado no trânsito caótico, com hora marcada para algum compromisso, a ansiedade começa a surgir. O que diz a Luz do bom senso? Não há nada que se possa fazer e qualquer acúmulo de raiva só piora a situação. A Sombra, representada pelo impulso básico do domínio ou agressividade, vai ser acionada em grande quantidade. Se houver recepção por parte da Luz, o resultado será de calma e tranquilidade, caso contrário, haverá uma explosão de raiva desgovernada ou então acumulada devido ao controle, que fatalmente se refletirá no Corpo sob alguma forma de dor.

A paixão

A paixão, erroneamente tratada de amor, é outro exemplo característico em que o desequilíbrio entre Sombra e Luz verifica-se com certa frequência. A pessoa apaixonada que ainda não sabe lidar com o assunto com certa lucidez, fatalmente, vai atrair dor. Eis que o aspecto Sombra, representado pelo impulso básico da sensualidade ou da sexualidade, é muito forte. Se não houver a Luz correspondente, ou a firmeza, pés no chão, aspectos relevantes da Sombra, o resultado será um tanto desordenado.

Quando as pessoas se apaixonam, a tendência é de se estabelecer uma dependência mútua muito grande. O apego é proporcional ao grau da paixão. Não raro, um se submete à vontade do outro, no entendimento equivocado de que se negar poderá perdê-lo. O "sim" é bastante utilizado. O bom senso e o discernimento não prevalecem. Assim, relevando esses aspectos da Luz, o equilíbrio fica bastante prejudicado, provocando o sofrimento tão frequente em que se envolvem os apaixonados, principalmente na separação. Caso o relacionamento perdure, passada a maré da paixão, tudo que foi relevado antes vem à tona, e então começam as cobranças, ou seja, mais confusão.

O dinheiro

Dinheiro é bem mais que a simples representação de um papel moeda, de um crédito na conta bancária ou de bens materiais. Dinheiro é pura energia que está ao alcance de todos, e sua fluência na realidade individual ocorre segundo as crenças que cada um cultiva a seu respeito. Se a pessoa acreditar quc o dinheiro só se consegue com muito trabalho e muito sacrifício, é dessa forma que ele aparecerá em sua vida. A Luz e a Sombra em desequilíbrio nessa área fatalmente resultarão em dor, e a função do dinheiro, que é proporcionar conforto e liberdade, fica prejudicada.

É o exemplo tão comum das pessoas que o tem em abundância, mas cuja qualidade de vida deixa muito a desejar. A mesquinhez impede de gastá-lo livremente. Economizam para garantir o futuro, por exemplo. Ou então gastam-no de forma desorganizada, o que resulta mais em dores que em benefícios. Nesses casos, o aspecto Sombra é bastante forte, fazendo com que o dinheiro se materialize facilmente, todavia, a Luz é mínima. O resultado não poderia ser outro que não o caótico. Você já imaginou que bênção não é o dinheiro em abundância regado a muita Luz? É o caótico organizado. Esse é o desejo divino em cada um de nós.

No Brasil há um pensamento muito forte de que livros, pinturas e toda espécie de trabalho mediúnico não podem ser comercializados pelo médium em proveito próprio. As obras podem ser vendidas, desde que o lucro proveniente seja revertido a uma instituição de caridade, a centros espíritas ou similares.

Na Inglaterra, os trabalhos que envolvem a mediunidade são tratados como um trabalho qualquer. Sua comercialização segue a vontade do médium.

Alega-se, aqui, que a obra não é do canal, mas do espírito incorporado. Sem dúvida, o autor da obra é a entidade, porém o impulso básico da responsabilidade é do médium, que desenvolveu essa habilidade ao longo de sua existência, nesta ou em outras vidas. A entidade só pode se manifestar por meio de um médium. O mérito é de ambos. Por trás desse pensamento e atitude há um sentimento de que há algo de mau no dinheiro, portanto, uma crença desprovida de Luz. Sendo assim, embora a mediunidade esteja em equilíbrio, falta a Luz do esclarecimento ao médium adepto dessa crença com respeito à energia dinheiro, o que lhe acarreta uma vida financeira desequilibrada.

A mediunidade

A mediunidade é um dom divino maravilhoso. Todo mundo tem. Acontece que certas pessoas, ao longo de sua existência, incluindo outras vidas, trabalharam e desenvolveram esse dom, e continuam desenvolvendo. Devido a esse fato, os médiuns tornam-se também mais sensíveis e susceptíveis a atrair energias tanto boas como ruins. Geralmente, quando atraem energias ruins a tendência é taxarem a mediunidade como um problema em sua vida. A mediunidade é neutra. Não é ela o problema, mas a educação da personalidade do médium que não acompanhou o desenvolvimento da mediunidade. Se você for um médium, não poderá mais ter certas crenças e agir conforme o senso comum. Com tudo na vida é assim: mais conhecimento e aptidões, mais responsabilidade, mais liberdade.

No caso, a responsabilidade é consigo mesmo, não com os outros. Onde você está pondo sua importância, seu poder, seu apoio? Nos outros? Então os outros vão invadi-lo com mais intensidade que invadem uma pessoa desprovida do desenvolvimento desse dom.

- Então Bruno estava com sua mediunidade desequilibrada?
- Não Alcli, não existe desajuste de mediunidade. O que existe é uma personalidade desajustada. Quando você tem uma manifestação mediúnica em desequilíbrio, saiba que é a personalidade que está desajustada. Cuide do ajuste da personalidade e a mediunidade se ajusta por consequência[2].

Decorre daí que a mediunidade, um aspecto das forças da Sombra, não pode trabalhar com crenças e atitudes sem Luz, do tipo fazer média com o mundo, em busca do aplauso e da consideração, medo de dizer não, se apoiar nos outros, sob pena da vida do médium, principalmente na área psicobioenergética, se tornar muito confusa, pois sofre do mal chamado *falta da posse de si.* As frases a seguir, ditas com frequência, na convicção e na vibração da voz, reforçam a posse de si.

- O poder divino está em mim.
- Eu mando em mim.
- O mundo me obedece.
- Eu me aceito como sou, espontaneamente.
- Eu me coloco em primeiro lugar.
- O que sinto é mais importante do que as pessoas dizem.
- Eu sou ótimo.
- Eu sou corajoso e ousado.
- Eu sou o centro do Universo.
- EU sou o centro, eu sou o centro, eu sou o centro.

---

2 Trecho do livro *Conexão – Uma nova visão da mediunidade*, da autora Maria Aparecida Martins, publicado pela Editora Vida & Consciência .

A curiosidade

A curiosidade é um dos impulsos básicos representativos da Sombra. Na área da Ciência esse impulso é muito evidente. O cientista, ou qualquer pesquisador, ou seja, o curioso, é responsável por descobertas magníficas que levaram e levam o planeta a esse grau de desenvolvimento tecnológico em que nos encontramos, facilitando imensamente a vida de todos nós. Essas pessoas, tanto os descobridores, inventores, como os industriais produtores que colocam essas descobertas em prática, refletindo em nossa realidade de forma a proporcionar-nos mais liberdade, conforto e satisfação, equilibram, nos seus feitos, a Sombra da curiosidade, da responsabilidade e da presença com a Luz do saber e do bom senso. O resultado só pode ser harmônico. Todavia, se o cientista e os envolvidos na cadeia de produção e distribuição utilizarem inescrupulosamente a descoberta para a prática do crime – ausência de Luz –, os resultados serão catastróficos.

Ancorando a Luz à Sombra

A Luz, para ter sentido, validade e utilidade precisa ser fixada à Sombra. Em outros termos, o conhecimento, para que possa nos trazer benefícios, precisa manifestar-se na matéria. O conhecimento pelo conhecimento, somente, não tem utilidade alguma. Afinal de contas, precisamos lucrar com o conhecimento que adquirimos. De que adianta a pessoa ser uma verdadeira enciclopédia ambulante se não usar o conhecimento para nada?

Para que o conhecimento tenha possibilidade de ação, tem de vir para o Corpo, que é a porta para a realidade. O conhecimento ou os aspectos espirituais só têm validade depois que passam a ser uma sensação, e essa sensação ocorre no Corpo. Só o que conta é a sensação. O Corpo é como um violão, enquanto que a Alma é seu tocador. Ela só ouve se o instrumento for tocado. Se o violão está encostado num canto, a música só existe em potencial e não é sentida.

A Alma tem muita inspiração e conhecimento, mas é preciso juntar os dois para que o som saia do violão. Então a música fica real. A vibração das cordas do corpo do violão fixa a inspiração e o conhecimento da Alma, resultando na materialização da música. Assim, o instrumento é Sombra e o tocador é Luz. Quanto melhor for a qualidade do violão, quanto mais bem afinado estiver, mais bela será a música e melhor será a sensação. Quanto melhor for a qualidade da Sombra, quanto mais Luz estiver disponível para ser ancorada, melhor será a realização. Portanto, assim como o violão, a Sombra precisa de cuidados e trato.

O trajeto da Luz

O conhecimento faz parte do Corpo mental. Para se transformar em realidade ele precisa passar pelo Corpo sensorial, ou seja:

Alma / conhecimento / ideia + Corpo (LUZ) =
Realidade (SOMBRA - REALIZAÇÃO)

Por outro lado, se a ideia, o conhecimento for desprovido de Luz ou Alma, a realidade decorrente será um fracasso, isto é:

Conhecimento/Alma + Corpo (LUZ) = Realidade fracassada (SOMBRA - TREVAS)

Uma vez articulado e transformado em realidade, o conhecimento faz a via de volta como um reflexo. O Corpo percebe a realidade e por meio dele a Alma, com seus sensos, experimenta a sensação de realização, se expande e, em seguida, amplia a Consciência. É por esse motivo que sem a presença da Sombra não existe Consciência, assim como tudo que não tem Alma é movido pelo caos.

Para melhor compreendermos os aspectos Luz e Sombra, vamos imaginar que a Luz, ou conhecimento, seja as ondas de uma televisão. Tais ondas, lançadas por uma emissora, estão aí no ar, sem serem percebidas. Não terão utilidade alguma sem a existência de um aparelho físico que as sintonize. Uma vez captadas, essas ondas tornam-se reais, perceptíveis através da imagem mostrada pelo aparelho. Fazendo a analogia, a Luz seria a onda emitida pela Alma, que em última instância vem do Espírito Uno, enquanto o aparelho seria nosso Corpo e a realidade, a imagem da televisão. Assim é que o Espírito vê como estão suas emanações, se percebe, se realiza através de nosso Corpo, e todos ganham.

Fazendo outra comparação, é como se o Espírito fosse um aparelho projetor que precisa de uma tela para ver as imagens que está emanando, por meio de Seus raios, e se perceber. Sem a tela, ou nosso Corpo, ou ainda a Sombra, os raios passam direto. Há uma estrutura para perceber, que é o Corpo, e há uma estrutura para o *percebedor*, que é o Espírito Uno. Da mesma forma, se houver Luz e não houver Sombra, nada é percebido, eis que o contraste existe para se obter a percepção.

O Corpo é uma estrutura capaz de transformar as ondas do Espírito em ondas perceptíveis

A Ciência, por intermédio da física quântica, diz que o EU Consciente, o Corpo ou matéria não se diferenciam. Apenas as frequências são diferentes. Para a espiritualidade também não. Todos são a mesma Consciência e ao mesmo tempo se diferenciam pela frequência. EU Consciente, Corpo, Alma e Espírito, são a mesma Consciência com estruturas individuais distintas. A impressão de que o Corpo e o aparelho mental são dois, de que o EU Consciente e o Espírito Uno são dois, de que o EU Consciente e a Alma são dois e de que todos são separados deve-se ao caráter linear e dual da mente. O linear não consegue perceber o multidimensional. Falta-lhe estrutura adequada. Daí advém o mito da separação. Dessa maneira, quando você disser "*a Vida me trata como eu me trato*", não entenda isso como separação, lembrando que Vida e Espírito Uno são sinônimos. Aceite, interiormente, por meio da fé, que são partes da mesma Consciência. Lembre-se do conceito de unicidade tratado no capítulo "Somos divinos".

Luz e Sombra são ondas vibratórias inteligentes

Voltando ao exemplo das ondas de televisão, ondas são frequenciais, e frequências são vibrações. A Luz, assim como a Sombra são frequências vibratórias inteligentes. Também aqui, cada uma tem uma estrutura própria e vibra em determinada sintonia. Comparando, é como se a Luz fosse o timbre de um violino, enquanto que a Sombra, o retumbar de um tambor.

As forças da Sombra são uma estrutura de percepção material, com múltiplas funções, coordenada por um comando central, o EU Sombra, com força, poder e inteligência próprios. São forças de natureza muito material, não no sentido da matéria densa, mas no sentido de suas estruturas. Todas elas são muito bem estruturadas, porém, não têm a leveza e a dimensão da Luz. É por meio dessas estruturas que se cria a materialidade, a forma concreta, propensa a materializar o conhecimento em nossa vida.

As forças da Sombra, representadas pelo EU Sombra, são uma capacidade que temos com potencial de vibrar em frequências baixas ou materiais. Por isso o produto delas, as emoções, é de frequência baixa, o que não quer dizer que sejam negativas. As notas graves de um piano têm frequência baixa, nem por isso são inferiores. Da mesma forma, o que diz respeito ao sexo é de baixa frequência. As emoções são as nossas sensações mais fortes. A risada , o choro são expressões e sensações intensas que vibram em baixa frequência. Baixa frequência, então, corresponde ao EU Sombra. A comoção é uma vibração intensa, porém de frequência média, já que é um produto da Alma, enquanto a frequência do Espírito é alta. Todas podem ser intensas, porque intensidade quer dizer poder de vibrar. Nosso maravilhoso Corpo tem a capacidade de captar essas diversas frequências, como um aparelho de rádio que sintoniza ondas curtas, médias e longas.

Para fixar a Luz à Sombra é preciso vibrar

Como a natureza da Sombra é material, para despertá-la, desenvolvê-la, para se comunicar com ela para ancorar o conhecimento é preciso a vibração. As ondas de rádio e de televisão não passam de vibrações numa determinada frequência, à espera de um aparelho que as capte.

Quando você quer se comunicar com a Sombra, é necessário haver uma vibração no seu Corpo para entrar na frequência dessas ondas, fazendo com que elas se apresentem e fixem a Luz. O que são a voz, o choro, o canto, o berro dos animais senão vibrações sonoras para atrair o que desejam? Por essa razão, no xamanismo, ao iniciar um ritual de cura, de limpeza, de um pedido qualquer, evocam-se as forças da Sombra com a vibração dos batuques ou dos cânticos. O que acontece quando as pessoas ouvem uma batucada? O Corpo imediatamente reage, mexendo-se como querendo dançar. Mexer o Corpo é vibrar, é entrar em contato com o EU animal. Diferente de quando se houve um violino, por exemplo, ou melodias mais suaves, próprias para meditação. O EU animal não reage, cedendo a vez ao EU Alma que, ao ouví-las, se expande.

Quando eu era menino, no interior, era muito comum, em determinada época do ano, observar a passagem dos enxames de abelhas em busca de um lugar propício para se estabelecerem, procriarem e produzirem mel. Ao ouvir o zumbido característico do enxame que se aproximava, eu imediatamente gritava para meu pai, ou para um irmão mais velho, que mais que depressa pegava uma lata e começava a batê-la com um pedaço de pau, provocando um barulho ritmado que chamava a atenção das abelhas. Hoje sei que não era apenas um barulho, mas uma vibração em determinada frequência. Então, o enxame se aproximava e era conduzido pelo bater da lata até uma caixa de madeira previamente preparada. Enquanto isso eu saía correndo em busca de folhas de erva cidreira, amassava-as e as colocava em cima da caixa para atrair as abelhas pelo perfume. Quando se aproximavam da caixa, a gente deixava o local, e uma por uma as abelhas iam se assentando, como que aprovando a nova residência. Poucos meses depois, lá estava o mel materializado.

Com as ondas da Sombra acontece o mesmo. Para despertá-las, sintonizá-las e colocá-las em prontidão para recepcionar a Luz, é necessária certa vibração. A palavra, para sair da boca precisa da vibração das cordas vocais. É por isso que tanto se fala no poder da palavra. A crença que está embutida na palavra fixa-se na Sombra, resultando em realidade. Quando a Natureza deseja transformar, mudar, rearranjar algo na topografia da Terra, ela provoca terremotos. Há algo mais vibratório no planeta que um terremoto? Ao fazer uma declaração de algo que queira, declare em voz alta na vibração da voz e do Corpo aquilo que deseja.

Onda conversa com onda

Dessa forma, a onda vibratória da Sombra conversa com a onda vibratória da Luz, resultando em materialização.

A raiva e a dramaticidade

A raiva é uma energia de realização maravilhosa que tanto pode construir como destruir. A raiva desgovernada é puro caos, por não contar com a Luz. A realização será prejudicada. A raiva bem direcionada promove coisas inacreditáveis. Você pode perceber que, toda vez que fala ou faz algo com convicção, com firmeza, com coragem, há uma dose de raiva ali. É a raiva a energia responsável pela sobrevivência, pelo domínio, pelo poder.

O que é a autoridade legítima senão a Luz do bom senso ancorada à firmeza? Um ditador que se vale das armas e da intimidação é desprovido de autoridade. Ele não tem firmeza e tampouco Luz. Seus dias estão contados. Ao contrário, um governo com autoridade é respeitado e todos desejam sua permanência. A autoridade é obedecida. O ditador é temido e fatalmente será sabotado, boicotado até minar seu poder ilusório. Portanto, a raiva é uma vibração poderosa da sua Sombra. Se estiver desgovernada, produzirá efeitos dolorosos; se estiver dirigida para uma afirmação, para um propósito, o resultado será muito proveitoso e construtivo. Não é assim quando você fica nervoso, firme na sua convicção? Então sai um *não* vibrante, carregado de raiva governada. Você faz valer o que quer e todo mundo à sua volta fica estático, dominado e obediente.

Na vibração da raiva, da emoção você puxa o seu bicho interior, que toma conta do pedaço e imediatamente materializa seu intento, porque quando você grita, entra no seu Corpo o que você está pensando, o que está falando, e isso mexe com sua emoção. Significa que você é obrigado a sentir tudo o que está dizendo, tudo o que está pensando, e toda a sua atenção entra no Corpo e o faz vibrar. Toda vez que você está emocionado, você vibra. Toda vez que você é dramático, produz uma vibração intensa no Corpo, por isso o drama é tão nocivo. Da mesma forma, o lamento do dramático, que sempre vem junto com palavras, faz tanto mal, desorganizando a saúde. Esse é o lado ruim da vibração. A Sombra é neutra. Ela vai para o lado da vibração, não importa a finalidade. Quem determina a finalidade é seu EU Consciente.

A natureza da Sombra é verdadeiramente energética. É de expansão, de vibração. Vibração é vida. Quando você faz qualquer ideia sua vibrar, você está diretamente ligado à natureza da Sombra. Muitas pessoas sofrem exatamente porque a energia da Sombra fica prejudicada por estar mal direcionada, em função da vibração, da emoção, decorrente da dramaticidade, da negatividade. De maneira oposta, quando a pessoa tem uma boa ideia, quer fazer um plano e vai para o trabalho dizendo *isso vai dar certo*, entra de Corpo inteiro vibrando naquilo, surge o entusiasmo que é uma vibração fabulosa, e não tarda o sucesso aparece. Veja que em todo o sucesso há alguém que vibra sucesso. Em toda pessoa saudável há uma vibração de saúde.

As forças da Sombra são neutras

Da mesma forma que as emoções decorrentes da dramatização danificam o ser humano, as que provocam alegria curam e dão longevidade.

As forças magnéticas da Sombra são neutras e reagem de acordo com a maneira de vermos as coisas, conforme absorvermos os fatos no aparelho mental, de acordo com nossas crenças e valores. O EU animal obedece ao comando do EU Consciente. Para ele não interessa se é moral, ético ou não, se vai dar certo ou errado, se há lucidez ou ignorância na informação. Ele apenas trabalha com a força materializadora. Ao ouvir uma ordem do EU Consciente, vai trabalhar no sentido de aquilo acontecer na realidade. É o guardião do subconsciente.

O EU Sombra, quando ativado, procurará pôr em prática o que estiver lá depositado. Porém, como ele tem inteligência e vontade própria, caso não lhe interesse materializar o que o EU Consciente pretende, não tem jeito. A gente pode brigar, meditar, fazer cursos de prosperidade, promessas, que não adianta. Ele não cede um milímetro sequer. Aposto que isso já aconteceu algumas vezes em sua vida. Em outros casos, se for da vontade dele, acontece algo tão bom que você nunca imaginaria que ia acontecer assim, sem mais nem menos.

As forças da Sombra também se guiam por nossas atitudes externas. Ao agirmos com outras pessoas de uma maneira que julgamos inadequada, a Sombra entende que aquilo pode ser feito, então, quando alguém fizer o mesmo conosco ela aceitará. Por exemplo, se entendemos que vingança é bom e fazemos algo nesse sentido, a Sombra vai aceitar como legal quando alguém fizer o mesmo conosco.

Do mesmo modo, se não aprovamos e não praticamos certos atos por julga-los prejudiciais, qualquer um que tentar praticá-los contra nós não obterá sucesso, pois nossa Sombra entende-os como inadequados e não os assume. Outro exemplo, se acharmos que o complicado é interessante, tudo que é complicação nossa Sombra aceitará como legítimo para nós. Lembre-se de que o subconsciente é a memória da Sombra. Por isso é tão importante o simples. Daí a importância de não levar a vida tão a sério, de não ser implicante, de não ser tão exigente, de abandonar a crítica, o julgamento, e ser maleável.

Essas atitudes agradam o animal interior, que se sente cada vez mais cativado, encantado, fortalecido, bem tratado e ligado na gente. Não é assim com o cão que é bem tratado? Ele se torna fiel e não vai procurar outro dono, e, além disso, não permite que ataquem a gente. Antigamente, quando algo de ruim acontecia conosco, entendia-se que era um retorno, uma retaliação, uma espécie de castigo. Não funciona assim. Sucede que o que a gente faz, a Sombra, que é neutra e desprovida de julgamento, entende como legítimo para nós. É a lei da atração.

Nenhuma outra Sombra pode ter poder sobre você quando você cativa, fascina, alimenta e fortalece a sua Sombra

As forças da Sombra se habituam ao nosso comando

As forças da Sombra se habituam ao nosso comando, tal qual um animal se habitua ao adestramento que lhe dispensamos. A natureza magnética do ser ou o magnetismo animal sempre será importante, tanto aqui na vida física como na vida astral, para a manutenção de nosso sistema. São forças divinas que estão, e sempre estarão, em nós se desenvolvendo, se aperfeiçoando em nossa estrutura, e quanto melhor ela for, mais elas poderão agir e mais condições teremos de expressar nosso potencial, assim como quanto melhor o aparelho de rádio, maior seu alcance.

Por isso, são importantes as emoções boas, isto é, as vibrações boas. Ouça uma música e vibre com ela, dance vibrando, vá fazer as coisas que quer fazer, vibre suas ondas de pessoa próspera, bonita, saudável, generosa. Deixe a vibração dessa energia contagiar você. Vista sua melhor roupa, como se fosse a uma festa. As forças da Sombra se habituam a essas atitudes de vibração e, como são responsáveis pela materialidade, acabam por torná-las reais em sua vida.

Os impulsos básicos e a Luz

Os impulsos básicos ou vitais, inatos do ser humano, são aspectos naturais de nossa Sombra, responsáveis pela existência de uma vida harmônica e realizadora. Eles funcionam pelo prazer. Se reprimidos ou recalcados, isto é, sem a presença da Luz, geralmente na infância, sem dúvida comprometerão a realização futura dessa criança.

Por exemplo, com relação ao impulso da sexualidade, ou sensualidade. Vamos supor que ela aprenda dos pais que sexo é algo imoral, feio, pecaminoso e, por outro lado, o maior temor dela é perder o apoio e a consideração deles. Diante da situação de escolha, fatalmente ela optará pelos pais. O que mais a criança preza, nessa idade, é o apoio, a companhia, a consideração, a sensação de segurança, de proteção dos pais. Assim, ela vai evitar o assunto, inclusive os jogos sexuais tão naturais na sua idade. E mesmo que o faça às escondidas, o que geralmente ocorre, vai crescer com a crença de que há algo errado naquilo.

Tudo que se tiver como errado, imoral e ao mesmo tempo for contra a Natureza, resultará em aspectos catastróficos, pois a Natureza sempre vence. Ao recalcar, na infância, a sexualidade, por extensão a sensualidade e a afetividade, em sua fase adulta toda essa área estará comprometida. Se o recalque for muito forte e a pessoa continuar agindo da mesma forma, ou seja, se ela não amadurecer, além de os relacionamentos amorosos, afetivos e sexuais se revelarem caóticos, somatizará doenças nas regiões do Corpo afetas à sexualidade, como os órgãos genitais, aparelho reprodutivo e seios. Por esse motivo, são tão comuns as ocorrências de problemas nos seios, na próstata e no aparelho reprodutor. É que a pessoa alimenta a ilusão – falta de Luz – de que há algo de mau, de imoral no sexo, mesmo de forma inconsciente. Isso se deve à cultura e principalmente à religião, que tratam a sexualidade com muitas restrições negativas. Sem dúvida, o reflexo dessa postura se estenderá à sociabilidade da pessoa.

É assim que os impulsos básicos podem se apresentar bem educados – com Luz – ou recalcados, bloqueados, reprimidos – sem Luz. Os bloqueios ou recalques ocorrem geralmente na infância, ocasião em que o mundo está se apresentando para a criança, período fertilíssimo para se fixarem as crenças e atitudes, em que ela se encontra ávida por aprender tudo o que aparecer à sua volta. A falta de Luz é simplesmente coibir, censurar, não permitir que a criança aja de acordo com sua Natureza, seu temperamento, sua espontaneidade no desempenho de suas atividades que envolvam os impulsos naturais. Embora não pareça, a criança é possuidora de uma habilidade incrível, nesse período tão fértil, de selecionar, balancear e gravar no subconsciente os fatos que lhe proporcionam lucros ou perdas, por mais insignificantes que sejam ante os olhos dos adultos. A partir daí inicia seu processo interior de repressão ou fluidez de determinado impulso básico.

Para que o recalque de um impulso natural comece a se estabelecer, não precisa necessariamente da existência de um fato marcante. Basta uma simples repreensão por parte de quem a criança elege como autoridade legítima, ou de quem ela reivindica o apoio, como os pais, avós, professores, amigos, autoridade religiosa. Repreensões do tipo: *para de correr que você vai cair! Isso não é coisa de criança. Para de perguntar moleque! Que coisa feia! Você ainda não aprendeu? Isso é pecado. Papai do céu não gosta. Sua irmã sabe mais que você.* Se a repreensão ou a censura vier acompanhada de agressão física, ou então com o tom da voz alterado, o bloqueio se mostrará mais forte. Claro que a criança precisa saber de seus limites. Aliás, assim como é fundamental que os impulsos básicos não sejam reprimidos, também o é o estabelecimento de limites por parte dos adultos, para o bom desenvolvimento de certos aspectos futuros, como a segurança, a facilidade de concentração, a responsabilidade, o conhecimento de até onde vão seus direitos, a individualidade, etc.

Cabe a aos adultos o discernimento para perceber se estão realmente educando, ou se estão contaminando os impulsos naturais da criança. Por exemplo, se a criança está correndo demais na sala e começa a perturbar o ambiente, é preponderante que se diga a verdade, com determinação e autoridade: *para de correr que agora eu não quero.* Não precisa intimidá-la com expressões do tipo: *senão você vai cair,* ou *se machucar,* e muito menos corrompê-la: *se você parar eu dou um doce,* ou coisa parecida.

Domínio ou agressividade

O impulso do *domínio* ou *agressividade* é responsável pela manutenção da saúde física, pela sobrevivência, pela defesa, pelo poder. No mundo animal esse impulso é claramente percebido. A raiva é uma energia originária desse impulso. Quando desgovernada e transformada em ódio torna-se bastante caótica, provocando muito sofrimento na vida da pessoa. Significa que é um poder de Sombra sem Luz. A raiva bem direcionada, a que está integrada com a Luz, como por exemplo para a coragem, para a ousadia, para o arriscar-se, para a convicção, para a determinação, para a certeza absoluta, transforma-se numa poderosa e eficiente força, resultando em feitos magníficos. Trata-se simplesmente do desenvolvimento do poder, da segurança, da soberania da pessoa.

A agressividade recalcada, cujo recalque pode ter se iniciado lá na infância devido à simples colocação de que: *é feio ficar bravo com os outros*, ou *você tem que obedecer aos mais velhos*, ou *seja bonzinho com os outros*, ou ainda *não seja egoísta*, resultará, provavelmente, em um adulto com pouca ou sem iniciativa. A pessoa poderá crescer sem coragem de dizer não, tornar-se o típico bonzinho, sem poder. Poderá tornar-se uma pessoa que teme magoar os outros, que não se impõe, dominada, submissa, que perde o controle facilmente, que se desculpa com frequência, que não tem opinião própria, que evita o confronto e a realidade, que não tem confiança em si e na vida. Poderá desenvolver fobias e insegurança, restando, por conseguinte, com a saúde prejudicada. Trata-se da pessoa que prefere não ir para não sofrer, sem saber que já sofre por não ir.

Sexualidade ou sensualidade

O impulso da *sensualidade* não diz respeito apenas à *sexualidade*, embora esta seja um de seus componentes mais fortes. O sensual está no falar, no andar, no dançar, no tocar um instrumento, no cantar, no fazer, no pintar, no modo de se vestir, de se perfumar, enfim, em tudo de que o Corpo participa, pois o Corpo por si só é sensual. A sexualidade é uma presa muito fácil da repressão, tendo em vista o fato de nossa cultura e religião terem-na como muito próximo do imoral, do feio e do pecaminoso.

O impulso da sensualidade é responsável pelo prazer, pela sociabilidade, pela procriação, pela reencarnação, pela produção do ectoplasma. Quando bloqueado – ausência de Luz – a pessoa poderá se tornar perfeccionista, tender a ver-se imperfeita, feia, com medo do sentir, principalmente de transar. Poderá culpar-se bastante, ter medo da intimidade, de amar, ter a afetividade prejudicada, ser relaxada na aparência, ter uma autoestima baixa, perder o prazer nos diversos aspectos da vida, e provavelmente desenvolver disfunções sexuais e diversas doenças psicossomáticas.

A pessoa que tem a Luz e a Sombra em equilíbrio nessa área é alegre, vive de bem com a vida e é muito querida. Pudera! Quem não gosta de quem esbanja sensualidade em tudo o que faz? Quem não deseja ter junto de si alguém que emana energia nutritiva? Quem não gosta de desfrutar da presença de uma pessoa amorosa, afetiva, compreensiva, amigável?

Há uma situação muito particular com relação ao impulso da sexualidade, que é aquela referente aos que optam pela abstinência sexual, geralmente por motivo religioso, espiritual. Esse fato é conhecido por sublimação do sexo. Se a pessoa estiver convicta de que sua opção é pertinente, a energia sexual e toda sua sensualidade serão canalizadas a outras áreas, em geral, para as artes – presença da Luz –, não raro destacando-se no que faz. A História está cheia desses exemplos. A energia sexual não vai se estancar provocando doenças. A sensualidade tem sua fluência natural. Todavia, se a pessoa cultivar dúvidas a respeito, ao mesmo tempo em que reprime sua sexualidade, a energia será canalizada para as ilusões, com consequências físico-emocionais muito dolorosas.

Curiosidade

O impulso da *curiosidade*, do querer saber, tão evidente na criança, é o responsável pelo estímulo, pela busca do novo, pela descoberta, fatores que contribuem para o desenvolvimento da inteligência, do bom senso, da sabedoria e ampliação da Consciência, aspectos da Luz que deverão ser fixados com a contribuição da Sombra, representada pelo impulso do domínio. Apenas saber não basta. É como um time de futebol que ouve as orientações do técnico antes do jogo e em campo não tem garra, atitude, comprometimento, determinação, fome de gol.

O bloqueio desse impulso pode ter início com uma simples repreensão do tipo: *para que tanta pergunta*? É tão comum a criança ser censurada quando pergunta como nasceu. Uma vez bloqueada a curiosidade – falta de

Luz – a criança tenderá a torna-se a vítima por excelência, o coitado. Poderá se sentir ignorante, atrofiado, desprezar o saber, ter preguiça mental, ser passivo e ter um constante medo do desconhecido e de não dar certo. Poderá preferir deixar como está para não piorar, em vez de mudar para melhorar. Provavelmente, tornar-se-ão pessoas queixosas, subalternas e indignas, que geralmente responsabilizam os outros pelo que ocorre com elas.

Responsabilidade ou habilidade

O impulso da *responsabilidade* ou *habilidade* caracteriza-se pelo prazer em fazer, em realizar, em desenvolver os potenciais, em ter habilidades. A pessoa que foi criada com esse impulso bem-educado, iluminado pela inteligência, investe na independência em todos os aspectos de sua vida. Tem um prazer constante em desenvolver sua individualidade e suas capacidades. Seus horizontes são amplos, seu ambiente familiar, sua cidade não lhe bastam. É um empreendedor e não se satisfaz com pouco. Se, ao contrário, esse impulso foi reprimido lá na infância, a pessoa tenderá a sentir-se inadequada, a pôr dificuldade em tudo, falar, falar e não fazer. Poderá ser acometida do medo de errar, de fazer feio, de arriscar, tenderá a não se sentir à vontade, a constranger-se facilmente, e ser detentora de um orgulho exacerbado, exibindo um falso eu ou ego.

A criança que é punida toda vez que procura abrir uma gaveta, um armário, ligar a televisão, ou então, que recebe a orientação de que é preferível não fazer as coisas para não se machucar, certamente crescerá com o impulso da responsabilidade afetado. Da mesma forma a criança que constantemente ouve expressões do tipo: *para de fazer isso que é perigoso; vai brincar, deixa que o papai faz; você faz tudo errado.*

Presença

Quem não se lembra de como era agradável, quando era criança, receber um reconhecimento, um elogio, principalmente de quem você queria ao seu redor? Quando você elogia uma criança por um feito, a outra, ao ouvir, imediatamente procura fazer o mesmo dizendo: *olha eu pai, olha eu mãe,* professora, tia, ou coisa parecida. Entra em cena o que denominamos de impulso da *presença*. Não há quem não queira fazer-se presente, pois o desejo de sucesso é um anseio natural da Alma. Na maioria das vezes esse desejo é explícito.

Porém, se a pessoa cultua para si a crença de que é inferior, porque o pai, lá na infância, brigava toda vez que ela procurava aparecer, se expressar, com frases como: *é feio se exibir*; *seja humilde*, então ela vai se comparar o tempo todo, pois há um bloqueio no impulso da presença e, sabedora de que em determinada área não terá chance alguma, se não descambar para a revolta, autodestruindo-se, fatalmente partirá com afinco para algo que a sociedade ou a pessoa de quem ela pretenda chamar a atenção valoriza muito, tal como se parecer humilde, boazinha, ou mergulhar com tudo no estudo, num afazer ou numa arte. Procurará fazer o que o pai queria, sem pensar na autorrealização, pois é importante ter dinheiro para se ter valor.

Obviamente, não há nada de errado em estudar bastante ou desenvolver uma arte. Muito ao contrário. Mas o que está desvirtuado é o motivo pelo qual a pessoa se aferra às tarefas, qual seja, impressionar, mostrar aos outros que ela também tem valor. Ou seja, ela quer a valorização porque não se valoriza. Vamos supor que essa pessoa consiga seu intento. Certamente não se sentirá realizada. Sempre procurará algo mais para continuar sendo admirada, aplaudida. Qualquer fracasso, o mínimo que seja, irá levá-la à prostração. Aonde vai dar esse caminho é um velho lugar conhecido: tristeza e depressão.

Todos nós carregamos um certo bloqueio no impulso da presença. A cultura e a religião do país favorecem bastante isso, na medida em que a presença não é vista com bons olhos. Existe certo entendimento em interpretar o ato de marcar presença como querer aparecer, exibicionismo, arrogância falta de humildade. Esse ponto de vista é totalmente ausente de Luz. Por isso, a maioria de nós cresce com a sensação de que deve fazer algo que impressione, que desperte admiração, a atenção, que mostre que temos valor, que existimos. A crença comum é que se não tem valor, não existe. É por isso que muitos passam a vida inteira lutando, se sacrificando e nunca se realizam.

Embora possa parecer paradoxal o fato de o sucesso por um lado ser um anseio da Alma e por outro objeto do caos, visto com lucidez essa aparente contradição desaparece. É que não é o sucesso o responsável pela realização e a manutenção da alegria, mas a relação lúcida que se tem com ele. Há muito de sabedoria na afirmação popular de que: *o sucesso subiu-lhe à cabeça*. É uma ilusão achar que o sucesso sustenta alguém. Não se pode ser submisso à cria, ao externo. Em outras palavras, o sucesso, aspecto da Luz, sem os pés no chão, aspecto da Sombra, redunda em dependência do aplauso constante dos outros. Desenvolva o sucesso interior, que o exterior fatalmente sempre o acompanhará. Sucesso interior são a Luz e a Sombra equilibradas no objeto do sucesso. Isso é realização.

Quem tem seu impulso da presença manifestando-se espontaneamente não sofre de vazio interior, não se preocupa com as aparências, sabe muito bem o que quer, sabe onde estão seus limites, é apaixonado pela vida, é espontâneo, independente, não se preocupa com a crítica, seja boa ou ruim. É dono de um carisma impressionante. Quem não se sente hipnotizado assistindo a uma peça representada pela Fernanda Montenegro, ou até recentemente pelo Paulo Autran? Quem não se encanta com a simples presença no palco de Maria Bethânia?

Já a pessoa que tolhe o instinto da presença sente-se inútil, não gosta de apresentar-se, com medo do ridículo. Segue a linha da normalidade, da discrição exagerada, é recatada, evitando o ambiente social. A submissão e a servidão caem-lhe muito bem. Sente-se vazia, com uma vida entediada e sem graça. As consequências catastróficas são inevitáveis, tais como a falta de brilho, a vergonha, a inveja, o ciúme, a solidão, a tristeza e a depressão, desenvolvendo uma série de medos envolvendo a sociabilidade.

Os impulsos básicos precisam ser desbloqueados

Se você sente que algum tipo de impulso natural foi reprimido na sua infância ou na adolescência, e que hoje colhe as consequências, é bom fazer algo no sentido de reeducá-lo. Sempre é tempo para tal empenho. Se não fizer logo, você continuará enfrentando as mesmas dificuldades pelo resto da vida e a tendência é piorar cada vez mais, porque sua Natureza, seu temperamento estão sendo negligenciados. Como a Natureza sempre vence, a Sombra fará com que você perceba o que está fazendo contra si, utilizando a linguagem que você entende. Se não for pela inteligência, será pela dor, cada vez mais intensa, até você perceber.

As pessoas que obtiveram dos pais um tratamento com os impulsos naturais educados, isto é, com Luz, cresceram mais livres, desembaraçadas, seguras e donas de si, e agora desfrutam de uma vida mais realizadora do que as que tiveram uma educação repressiva e não fizeram nada para revertê-la.

Procure perceber em qual área de sua vida você encontra alguma dificuldade – ausência de Luz – e volte à infância para verificar se houve nessa área alguma espécie de censura, de restrição por parte da família, da sociedade ou da religião. Procure saber que mentalidade negativa continua. Você vai se surpreender com a exatidão dessa relação.

A má orientação dos impulsos básicos faz com que as pessoas cresçam, mas não amadureçam

Uma maneira de amadurecer é voltar mentalmente à infância para que a criança, que ainda está aí, possa crescer livre das antigas crenças e atitudes. Isso se consegue desacreditando daquilo que contribuiu para que ocorresse a repressão do impulso vital. Com o tempo as velhas crenças vão se descristalizando e sendo substituídas por novas, que se fixarão no subconsciente, e a Sombra tratará de refleti-las na realidade. Para desacreditar ou desvalidar é só dizer diversas vezes, na crença, com convicção o oposto à sua atitude da época. Faça o exercício descrito a seguir.

Acomode-se num lugar tranquilo e confortável. Procure relaxar tanto o Corpo como o mente. Imagine-se voltando às cenas da infância e tente vivenciar as mesmas situações. Verifique quem é que mais tinha autoridade sobre você. Verifique também de quem você mais queria a atenção, o apoio, a consideração, a proteção. Procure lembrar, se possível, do vocabulário, da mensagem, do linguajar que essa pessoa utilizava quando se dirigia a você numa eventual censura ou intimidação. Visualize claramente essa figura dirigindo-se a você. É o pai? A mãe? São os avós? Imagine, então, você olhando nos olhos dessa pessoa e diga, conforme o caso, com convicção, na vibração da voz:

- Ninguém manda em mim.

- Eu não preciso do seu apoio.
- Eu não quero sua consideração, eu dispenso sua proteção, eu sou o dono do meu mundo.
- Eu vou para onde eu quiser, eu faço o que gosto.
- Eu sou capaz de fazer as coisas.
- É bonito querer aparecer.
- Eu sou responsável pela minha vida.
- Só eu sei o que é bom para mim.
- O que você pensa de mim só interessa a você.

Use ou invente uma frase que se adapte melhor ao seu caso. Termine o exercício dizendo: **estou em paz... estou em paz... estou em paz...**

De nada adianta você praticar o exercício e continuar com as mesmas atitudes infantis, sendo submissa, manipuladora, boazinha, com medo de aparecer, mendigando a atenção, o apoio, a consideração dos outros, colocando os outros em primeiro lugar. Você precisa ser coerente com as novas crenças e atitudes de sua nova criança, que precisa crescer e amadurecer.

Os sistemas da Sombra

Realizar é fazer, e nada se faz sem o concurso da Sombra, porque é a Sombra que cuida da vida na Terra. A Sombra, como foi visto, manifesta-se de muitas maneiras, pelas vias que forem acessíveis ao entendimento humano. Assim, ela vai valer-se da língua, da cultura, das crenças, da religião, dos ritos de cada povo. No xamanismo dos índios das Américas, manifesta-se de acordo com a língua local e seus rituais característicos. Da mesma maneira, para os adeptos do xintoísmo no Japão, para os seguidores da umbanda e do candomblé, no Brasil, das religiões da Indonésia, da África, e assim por diante.

Citamos esses exemplos porque é muito evidente a forma pela qual seus seguidores lidam com as forças da Sombra. Eles têm Consciência de tal fato. Isso não quer dizer que a Sombra não lança mão de outras práticas, de outros rituais, de outras religiões para se manifestar e se desenvolver.

De uma forma ou de outra, a Sombra sempre vai se manifestar, pois se trata de um aspecto divino latente em cada ser humano. Não há como bloquear esse dom divino. Acontece que o grau de sua manifestação depende dos limites impostos pelo mental individual ou coletivo, da permissividade, da estrutura de cada um. Ocorre, porém, que a maioria das religiões foca sua doutrina na Luz. As atividades da Sombra sendo relegadas ao segundo plano, ou até mesmo desconsideradas, seu poder de realização torna-se bastante limitado. Exemplo disso são as restrições que sofrem os impulsos básicos, representantes legítimos da Sombra, por parte de muitas religiões, principalmente a sexualidade, a presença e o domínio, fazendo com que essas áreas sejam problemáticas na vida de seus seguidores, concorrendo para o acometimento de uma série de doenças. Essas doenças nada mais são que a reação da Sombra a fim de mostrar o que estamos fazendo contra nós.

A Sombra é maleável e tolerante, adaptando-se facilmente a diversas situações. Todavia, se a repressão for muito forte, ela vai reagir à altura. Quanto maior a opressão moral, ética ou religiosa de um povo pelo governo, da sociedade ou da religião, inibindo a expressão individual, mais doente será esse povo. As epidemias que volta e meia grassam por aí são um exemplo característico desse efeito.

A opressão é uma ação contra a Sombra,
que reage através de doenças

A forma é mutável, a função não

A Sombra é muito adaptável. Se acaso um brasileiro praticante do xamanismo de nossos indígenas for para a Índia e aprender o hindu, as forças da Sombra vão se manifestar naquela língua para essa pessoa, moldando-se, assim, às expressões, costumes e cultura da nova localidade. Todavia, o conteúdo básico da Sombra, sua função, que é a manutenção do sistema, permanece inalterado. Por exemplo, no trabalho de cura, a forma da qual o xamã vai se valer muda de acordo com os costumes e expressões locais, mas a função da Sombra, que é manter o sistema de saúde, é a mesma em todo o planeta. As forças da Sombra concernentes à saúde só vão lidar com a saúde. Não vão lidar com os aspectos financeiros, por exemplo. Essa área tem sua própria Sombra em qualquer parte da Terra. Embora todos os sistemas da Sombra estejam interligados, pelo fato de serem atributos divinos e diferentes aspectos do mesmo Espírito Uno, eles agem individual e independentemente uns dos outros.

As forças da Sombra exigem a melhora

As forças da Sombra, quando ativadas, não aceitam mais a estagnação ou o retrocesso. Elas precisam e exigem melhora e desenvolvimento. Por exemplo, a sexualidade, uma força da Sombra muito forte, presente no ser humano. Enquanto a pessoa não a experimentou, vive satisfatoriamente sem ela. Porém, uma vez experimentada e aprovada, se não a praticar vai sofrer. E mais, só praticar não basta. Tem que melhorar sempre. Tanto é que a referência sempre vai ser aquela relação sexual que mais agradou. É como comer uma comida muito saborosa. As outras se afigurarão inferiores. Ou então, alguém que experimentou a liberdade, se voltar para a prisão provavelmente enlouquecerá, enquanto que aquele que foi criado na prisão vive naturalmente sem a liberdade. Isso é uma característica de nossas forças naturais. Se forem libertas querem caminho.

O ser da Sombra procura, por instinto próprio, pela evolução. Ele quer o melhor, o melhor, o melhor. Portanto, o destino de qualquer um que tenha despertado sua Sombra, no mínimo que seja, é o evoluir, pois que com as forças paradas haverá distúrbios psicoenergéticos intensos. Assim como o Universo está em expansão, tudo que existe nele e se manifesta nessa expansão, como nosso aparelho mental, a espiritualidade, a Ciência, o saber, etc., segue a mesma direção, da comunhão da Sombra e da Luz, enfim, da realização.

Todas as forças da Sombra se comunicam conosco com frequência, mesmo que não saibamos disso. Todas podem ser observadas, conversadas e mantidas. Quando nós conscientemente as mantemos, por meio da compreensão, da necessidade, elas funcionam na perfeição.

Para funcionar na perfeição, é preciso que o aparelho mental aprenda e aceite algo fundamental: quebrar a regra da normalidade para encontrar a paz com as forças básicas. As forças da Sombra só aceitam a originalidade, a naturalidade, a individualidade, a funcionalidade. Cada ser é único e original. O normal não serve mais. O normal diz respeito ao convencionado pelo senso comum como certo, que varia de época para época, de país para país, de religião para religião. Do outro lado, opondo-se, existe o natural, que é o jeito divino, individual. É preponderante, portanto, que a normalidade seja abolida. Por exemplo, a alimentação, o tipo de alimento, a forma pela qual cada um se alimenta, são expressões individuais.

Não é a medicina que vai determinar o que se deve, quando e como se vai comer, mas o senso individual. Tanto é que a banana para uns faz mal, para outros faz bem. O mesmo acontece com o cigarro. Há pessoas que tomam café para dormir, enquanto outras o fazem para despertar. Vários médicos já me disseram que o café bem dosado faz bem. Para mim, uma xicarazinha diária faz mal, e acabou. Meu animal interior não tolera cafeína. Mudei o hábito e tudo bem. Agora me satisfaço com café descafeinado. A Sombra da saúde tem ciclos diferentes para cada indivíduo. É necessária a compreensão de que nossas relações com as forças básicas devem ser consideradas em particular. Cada caso é um caso. É indispensável que troquemos a normalidade pela individualidade.

Desiluda-se quanto a ser uma pessoa certa, normal para o mundo, mas seja uma pessoa original e funcional para si mesma, para a sua vida, para a sua escolha

Os cinco sistemas da Sombra

Há cinco sistemas da Sombra: da *proteção*, da *saúde*, o *sensório*, o *ambiental* e o *central*.

Apesar de todos os sistemas se situarem em uma região definida, seu campo de ação se amplia e se retrai, dependendo da influência da mente.

O **sistema da proteção, ou guardião**, é o sistema que possui os poderes, as funções encarregadas da proteção da integridade da individualidade. Ele cuida da proteção do Corpo, do sistema imunológico, da vida, da defesa frente a energias maléficas tanto daqui como do astral. É um sistema generalizado, sem localização fixa em nosso Corpo. Ele trabalha em volta do Corpo, na aura, e exerce influência dentro do Corpo. Por isso é difícil localizar o sistema imunológico. A medicina só o percebe no generalizado, ou seja, no sangue que vai para todos os órgãos, mas não consegue localizá-lo num órgão fixo.

O **sistema da saúde,** como o próprio nome diz, é o responsável pela saúde tanto do Corpo físico como do Corpo astral. Em caso de comprometimento da saúde, ele tem a função de restauração, de cura. É o sistema responsável pela manutenção da juventude e da disposição, pelo abastecimento energético, pela alimentação, enfim, por tudo o que diz respeito à estrutura do Corpo e à sua manutenção. Ele mantém a saúde, mas quando ela está comprometida, esse sistema vai usar seu poder de manutenção, que é sua capacidade regeneradora. É o sistema que cuida da coordenação, da nutrição de todas as células. Ele tem o modelo organizador biológico no perispírito, que coordena o Corpo astral e o Corpo físico, suas formas e funções por intermédio da evolução. O modelo organizador biológico contém o modelo original divino. Nossa saúde pode estar comprometida, mas nosso modelo original é perfeito. Nas complicações da saúde ele vai trabalhar sempre no sentido de voltar ao modelo original. Uma pessoa pode estar doente, depressiva, velha, gorda ou magra demais, mas no modelo original é saudável, jovem e esbelta. O sistema da saúde trabalha por dentro da pele.

O **sistema sensório** lida com todo o sistema sensorial. Diz respeito a tudo que envolve a afetividade, a estabilidade do corpo emocional e a harmonia da sexualidade. É o responsável pela reprodução, pela relação sexual, pelo erótico, pelo envolvimento amoroso, em qualquer situação, e pela maneira como lidamos com nossa afetividade diante do ambiente e do mundo. É o sistema responsável pela área da sensibilidade, que envolve os cinco sentidos e o sexto, que é a mediunidade. É o sistema da Sombra que fixa em nossos Corpos a Alma, que é a detentora de todos os sensos, inclusive do senso de realidade. É onde a Alma se expande. É o que faz com que tenhamos Consciência da realidade. Sem ele a realidade não seria percebida.

Essa Sombra é o violão onde a Alma toca a música. É a caixa do instrumento, que reverbera o som das cordas tocadas pela Alma. É o ouvido que ouve e devolve a beleza do som para a Alma. É o espaço onde a Alma se movimenta, ou seja, a Alma não só faz, como sente o que fez. É o reflexo da sensibilidade humana. Essa é sua função. Por isso ela vai lidar com o sexo, com o afeto, com as grandes energias, porque os grandes impulsos fluem nela. Sem ela não há sensações. Podemos estar com raiva e não sentir raiva. Podemos ter amor e não sentir o amor. A raiva e o amor estão em nós, mas podemos não senti-los, porque trancamos nossa sensibilidade. A Sombra sensória é o campo que abre e faz repercutir as vibrações, que são as sensações. Ela reporta tudo ao cérebro. Em função disso, a Psicologia trata os problemas afetos a essa área como os mais graves, especialmente os que dizem respeito ao relacionamento afetivo sexual.

O **sistema ambiental**, é o sistema que nos provê e nos abastece. É o que lida com o ambiente, com a prosperidade, com a parte econômico-financeira, com o dinheiro e suas consequências, com a carreira profissional, com as posses materiais, com a abundância, com as condições do desenvolvimento, com as situações progressistas necessárias para a realização da Alma. Ele também provê as relações sociais e cuida dos caminhos da magia.

Para os sistemas da Sombra, o ambiente não é considerado separado da gente. Se repararmos bem, do ponto de vista ecológico e biológico, verificaremos que realmente não há separação, pois não conseguimos viver sem o oxigênio, sem a água e a comida. Não só o ambiente físico faz parte de nós, como também o ambiente social é a extensão de nosso Corpo. O social é um universo em nós de oportunidades de atrair pessoas, casamentos, filhos, trabalho, que podem ser tanto positivas como negativas. No sistema ambiental está o fluxo do caminho, do destino, porque tudo é um fluir no ambiente, seja neste mundo ou em qualquer outro, pois o ambiente sempre existirá.

O **sistema central**, a Sombra do Centro congrega as condições de equilíbrio geral em todos os níveis. Ele alimenta os outros sistemas. É o mais importante e poderoso de todos. É o governante e coordenador dos demais sistemas, da Alma, do EU Superior, do subconsciente.

Membrana egoica

O ego corresponde a uma faixa que se localiza entre o final da aura, ou sistema protetor, e o meio ambiente. Sua última película tem o nome de membrana egoica. É como se fosse uma pele de proteção e sua função é seletiva. Ela define a individualidade e seleciona, de acordo com nossas crenças, conforme aquilo a que damos ou não importância, o que deve entrar do ambiente e sair da gente. Por esta razão, o ego tem a ver com o sistema de proteção. Se o ego estiver mal educado, ele dárá espaço e puxará para dentro os outros. Por exemplo, se você ensinou ao ego que os outros são mais importantes, que o mal é importante: *olha falou mal de mim*! A ordem é a seguinte: os outros podem me invadir; o mal é importante, pode entrar. Se você ensinar o ego de modo diferente, ele selecionará outra maneira. É assim que tornamos nossa vida caótica ou organizada, pois o exterior é o reflexo do interior, e o interior é feito de acordo com essa seleção do ego. Se você for uma pessoa mais sensível, que já desenvolveu certa mediunidade, as consequências serão piores.

Não é assim que nos comportamos quando não queremos estar com uma pessoa indesejada? Aquele sensível não mental, como se a gente tivesse se fechado, nada mais é que uma concentração energética em volta da aura para repelir, para se defender. É o ego fazendo uma barreira protetora. Se não soubermos lidar com isso, à medida que a pessoa se aproximar iremos perdendo a liberdade.

O subconsciente é a memória da Sombra

É o elo que liga a Sombra à Luz, possibilitando a somatização dos anseios da Alma, por conseguinte, a realização. O sistema centralizador trabalha na espinha dorsal.

A Sombra do Centro, na verdade, é o Corpo mental, porque tudo que se passa no mental tem reflexo em tudo. Se estiver alinhada, centrada, significa que tudo está coordenado, caso contrário resulta em caos. A mente, uma vez educada, tudo mais será educado, pois nela reside o subconsciente, que transmite para os outros sistemas, para a Alma e para o EU Superior o que tem que ser feito. O nascimento, a morte, o funcionamento do cérebro, tudo é obra da Sombra do Centro e continua sendo no Corpo astral.

Na explosão inicial, primeiro veio a Sombra caótica e depois veio a Alma com o Espírito para organizar. Se perdemos o contato com a Sombra do Centro, os demais sistemas, o Espírito e a Alma se perdem, e voltamos ao caos. Os sistemas da Sombra são o veículo, mas a Sombra do Centro é o veículo que congrega o equilíbrio geral.

A sensação que cada um tem de EU, de individualidade, de unicidade com a Alma e o Espírito é a Sombra do Centro que tem. O Espírito, o EU Superior e a Alma são coletivos. A individualidade, quem a tem é a Sombra do Centro: EU. Daí a importância de se assumir esse EU, a sensação de se morar no Corpo, de ser o Corpo, de ser a Sombra. Se não morarmos ali, se não ficarmos ligados à Sombra do Centro, sendo levados para cá e para lá conforme as ondas do mundo, ela se ligará a qualquer um, e ficaremos nas mãos do mundo. A Sombra do Centro tem que aprender a ficar conosco.

Como se mantém a Sombra do Centro com a gente? Tomando posse de si, não se deixando levar pelos outros, aceitando-se, seguindo o temperamento, a Alma, a individualidade, dizendo não e sim conforme nossa conveniência, e não conforme a do mundo, pondo-nos em primeiro lugar, pensando em nós mesmos.

Ajudar é bom, sacrificar-se é péssimo

O que é firmeza? É estar na gente. Se a Sombra do Centro estiver conosco, temos firmeza, logo, temos Espírito, temos Alma e tudo anda bem.

Ativando e puxando as forças da Sombra

Pelo fato de as forças da Sombra serem responsáveis pela realização, pela materialização, pela fixação da Luz, por cuidar da vida na Terra, toda prática no sentido de ativá-las, de puxá-las, será eficiente se envolver a movimentação do Corpo – por meio da dança, ou por meio de gestos físicos. Coloque uma música de ritmo marcante, que lhe agrada, que mexe com você, e procure sentir o ritmo no Corpo inteiro. Sinta sua vibração. Tal fato é bastante evidente nas diversas práticas xamânicas que utilizam tambores. Faça o exercício com a consciência de que está aí para ativar, desenvolver e familiarizar-se com suas forças da Sombra.

Se perceber alguma sensação física – que nunca será desagradável, pois a Sombra sempre se manifesta comodamente –, como a variação na temperatura do Corpo para mais ou para menos, pequenos formigamentos, um tipo de energia diferente, pequenos movimentos em determinadas partes do Corpo, sensações na espinha dorsal, sensação de força no abdômen, etc., fixe-se nela, e daí por diante sempre relacione tal sensação àquele animal representativo do sistema escolhido.

Diga, com clareza e convicção: *Eu estou aqui para conhecer, ouvir e ajudar você em tudo o que for necessário para nossa saúde e progresso. De hoje em diante me comprometo a prestar muita atenção em você, a escutar os recados, a entender e a cooperar num sistema de amizade interior que deverá se fortalecer cada vez mais. Se no passado fiz alguma coisa que tenha feito você sofrer, que deixou você nervoso, se me isolei para me adaptar à sociedade, para me adaptar à loucura deste mundo, estou aqui me retratando e disposto a mudar, porque eu quero você comigo na paz, para que a Luz caminhe por mim, para que minha Alma possa iluminar todos nós, para que eu cresça firme e forte e usufrua a vida, o que quero usufruir. Não estou confundindo você com entidades. Eu sei que você é poder em mim e que pertence a mim.*

Pode acontecer de as sensações nunca se manifestarem fisicamente. Não ligue. Não significa que você não esteja obtendo êxito na experiência. É que tem de ser assim mesmo. A diferença entre quem sente e quem não sente reside no fato de que quando o ser humano sente ou vê algo, seu poder de convicção aumenta. Mas quem quiser trilhar os caminhos da espiritualidade verdadeira tem que, necessariamente, desenvolver a convicção do poder interior, independentemente do que os olhos veem e do que a matéria sente. É necessário acreditar cada vez mais no invisível, pois é no invisível que reside o verdadeiro.

Formas representativas da Luz e da Sombra para nós

A Luz e a Sombra, para se fazerem representadas em nosso consciente, assumem formas conhecidas. Na verdade, tanto a Luz como a Sombra não têm forma alguma. Elas podem ter qualquer forma em qualquer cultura. E o que tem a capacidade de ter qualquer forma, não tem forma nenhuma. Como essas forças agem numa zona do inconsciente, os seres humanos sentiram a necessidade de visualizá-las, de dar-lhes características para poderem interagir com essas forças ocultas. Elas são susceptíveis de assumir formas porque o aparelho mental humano não entende algo indefinido, sem forma.

Nosso aparelho mental, para a compreensão e a percepção, tem a necessidade e a capacidade de abstrair tudo o que passa pelos sentidos do Corpo. Por exemplo, ao olharmos para um objeto de quatro pernas que tem a mesma distância entre elas, um assento e um encosto, o aparelho mental vai abstrair daí uma cadeira. Se a distância de duas pernas para as outras duas for grande, abstrairá um banco. Assim é com tudo o que sentimos. Sem a abstração não haveria comunicação, não haveria profissões, não haveria ensino, não haveria alimentação adequada, nada seria funcional. A Luz e a Sombra valem-se dessa nossa incrível capacidade de abstrair para se representarem em nosso consciente. Assim, podemos conversar, comandar, interagir com elas facilmente.

Formas representativas da Luz

É necessário que vinculemos a Luz a uma imagem que nos represente a sabedoria suprema. Um anjo, um ancião, uma criança, um santo, uma fada, uma estrela, etc. O importante é que toda vez que queiramos dialogar com a Luz, essa figura seja evocada fácil e claramente.

Para estabelecer que tipo de figura ou imagem deseja que represente seu aspecto Luz, recolha-se a um lugar confortável, como se fosse fazer uma meditação. Procure relaxar, tanto o Corpo como o mental. Procure liberar o mental das preocupações diárias, dos afazeres, das obrigações, das pessoas que surgem no pensamento. Procure ficar no aqui e agora, apenas observando o que o Corpo está sentindo. O aqui e agora nunca é ansioso nem angustiante. Relaxe. Pense na palavra paz. Diga interiormente várias vezes *estou em paz*. Eleve-se. Elevar-se é colocar-se interiormente acima da coletividade, das ilusões. É contatar o EU Superior por intermédio de sua Alma. Peça para ela mostrar uma imagem que represente sua Luz. Fixe a figura que aparecer. Fixe, fixe até torná-la clara e definida. Determine com convicção: *isso é minha Luz*.

As figuras e imagens servem apenas para facilitar o processo para sua mente. Não são elas as detentoras do poder, mas a Alma e o EU Superior. As representações são apenas um vínculo facilitador para se manter contato, como as imagens das igrejas. A diferença aqui é que estão dentro de você.

Toda vez que você precisar conversar com sua Luz para obter alguma informação valiosa, alguma ideia, algum ensinamento, para tirar alguma dúvida, para aprender alguma verdade, evoque essa imagem. Uma vez presente, converse à vontade com ela. É como se fosse a representante do Espírito Uno ali ao seu lado. Sempre que você contatar essa imagem, diga-lhe: **tudo que preciso saber me é revelado por você.**

Formas representativas da Sombra

Essas forças ocultas, essas qualidades ou instintos, por agirem numa zona do inconsciente, levam o ser humano a sentir a necessidade de visualizá-las, porque o aparelho mental, como foi dito, necessita de uma imagem, de uma representação, de uma caracterização para que possa lidar e relacionar-se melhor com elas. Para os cristãos, esses instintos são vistos como dons divinos, para a Psicologia como temperamento, para os xamãs como animal de poder, para os africanos como exus. Antigamente essas relações eram mantidas por meio dos ritos. Atualmente, continuamos com a necessidade de atender a essas forças da Sombra, não de maneira ritualística, mas de forma visual e verbal.

Lembre-se de que são apenas maneiras de a Sombra se comunicar conosco. Quem realmente tem o poder é a Sombra, um dos aspectos do Espírito Uno em nós, que dependemos dela e ela de nós. Um exemplo cotidiano desse poder da Sombra em nós a necessidade que sentimos de ir ao banheiro,que nos obriga a largar tudo que estivermos fazendo para atendê-*la*; ou então a necessidade de dormir. Por mais interessante que seja o desfecho de um filme a que estejamos assistindo, se nosso Corpo estiver com sono, lá se foi o final da história.

Para representar sua Sombra, siga o mesmo procedimento adotado para a Luz. A diferença está na forma de representação. Se quiser entrar em contacto com a Sombra basta representá-la pelo próprio Corpo físico, mas, se quiser visualizá-la, ela pode se apresentar na figura de um animal, dos ícones da cultura brasileira, do índio, do preto velho, de uma cigana. É muito importante não confundi-la com entidades que em certas práticas mediúnicas se incorporam à pessoa. A entidade é outro ser humano desencarnado, enquanto que as formas representativas da Sombra são partes divinas de cada um de nós.

Se você não estiver acostumado com esse tipo de procedimento, no início pode ser que não obtenha uma imagem clara. Não desista. Continue praticando, pois tudo que você conseguiu na vida até hoje foi pela prática diária, pela disciplina. Quanto mais você praticar, mais a figura vai se tornando familiar, real, e quanto mais importância der àquilo, mais energia vai se concentrar ali, até que as imagens representantes da Luz e da Sombra se fixem, originando as formas-pensamento correspondentes, que obedecerão a seus comandos cada vez mais rapidamente. Peça para elas enviarem um sinal por meio de seu Corpo, para sentir sua presença. Com a prática constante do diálogo, os sinais tornam-se característicos. Você não correrá o risco de confundir a resposta com uma fantasia, pois que sentirá a certeza, de Corpo inteiro.

Os exus

Há muito desconhecimento, mistificação e informações desvirtuadas a respeito do papel dos exus. Sempre que se fala em exu as pessoas, em geral, vinculam sua imagem às obras do mal, a espíritos malignos, à presença do demônio. Primeiramente, como já vimos, o diabo não existe. É uma crença fantasiosa imposta pela cultura religiosa.

O exu, quando se apresenta numa pessoa, mostra seus aspectos de Sombra. Quando, em estado alterado de consciência na prática xamânica, vemos um preto velho, um índio, ou até uma criança, geralmente nos trabalhos de cura, na verdade estão mostrando fortemente as funções, os poderes que são qualidades da Sombra. Todos nós temos um 'exu interior', já que a Sombra é um aspecto do Espírito Uno inato de todo ser humano.

"Quando os xamãs 'viajam', eles são transportados não para fora, pela face da Terra, mas para dentro, pela pulsação do som rítmico. Em vez de movimentar o corpo pelos meios físicos comuns, eles se movem para um estado alterado de consciência no qual experimentam realidades fora de nossa percepção normal."

Sandra Ingerman

Há indivíduos que ao longo das vidas trabalharam e desenvolveram muito esses poderes, como um médico que na prática diária desenvolveu suas aptidões, e hoje são grandes magnetizadores, com capacidade de curas fantásticas, com um domínio do poder de materialização muito grande.

Há exus desencarnados, assim como os há encarnados, pois tais qualidades e habilidades independem da vida ou da morte, porque, uma vez desenvolvidas, permanecerão para sempre com a pessoa, por tratar-se de um dom natural divino. Por exemplo, pessoas com carismas extraordinários, com muita sensualidade, pessoas com capacidade de cura como benzedeiras, curandeiros e religiosos, médicos, pessoas com facilidade de ganhar bastante dinheiro, cozinheiras de mão-cheia, dançarinos extraordinários, craques de futebol, profissionais habilidosíssimos em sua profissão, nada mais são que exus reencarnados com os aspectos de sua Sombra muito proeminentes.

A Sombra é neutra. Se seu poder magnetizador for desenvolvido para a prática do bem, com Luz, o resultado será bom, organizado. Se for desenvolvido para a prática do mal, sem Luz, com ignorância, as consequências serão desastrosas. Assim, há exus com os mais variados níveis de Luz, cujos trabalhos serão correspondentes a esses níveis.

É assim com tudo. O dinheiro, o sexo, a medicina, a inteligência, a palavra, o poder, tudo é neutro. A intenção depositada ali é que vai determinar a qualidade do resultado, e a intenção varia de acordo com o nível de Luz de cada um. Por isso existem exus tidos como demônios e outros tidos como anjos. Depende da Luz ou da ignorância da pessoa.

Portanto, trabalhe e desenvolva seu exu interior se quiser ter sucesso seja lá em que área for. Aliás, todo mundo está fazendo isso, sabendo ou não, pois são as forças da Sombra que possibilitam a realização. Desenvolva seu exu, seu poder magnético, agora, de maneira consciente, inteligente, para conseguir com mais rapidez o que pretende. Todavia, sempre para um bom propósito, é claro, senão você vai se machucar.

Os guardiões

Para desenvolver a habilidade de puxar as forças da Luz e da Sombra, podemos evocar a ajuda de entidades desencarnadas que trabalham também para essa finalidade, conhecidas como guardiões. Não confundir com o guardião interior, que é um sistema do EU Sombra. Essas entidades, ao longo de muitos e muitos anos, tanto aqui na Terra como no astral, praticaram muitas experiências no campo energético, e hoje são detentoras de um poder magnético muito poderoso. São conhecidas como seres magnetizadores do bem. Há também os magnetizadores das trevas, que ainda não perceberam o sentido da Luz, porém, esses personagens não nos interessam, pois não dizem respeito ao tipo de trabalho que propomos desenvolver. Nós trabalhamos apenas com as forças da Luz e da Sombra.

Exercitando os sistemas da Sombra

Representar, ou personalizar os sistemas da Sombra é o modo de se comunicar com eles e de entender suas mensagens, que mostram os problemas ou as qualidades de cada um de nós. É necessário nos acostumarmos com essas forças dentro do nosso mundo interior. Precisamos nos habituar a falar com elas e a desenvolver um diálogo, cada qual ao seu modo.

Vamos a exercícios práticos de representação dos cinco sistemas que possibilitam a fixação da Luz, com o intuito de facilitar as realizações.

Feche os olhos, vá para dentro, no seu silêncio interior, e se posicione: *Vou me ligar com a minha Sombra, com minha base, com meus animais de força, de poder, meus deuses.* Todos eles se intercomunicam e se interdependem, mas é necessário tomar um por um. Peça para que o sistema que deseja exercitar se apresente com uma determinada forma e se manifeste no seu Corpo. Se não sentir nada, não tem importância. Continue o exercício normalmente. Com a prática diária as sensações começarão a aparecer.

O primeiro exercício refere-se ao trabalho de proteção que envolve o sistema protetor. O trabalho se verifica na camada da aura, em volta do corpo. Em qualquer trabalho espiritual que se for praticar, a primeira coisa a fazer é ligar-se ao protetor, guardião, senhor da defesa.

Peça a ele para se manifestar, verifique que imagem vem à mente e diga o seguinte: *Meu guardião, senhor da defesa, da proteção, guerreiro, força em volta de mim se apresente, me incorpore, me envolva, se mostre, venha. Eu quero fazer minha parte com você, para você fazer sua parte comigo, pois sem proteção eu sei que não tem jeito.*

Perceba que está sentindo a força. Vista-a. Ela é do Corpo. Tem que estar no Corpo. *Eu lhe reconheço guardião. Seja bem- vindo! Envolva-me. Seja bem- vindo! Você que já atuou tanto na minha vida, me tirou de tanta encrenca, me deu tanta coragem para enfrentar. Seja bem- vindo guardião! Meu anjo da guarda, meu irmão, guerreiro, meu guardião.*

Incorpore, vista esse guardião poderosíssimo e permita que a força guardiã trabalhe por você, pois precisa dela para reforçar suas estruturas e suas defesas. Permita que a força passe, soltando o Corpo, e entre na vibração dela. Na corrente de família astral existe uma força muito grande de proteção à família, denominada "família cósmica". Sinta o elo com essas correntes. Largue os medos fantasiosos. Eles afastam o guardião junto com as defesas. Medo é acreditar na maldade que suga a força guardiã e o deixa vulnerável a ataques externos. Você não pode permitir que as forças de medo anulem as forças de sua Sombra. É preciso confiar nelas e não temer, para que permaneçam cada vez mais livres para atuar e não permitir que o ruim e a maldade aconteçam. Não aceite o mal em si. Use a sua coragem, esse aspecto fortíssimo da Sombra, e não tenha mais medo de enfrentar o mundo.

O guardião interior tem o poder de desamarrar tudo o que foi atado pelos medos no seu passado, na infância e em outras vidas. Ele tem o poder de abrir os caminhos que se fecharam devido a seus medos. Não há força neste mundo que possa enfrentar seu guardião quando você o tem com confiança, firmeza, convicção e coragem.

Quando for trabalhar para parentes ou para determinada pessoa, o seu guardião interior vai falar com o guardião interior deles. Não mande seu guardião trabalhar para o outro, pois os guardiões interiores dos outros sabem perfeitamente das condições adequadas de cada um. Se for trabalhar para o necessitado através de uma prece, ela terá que ser feita para o guardião da pessoa. Da mesma forma, não peça para seu guardião proteger o outro. Peça para ele ir ter com o guardião do outro, que tem sua própria proteção. Essa é a verdadeira prece de proteção, seja lá para quem for. Nenhuma força sua deve servir o outro. É preciso despertar, ativar a força que nele reside por intermédio de seu próprio guardião. Não dê sua força a ninguém.

Diga com firmeza e convicção: *Quero que volte essas forças para mim. Minhas forças não são para proteger os outros. Minhas forças são para me proteger. Meu guardião, eu não quero que você trabalhe para os outros. Quero que você trabalhe só para mim.*

De hoje em diante – isso é muito importante –, se você desejar o mal a alguém, o guardião daquela pessoa a ataca, e você se torna responsável pelas consequências dolorosas que ocorrerem a ela. É preciso controlar a emoção. Você não mais poderá agir com alguém com a raiva desgovernada. Mantenha seu guardião diante de qualquer situação desagradável.

Nunca mande atacar, porque você vai se comprometer comprando briga com outros guardiões. Se mantiver o respeito por eles, nenhum deles pode atacá-lo. É preciso usar a calma e o bom senso nessas ocasiões. A intolerância e a revolta acabam com as forças protetoras, que se desgastam, deixando-o vulnerável.

Continue dizendo: *Daqui pra frente eu confio nas forças divinas que me guardam e estão em mim. Eu relaxo. Eu solto as defesas do medo, para substituir pelas defesas espirituais. Eu não temo o ser humano, a maldade, a loucura do mundo, o desequilíbrio. Em qualquer situação eu me ligo ao meu guardião, me calo, porque creio nele. Sigo, ouço, vou, assumo, banco, confio. Assumo que não sou mais uma criança nem fragmento do meu passado.*

Tudo que as forças da Sombra precisam é do seu comprometimento, da sua fé, do seu abandono do medo por elas. Assim podem trabalhar com os infinitos recursos de que dispõem.

O trabalho de proteção decorrente da invocação das forças guardiãs é extensivo à família, à casa, ao local de trabalho, ao carro, às viagens, às ruas, isto é, a tudo que diz respeito a manter você tranquilo e seguro.

O segundo exercício refere-se ao sistema afetivo sexual, que se encontra na camada da pele, região do Corpo onde está também a sensualidade. Feche os olhos e, no silêncio interior, entre em contato com suas forças sensuais, afetivas, a mulher, o homem que estão em você, que são o administrador de toda a vida sexual-afetiva.

Procure dar uma forma, uma imagem que achar coerente com o tema, evoque essa imagem e diga: *Abro meu Corpo para sentir essa inteligência afetiva em mim, o poder procriador, o poder energizador, o poder da ternura e do prazer, da atração, da infalibilidade, da certeza, da sociabilidade. Diante de ti, força, eu me cedo. Te aceito limpa, sem a maldade do mundo. Eu abandono o moralismo e suas regras absurdas, em prol do encontro da minha verdade sexual. Libera-me para sentir o fascínio da sedução e da atração.*

O sexo coerente com o temperamento de cada um, a explosão de vida, de afetividade, o trânsito entre mundos, a mediunidade, tudo é dessa inteligência, dessa força da Sombra. Ela transita. Traz do Espírito para a matéria e leva da matéria para o Espírito. Ela faz nascer e morrer, faz o prazer se renovar, faz amar. É responsável pela energia de exuberância no seu Corpo, pela capacidade de se expressar, de se comunicar, de ser visto, de se notar. Entregue seu Corpo, sinta para ela emergir e se expressar. Comece a movimentar o Corpo. Sinta o movimento do Corpo, a qualidade. Pela sensação do Corpo pode-se até perceber a forma como que ela se apresenta. Ela precisa trabalhar na purificação para possibilitar seus termos de comunicação do prazer, do afetivo.

Continue dizendo: *Meu rei, minha rainha, macho e fêmea, temperamento, me entrosa com as particularidades da sua manifestação singular de erotismo, de amor e disponibilidade de doar e receber. Pele, discernimento, seleção e individuação, toque, poder de tocar, coração, emoção, simpatia que escuta, que ouve, que vê, que sente, que compreende, que cheira, que gosta. Não sou certo nem errado, nem direito nem torto. Não sou macho nem fêmea, sou o que sinto. Sou livre para sentir. Não há proibição. Sou puro para sentir. Não há nada de errado comigo.*

Sinta, dance, dance, dance. Sinta o Corpo dançando, esfregando, movendo-se. Sinta a beleza de dentro surgindo. A beleza atraente. Sinta. É essa força que desmancha as mágoas, as impressões negativas das rejeições, das confusões, dos traumas adquiridos, dos abusos sofridos, da ignorância do mundo. É essa força que apaga as marcas da falta de amor, de ternura, da sexualidade invadida e corrompida, suja de maldade, de falsos moralismos, nesta e em outras vidas.

O terceiro exercício relaciona-se ao guardião do meio ambiente, o sistema provedor que está no mundo material, que nos provê e nos abastece. É o que lida com a prosperidade, com a parte econômico-financeira, com o dinheiro e suas consequências, com a carreira profissional, com as posses materiais, com as condições do desenvolvimento, com as situações progressistas necessárias para a realização da Alma. É o sistema que torna possíveis os caminhos da realização. Ele trabalha no ambiente e está no mundo material. É o responsável pelas finanças, pela abundância, pelo crescimento e pela sua atuação no ambiente. É o que tira e o que dá. Trabalha com as reservas, com a criação, com o poder de aquisição.

Evoque, no seu silêncio interior, esse seu touro dourado, seu rei do mundo. Entregue o Corpo para as forças da prosperidade, da emancipação social. Permita. Diga-lhe: *Salve! Salve! Eu te saúdo meu rei. Eu me reverencio a ti. Sê bem-vindo! Estou de bem contigo, meu generoso rei. Eu me entrego a ti. Hoje determino abandonar toda ignorância a respeito do dinheiro e toda pobreza. Quero me destacar, realizar, fazer. Esse mundo não me impressiona. Nem lei de mercado, nem a situação econômico-financeira do mundo. Nada me constrange. Estou fora e acima da moral e da mentalidade deste mundo, da falsa humildade.*

Sinta no Corpo o que está dizendo. *Entrego a ti, meu bondoso rei, toda minha vida material, minhas posses, meus negócios, meus projetos, minhas preocupações, meus medos de me projetar. Sou diferente dos outros. Sou o centro do tesouro. Não estou na média. Eu não sou normal. Eu nasci para o mais. Eu largo as falsas e velhas ideias. Desperto-me para o novo, para o grande, para o poder de Luz, de revelar, de recriar, de abastecer, de produzir. Não nasci para o pouco. Eu tomo posse do que é meu por direito divino. Liberto-me do meu passado, de minhas experiências de sofrimento devido à escassez de recursos. Entrego meus caminhos, meu amanhã para ti. Sou eternamente grato a ti, meu generoso rei.*

Respire a abundância divina em você, que é muito além daquela da humanidade. A prosperidade é a sua verdade. A prosperidade vai além do necessário. Não queira só o necessário. Queira a abundância. A abundância inspira a criação e desafia a inteligência de manobra e administração.

O quarto exercício se pratica para puxar e desenvolver a força da Sombra que lida com a saúde do Corpo físico, do Corpo astral, do emocional, do mental e do energético. Este departamento está a cargo do sistema restaurador. É essa Sombra que tem o segredo universal de toda forma e do funcionamento de tudo. É ela que tira todas as toxinas e ajuda a reconstituir. É o xamã que cada um traz consigo. É a autoridade no Corpo físico e astral, responsável pelo bom funcionamento do metabolismo, pela juventude, pela recuperação, pela longevidade, pela alimentação, pelo mecanismo de regeneração, pela intensificação do sistema imunológico. Ela surge e se manifesta no chão, na terra, sobe pelos pés, estendendo-se por dentro da pele, tomando conta do Corpo todo. Daí o envolvimento total com a natureza que ocorre nos trabalhos de cura realizados pelos xamãs, tanto do executor como do receptor.

No silêncio interior, relaxe e pense no seu Corpo. Sinta os pés, as pernas, os órgãos sexuais, as nádegas, a coluna vertebral, as costas, o peito, os ombros, braços, mãos, sinta os órgãos internos, o coração batendo, o sangue fluindo pelas veias. Sinta... Sinta... Sinta... Sinta o pescoço, a cabeça, o cérebro. Pense na palavra harmonia. Corpo, harmonia... Corpo, harmonia... Corpo, harmonia... Paz... Paz... Paz... Evoque a força da Sombra representativa do sistema restaurador, perceba-a saindo do chão, penetrando pelos pés, subindo pelas pernas até tomar todo Corpo físico e a aura. Incorpore essa energia. Dê-lhe uma forma concreta e definida.

Receba esse sapientíssimo médico com alegria, dizendo: *Salve! Salve! Eu o saúdo meu médico divino. Seja bem-vindo ser responsável por minha perfeita saúde! Eu me entrego totalmente a você. Eu confio plenamente em suas santas mãos. Deixo meu Corpo inteiro em suas mãos. Entrego meu emocional, meu espiritual e meu energético a você, sabedoria infinita. Deixo sob sua responsabilidade minha alimentação, minhas defesas, meu sistema imunológico, todo metabolismo do meu Corpo. Eu desejo, guia de minha saúde, meu xamã, que passe pelo filtro de sua sabedoria, toda energia proveniente do ambiente externo, seja deste ou do plano astral. Estou convencido, divino médico, que a única realidade é a saúde. Sou eternamente grato a você, meu restaurador divino.*

O quinto exercício diz respeito ao sistema central ou à Sombra do Centro, a qual congrega as condições de equilíbrio geral em todos os níveis. É o mais poderoso de todos os sistemas pelo fato de alimentá-los.

Evoque a Sombra do Centro, por meio da sua forma representativa. Fale sentindo na carne: *Sombra do Centro, eu a assumo completamente. Seja bem-vinda, Sombra do Centro! Em Você penso, sinto, vivo. Sombra do meu centro, Você é minha terra onde eu moro. Atendo-a, me atenda. Sinto-a, me sinta. Meu EU sem definição, meu EU primeiro, real, verdadeiro, vibre na minha carne: poder, certeza, firmeza. Anjo da terra, abra suas asas e me envolva. Tudo em mim é certeza. Quero ir com Você porque assim todo resto escuta. Corte o mal do meu caminho e me solte para ser EU. Tenho orgulho de Você, diferente, único. Não quero ser mais ninguém. Só quero ficar em Você, minha casa, meu aconchego. Envolve-me completamente atento a todas as forças das Sombras que Você dirige. Corte o mal de mim e me abra os caminhos para passar. Minha Sombra central faz-me forte, firme, saudável, vigoroso, vibrante, presente, porque a Sua presença é a presença da Alma e do Espírito em mim. É a minha realização.*

EU MESMO, a posse de si

A posse de si é a mais potente e mais forte conexão da Luz com a Sombra existente em cada um de nós, que não permite qualquer influência do social negativo. A Luz, representada pela sabedoria de que o poder está consigo, aliada à Sombra representada pelo domínio, pela presença e pela responsabilidade.

A posse de si é o caminho para o sucesso

A posse de si protege de tudo e de todos, de qualquer espécie de energia densa, e essa proteção é extensiva a tudo o que é seu. A posse de si representa a confiança em sua Sombra, em sua Alma, em seu EU Superior e, em consequência, no Espírito Uno.

A pessoa que não tem posse de si, que fica assumindo responsabilidades que são dos outros, sente-se confusa, atrapalhada, seus caminhos ficam cruzados com os dos outros, acaba ficando doente e sua vida vira um inferno. Se a pessoa for mais sensível, com uma mediunidade mais desenvolvida, tudo fica mais intenso e pior. Daí a importância da posse de si.

Ter posse de si é se aceitar como você é, espontaneamente. Nos trabalhos de terapia a gente percebe que as pessoas não sabem o que é realmente se aceitar. A maioria chega dizendo: *Ah, mas eu me aceito e as coisas continuam na mesma.* Aceitar-se é não se comparar a ninguém, é não se culpar, não se julgar inferior, é respeitar sua individualidade, seu temperamento, seu jeito de ser, é não desempenhar um papel para ser aprovado e aceito. Quem se aceita de verdade tem posse de si, isto é, é dono de si. Se você se enquadrar nos quesitos abaixo, que indicam a real posse de si, você pode dizer que é uma pessoa que se aceita.

Ter posse de si é se pôr em primeiro lugar. Quando você não se põe em primeiro lugar, você está se rejeitando. Isso não significa ser egoísta, mas dar-se o devido valor. Quando você toma essa atitude, não quer dizer que esteja rebaixando ninguém, ou roubando o lugar de alguém. Cada um sabe onde se colocar. A pessoa, quando não se põe em primeiro lugar, está dizendo que os outros são mais importantes e, geralmente, para ganhar a aprovação, procura ser boa para eles, não importa o sacrifício dispensado. Se você age desta maneira, saiba que está dando uma ordem à sua Sombra: *vai para eles*. E ela vai para a mãe, para o pai, para o irmão, para a sociedade, e você fica vulnerável, sentindo-se um lixo.

Ter posse de si é sentir que o que você sente é mais importante do que o que as pessoas falam. O que os outros falam ou pensam de você, só interessa a eles. O importante não é aquilo que você aprendeu, mas aquilo que você aceita na sua experiência, o seu sentido, o que você gosta. Só você sabe o que é bom para si.

Ter posse de si é sentir que é ótimo, perfeito, corajoso e ousado, não se criticando, não se condenando, não se contrariando, aceitando suas vontades e seu temperamento. É sentir-se divino. Se você não se sentir ótimo, como poderá tomar posse de algo que tenha qualidade?

Quem tem posse de si não reivindica a consideração, a atenção, o apoio, o amor do outro com a intenção velada de se sustentar, embora, quando apareçam, sejam bem-vindos e muito agradáveis. Sua sustentação reside na posse de si e não no externo. Significa não delegar seu poder a ninguém. Quem tem posse de si não se compara a ninguém, visto ter sua individualidade bem definida, considera-se *sui generis*, único, aceitando-se como é. Cultua para si o pressuposto *estou no mundo, não sou do mundo*, e está longe de pertencer à vala comum. Investe em suas diferenças, abominando a mesmice. As forças da Sombra só obedecem quem tem posse de si. Se não tomar posse de si, fatalmente, outros tomarão.

A posse de si é a base de toda força, da condição, da possibilidade de realização. Estamos falando das forças divinas em nós. Porém, essas forças não se encontram bem direcionadas devido exatamente à falta de posse de si. A gente vem de um nível sem posse nenhuma, totalmente na dependência do mundo externo. A posse de si tem muitos níveis, e é preciso galgá-los sistematicamente.

Cada um precisa tornar-se si mesmo, para não ficar atrás dos outros, na dependência do mundo

A posse de si é estabelecida ou restabelecida por meio da evocação do sistema da Sombra centralizador, a Sombra do Centro ou Corpo mental, que é o chefe, governante e coordenador de todos os sistemas da Sombra, do EU Consciente, da Alma e do Espírito. Vamos fazer um exercício de posse de si:

Evoque o seu EU Sombra centralizador por intermédio da figura com que você o representou. Diga na vibração da voz, com convicção, várias vezes:

- EU, EU, EU, EU, EU, EU...

Mais forte:

- EU, EU, EU, EU, EU, EU, EU...

Sinta seu Corpo físico, sinta a carne, sinta os músculos dizendo:

- EU, EU, EU, EU...

Sinta que você é físico:

- EU, EU, EU, EU, EU...

Ponha seu EU em primeiro lugar, acima de tudo e de todos:

- EU, EU, EU, EU, EU...

Perceba a sensação no Corpo. Diga na vibração da voz, com convicção e entusiasmo, porque na vibração a Sombra sabe que é Ela:

- EU EXISTO.
- EU TENHO UM CORPO, O MEU CORPO.
- EU SOU O DONO DO MEU CORPO.
- EU MANDO EM MIM.
- O PODER DIVINO ESTÁ EM MIM.
- O MUNDO ME OBEDECE.
- EU ME ACEITO COMO SOU, ESPONTANEAMENTE.
- EU ME PONHO EM PRIMEIRO LUGAR.
- O QUE SINTO É MAIS IMPORTANTE DO QUE O QUE AS PESSOAS FALAM.
- EU SOU ÓTIMO.
- EU SOU CORAJOSO E OUSADO.
- EU SOU O CENTRO DO UNIVERSO.
- EU SOU O CENTRO, EU SOU O CENTRO, EU SOU O CENTRO.

Perceba a sensação no Corpo. Sentiu que você existe? Sentiu que você é algo? Sentiu que você é um todo? Sentiu que você tem um Corpo? Eis aí sua SOMBRA DO CENTRO. Eis aí seu CORPO MENTAL. Eis aí seu PODER DIVINO. Eis aí a POSSE DE SI. Eis aí DEUS em você. Quando você diz com convicção, sentindo na carne, no Corpo inteiro: EU MESMO, todos os EUs percebem a firmeza e lhe obedecem. Portanto,

Você é o centro organizador de todos os EUs

O EU MESMO, o EU verdadeiro, congrega em si a Alma com todos os seus sensos, a Sombra com seus atributos, como o temperamento, os impulsos vitais, que são a força motriz da vida, e o EU Superior com sua genialidade, *sua* fonte de inspiração e fluxo de vida, porque o EU MESMO é o EU da integridade.

Desenvolva o hábito de praticar esse exercício sempre que se sentir inseguro, triste, atribulado, emperrado, desanimado, vulnerável, amedrontado, impotente, incapaz, etc. Com o tempo, você vai perceber que não há energia estranha que o atinja, que ficará cada vez mais imune a vírus e bactérias, que seus medos fantasiosos desaparecerão, que não há fato que o esmoreça, que não há ambiente que se imponha, e a sensação de poder, de domínio e segurança aumentará mais e mais.

O conflito fatal

Nosso EU MESMO, o EU verdadeiro, está constantemente sofrendo influências do ambiente social. Parte das influências é positiva, porque sustenta o EU MESMO, a outra parte é negativa, porque não *o* reconhece e não *o* sustenta. Quando a influência é positiva, significa que está de acordo com os anseios da Alma e com o temperamento, com a natureza da pessoa, que é pura Sombra. A influência negativa refere-se a certos procedimentos e atitudes sociais vistos como um bem, mas que, na verdade, são antinaturais e perversos, ou seja, desprovidos de Luz. Nesse caso, a Sombra reage contra eles, provocando o conflito interior. Nós acabamos aprendendo que aquilo que não é natural é um bem, isto é, trata-se de um mal disfarçado, mascarado de bem. É como um lobo em pele de cordeiro.

Em suma, por um lado a sociedade aprova e aplaude, e por outro nosso temperamento não. A Sombra percebe quando o EU Consciente fez alguma coisa inadequada e reage. Assim, quando a influência negativa entra na gente, a Sombra reage e sua reação se mostra por meio de sintomas, doenças, vida dramática. Isto é, *ela* mostra. *Ela* faz a consciência perceber.

Vamos a um exemplo para elucidar o tema. Joãozinho está brincando tranquilo com seu brinquedo, e Mateus, seu irmãozinho, com o dele. Mateus deixa seu brinquedo e resolve que quer o de Joãozinho. Joãozinho diz que não vai dar porque é seu.. Mateus insiste e quer porque quer. Ele não tem o direito ao brinquedo de Joãozinho. Ante a negação do irmão, Mateus, na sua tendência natural, começa a chorar. Todos os fracos agem desta maneira. Usam todas as forças para sobreviver. E o choro aumenta.

Então, chega o adulto e diz para Joãozinho: *Ele é menor que você, coitadinho! Dá o brinquedo para ele...* Se Joãozinho aceitar, já estará corrompido. Ele foi bom. Joãozinho recebe um elogio pelo fato de ter cedido o brinquedo, sua vaidade cresce e ele tornou-se bom.

A bondade é elogiada na sociedade. A falsa bondade, porém. Ou seja, a fraqueza, a falta de posse é a corrupção do direito, dos valores e das verdades. Joãozinho se vê fortalecido na sua corrupção, então passa a viver de forma corrupta. Ele compreende que isso é funcional. É assim que a sociedade deforma. O que é verdadeiro, o que é bom, parece ruim. Então as pessoas passam a dar seu direito, seu lugar, sua vida, porque é um gesto bonito, premiado, aceito pela sociedade. A sociedade cria os necessitados e, para sobreviverem, justifica-se toda a desonestidade. A desonestidade é incentivada, e muitos que não têm valores, nem fazem esforço, têm mais direitos, às vezes do que aqueles que têm valores. A sociedade corrompe a ordem das coisas. Mas essa corrupção acaba afetando o indivíduo, porque ele ficou contra si, contra sua verdade. Pelo resto da vida ele vai ter choques e conflitos. De um lado está o antinatural, o que a sociedade elogia e aplaude, que parece um bem, mas não é, e do outro o natural, um atributo da Sombra, que vai reagir provocando o conflito.

O entendimento desvirtuado do social não é um bem, porque não faz bem e não gera um bem no outro, pois não se impôs o valor da verdade. A verdade é que, se tem, é porque fez por merecer. Ou seja, não entusiasma quem recebeu, nem tem seu direito por conquista quem deu. É a tal da pena, da piedade, do vitimismo. Em vez de se procurar entusiasmar a pessoa a desenvolver-se, tira-se de quem tem para dar ao coitadinho. A piedade é uma perversão.

No confronto entre o social negativo e o natural, o natural sempre vence. Se a pessoa não trabalhar a tempo de resolver internamente o conflito estabelecido, as consequências, como já foi dito, revelam-se em sintomas dos mais variados: todos aqueles provenientes da repressão dos impulsos básicos, culminando com doenças psicossomáticas e uma vida traumática e sem sentido. É a Sombra mostrando que está sendo rebaixada, que há algo contra a Natureza. Por isso é que a doença não é natural. O sofrimento não é natural. A deterioração do Corpo também não é natural. Atingir a idade avançada com saúde é natural. E, morrer saudável, é natural.

Desse modo, a solução passa necessariamente pela remoção do social negativo. E como se remove? Por meio do *não crer*. O remédio é não crer e assumir o natural. É não crer no mal disfarçado de bem, que é onde está a deformação. Então, quando você assume o natural, aceitando que o melhor e o natural são para você e acabou, está resolvido. Afirme com convicção:

- Eu não quero a visão deformada para mim.
- Eu não aceito o externo contaminado.
- Eu sou divino.
- Eu não aceito o pouco, porque o melhor, do melhor, do melhor é para mim.
- Eu aceito só o bem. Eu aceito só o verdadeiro. Eu aceito só o natural.

Pelo fato de você estar contaminado pelo social negativo, na hora em que tentar afirmar, ele tenderá a crescer como se fosse para defender seu posto. Continue afirmando para firmar o novo conceito. Assim, o velho conceito contaminado aparece mais forte, a ponto de ser sentido no Corpo. É o trabalho da Sombra para que ele seja destruído. A Sombra não destrói sem sua ordem e você ordena não crendo. Continue dizendo com convicção as frases acima, pois elas contêm a ordem do não crer. Crie suas próprias frases, dependendo da área de sua vida que você queira trabalhar.

Por exemplo, se for a área financeira ou profissional, diga frases do tipo:

- A riqueza é natural.
- O dinheiro é divino.
- É meu direito natural ter um trabalho prazeroso e altamente rentável.

Se for a área sexual afetiva, pode ser:

- Minha sexualidade é natural.
- Transar é divino. É meu direito natural ter um bom relacionamento afetivo.

Se for a área da saúde:

- A doença não é natural.
- Eu só aceito a saúde perfeita.
- Meu Corpo é divino.
- Eu sou a expressão do Espírito Universal.

Diga as frases sem se importar com os pensamentos contrários. Tais pensamentos são o negativo social aparecendo, camuflado de bem, para ser destruído.

Se você não seguir o natural, não vai ter o que é seu por direito. Como a saúde, a prosperidade, o amor, a paz, enfim, a realização

Voltando à nossa historinha, o adulto lúcido diria: *Não, Mateus, você tem o seu brinquedo e este é do Joãozinho*. Isso é justo. O adulto está ensinando a posse, o valor e a verdade com Luz e não deformados.

Sombra, uma terapeuta magnífica

Agora você tem uma terapeuta à sua disposição. A melhor da Terra, de uma inteligência infinita. Está à sua disposição vinte e quatro horas por dia e sabe de todas as suas confidências e de absolutamente tudo que você precisa para melhorar. É sua melhor amiga, e seu bem-estar é o bem-estar dela. Trata-se nada mais nada menos do que sua Sombra do Centro, a expressão do Espírito Uno em você. Precisa evocá-la, ter convicção, crer plenamente em Seu poder, interpretá-la e pôr em prática o que ela reivindicar, pois do que você está precisando é do que ela mais precisa.

Procure um lugar tranquilo, confortável para poder relaxar e se concentrar. Evoque a figura representativa de sua Sombra do Centro, como no exercício anterior. Essa figura pode mudar de exercício para exercício. Não precisa ser sempre a mesma. Hoje ela pode aparecer como seu próprio Corpo, amanhã como um cavalo, depois como uma cobra, como um índio, uma cigana, etc. Vamos supor que na sua evocação surja um cavalo. Como ele aparece para você? Olhe para ele. Como ele está? Parado? Descansando? Transando? Pronto para arrancar? Fogoso? Bravo? Calmo? Sozinho ou com outros animais? Você está em cima dele?

A maneira como ele se apresenta é o que ele está reivindicando. Tudo para o que a Sombra chama demais a atenção é porque está faltando na gente. Por exemplo, se estiver pronto para arrancar, está querendo mostrar que você precisa de mais ousadia, de iniciativa, que não está ousado à altura de sua condição espiritual, que está usando demais o freio, está defensivo, com cuidados, temores, constrangimentos. Se estiver andando, significa que você precisa andar com os próprios pés. Se estiver descansando, quer mostrar que você precisa deixar de ter tantos compromissos e obrigações e dedicar mais tempo a si próprio. Se estiver bravo é porque você precisa deixar de ser tão bonzinho com os outros, e assim por diante. Com a prática, sua Sombra do Centro vai até conversar com você. Em vez de mostrar com gestos, ela vai falar explicitamente do que você está precisando.

Da mesma forma, quando você sofrer alguma espécie de transtorno em sua vida, converse com sua Sombra do Centro, pergunte-lhe o motivo e o que precisa fazer para afastar tais situações.

As forças da Sombra e da Luz trabalham de acordo com nossos objetivos. A gente impõe o objetivo e elas seguem fazendo funcionar, mas é preciso inteligência, determinação e confiança nelas, caso contrário ficam impossibilitadas de agir, sendo os medos, as dúvidas e a manutenção da média com o mundo os principais fatores que as inibem.

Sempre que se propuser a exercitar os sistemas da Sombra, no encerramento, puxe a Luz para que ela ancore, se fixe à Sombra trabalhada. Crie seu próprio diálogo, suas próprias expressões. Evoque seu sábio, seu guia de Luz, seu anjo iluminado, e permita que ele penetre pelo ar que respira, tomando conta dos pulmões e do Corpo inteiro. Sinta-o entrando para verificar o trabalho da Sombra.

Na expressão da palavra é que a sabedoria fala e atinge. Sinta o anjo dos templos da Luz e diga: *Espírito Uno em mim, traga-me a ciência e a Consciência. Senhor das respostas de qualquer proposta, da palavra sagrada, sem sacrifício, o verbo criador, desinibido, sem limite, inspiração, portador da intuição, das visões, da paz, da revolução, da empolgação, da boa surpresa, do milagre, da instabilidade que transforma, da escada que sobe, da certeza do amanhã no hoje, senhora dos caminhos, mãe de todos os filhos que procuram remédio, Luz, beleza, sabedoria, presteza, feche o trabalho da Sombra, purificando minha mente, libertando-me das correntes que me prendem à multidão para subir à Luz sem medo da escuridão. Assim no céu como na terra... Assim na Luz como na Sombra...*

As seguintes afirmações de Luz servem para se purificar e fortalecer a Sombra. Afirme sentindo, com convicção.

- Estou no mundo, mas não sou do mundo.
- Não tenho de me enquadrar no mundo.
- Eu aceito o mundo, eu lido com o mundo, mas não me equiparo a ele.
- Eu não tenho que ser igual ao que o mundo espera de mim, mas o que minha Alma já é.
- Eu me identifico com minha Alma e não com o mundo.
- Eu aceito ser naturalmente bem diferente dos outros.
- Eu aceito o diferente para receber a semente do novo e a transformação.
- Eu não sou comum.
- Eu não sou fruto do meu passado.
- O passado não existe.
- Eu sou o que determino e sinto agora.
- Eu aceito o passado e todos os fatos do passado e reconheço que os desagradáveis foram experiências do meu desconhecimento e não responsabilizo nem culpo ninguém por eles.
- Eu permito tudo ser como foi.
- Eu não tenho culpa nem arrependimento de absolutamente nada.

- Eu não gasto energia da minha força guardiã com algo que não se pode mudar.
- Eu não tenho idade, pois sou Espírito eterno.

Reflexão, prece à Luz

Fluxo da sabedoria, do bom senso, do sentido, da sensibilidade, da profundidade, da simplicidade, da realização, Luz da vida, tudo que estou fazendo é para abrigá-la, possibilitar integrar-*se* no meu Corpo, realizar, viver. Meu coração se abre no júbilo da noite, no trabalho, no contínuo de minhas experiências que melhoram e falam por si. Luz que encontra Seu filho, Seu aprendiz, Seu admirador. Luz da vida cósmica, mostre-*se*, expresse-*se* por meu intermédio, fortifique-me, elucide-me, leve-me, eleve-me, conduza-me. Entrego-lhe de coração minha Consciência, o fluxo da minha vivência, de respiro consciente. Luz em mim presente, funda a esperança com a realidade na realização de meus anseios, expanda em mim a grandeza do sentimento com que me deleito, me afago, me vejo. Responda em mim em tudo o que toco. Quero ser com Você a presença que ilumina, transmite e renova em cada ambiente, em cada situação. Inspire-me na convicção do caminho que abracei, na lei da vida que obedeço, na Consciência com apreço com que me dedico fortemente. Sou da Cósmica lei que determina minha própria determinação, na comunicação com que abraço minha decisão, do melhor em mim e neste mundo. Sou a porta do amanhã que traz e que faz a diferença do melhor renovado, pois sou o caminho erguido e animado com que se manifesta neste mundo de servidão. Meu caminho é a imensidão da grandeza do Espírito que me ilumina, porque Você, Luz da vida, em mim vive e me ilumina. EU sou sua resposta, sua possibilidade na hora. EU sou o que lhe possibilita o ontem, o hoje e o amanhã. EU sou de sua forma a Luz guardiã. O que a faz possível na realidade pagã. Em Você me afirmo, caminho, me comprometo. Na eternidade de cada instante, *sua* Luz exuberante vai diante de mim. No meu verbo, na minha ação, no meu pensamento, na constância e na mudança de cada movimento, na Consciência do ser da divindade e da presença. Luz da Consciência, meu ritual é *Você*.

É fundamental agradar a Sombra

Era uma prática bastante comum, e ainda o é em muitas culturas, o que chamamos de oferenda aos deuses. Ofertar aos deuses é agradá-los para se obter algo em troca. Nossos deuses interiores também precisam ser agradados, agradecidos. A Sombra adora o agradecimento e o reconhecimento. Em outras palavras, é necessário fazer o que seu ser gosta. Por exemplo, se a Sombra do Centro gosta de competir e ganhar, é preciso investir num jogo ou num esporte em que a pessoa vença. E vencendo, ela fica feliz e se fortalece, ou seja, a Sombra do Centro se manifesta e procurará cada vez mais Luz para ser fixada, visando à realização naquela área.

Cada qual tem uma maneira de fazer sua oferenda. Cada um tem um jeito de perceber o que lhe agrada, o que faz sentir-se bem em suas funções diárias. É tão comum a frase *siga o que seu coração manda*. Siga, o que seu Corpo manda. O Espírito Uno da saúde, por exemplo, gosta de *se* movimentar. É preciso procurar a dança, ou fazer caminhadas, corridas, praticar algum tipo de esporte que requeira exercício físico.

É necessário, assim, perceber que, em determinadas situações, não adianta impor os valores da sociedade considerados adequados. Nós é que precisamos, seguindo a individualidade, adequar a saúde do fluxo dos deuses interiores sem qualquer castração. Esses seres, ou sistemas, são obedientes e cedem facilmente. Não são nada exigentes quando satisfeitos. Eles dependem de nosso comando, de nossas ordens, de nosso gerenciamento, de nossa colocação para manifestar-se. São nossos melhores amigos e jamais nos desapontarão, pois nosso bem-estar é seu bem-estar. Por serem departamentos do Espírito, somente quando eles estão bem nosso Espírito nos acessa. É com base na sustentação deles que a Luz caminha, fixa-se à Sombra, tornado possíveis as realizações.

Outra maneira de agradar a Sombra é por meio de oferendas, exatamente como é feito em algumas culturas em suas práticas xamânicas, oferecendo-lhe coisas físicas, como um alimento, uma bebida, uma flor, uma erva, uma vela. As oferendas também servem como reconhecimento por alguma coisa obtida. As forças da Sombra prezam muito o agradecimento.

Para que o agrado à Sombra seja maximizado, é recomendável que o conteúdo da oferenda seja consagrado, para que ela absorva seus elementos essenciais.

A magia da Luz

Quando a oferenda envolve um propósito, ou seja, para conseguir algo em troca, ela tem o nome de magia da Luz. Neste caso a consagração é indispensável.

O que é consagrar? É potencializar o que se pretende consagrar, e potencializar é despertar os princípios, os poderes intrínsecos, os elementos essenciais, o Espírito da bebida, da erva, da comida, da água, do fogo, do açúcar, do sal, da pedra, etc. Por exemplo, uma bebida é uma simples bebida quando não consagrada. Não tem força e poder algum, apenas um combinado de elementos químicos que lhe proporciona o prazer da degustação. Mas se você a consagrar, ela deixa de ser um simples líquido saboroso e passa a ter uma função terapêutica ou harmonizadora de determinada área de sua vida, dependendo do direcionamento.

Assim como um animal de estimação, os sistemas da Sombra, nossos deuses interiores, precisam ser agradados, alimentados, amados e tratados com carinho. Se não o fizermos, eles vão para quem os trate melhor e então ficamos enfraquecidos, vulneráveis e mergulhamos no caos. Muitas das perturbações atribuídas a captações energéticas devido à mediunidade, na verdade, sãoconsequências do abandono da Sombra, que vai procurar quem *a* trate bem.

A Sombra trabalha por condicionamento e estímulo. O que você consagra dá a ela um bom condicionamento, um bom propósito, reforça a atitude, e cada vez mais ela gosta de estar com você e trabalhar a seu favor

A magia da Luz é uma oferenda aos sistemas da Sombra que consiste numa forma de orar ou de agir no mundo espiritual, para fazer mover as nossas forças divinas em nosso destino. Nesse processo valemo-nos da Luz e da Sombra, pois são essas forças que agem no mundo espiritual, e os elementos divinos da Luz só conseguem se expressar no mundo existencial com a ajuda dos elementos divinos da Sombra.

Antes de tudo, é preciso ter uma noção clara e exata da palavra *princípios*, utilizada no universo da magia. Sem esse entendimento, o trabalho fica prejudicado, pois são eles o fundamento da magia da Luz.

Os PRINCÍPIOS são os elementos básicos e divinos que se expressam no universo energético ou material dos três reinos: mineral, vegetal e animal. É a essência divina em tudo

Na magia da Luz exaltamos, potencializamos e combinamos os princípios para atuar no plano divino e exercer um efeito no plano existencial. É tornar algo sagrado. É o consagrar de que falamos.

Toda consagração segue uma sequência:

Elevação do mago: consiste em procurar mentalmente fixar-se no Espírito Uno da maneira que melhor funcionar para ele. Na magia da Luz evocamos a Luz da Vida, sentimo-nos tomados por ela, percebemos a expansão de nossa aura.

Declaração: é a arte de falar concentrado e firme, no presente do indicativo, induzindo a exaltar os princípios. Na declaração afirma-se e conecta-se todo ato às forças e vontades espirituais. É sentir-se o próprio Deus, afirmando o comando: *Em nome da Luz da Vida, consagro e exalto todos os princípios deste* (alimento, planta, pedra, Corpo, o que se desejar consagrar), *para...*

Oferecimento: como forma de agradar a Sombra, o Deus interior, oferecer o objeto que se está consagrando a ela. Pode ser feito a qualquer um dos seus sistemas, dependendo do propósito.

Propósito: determinar uma direção, uma função, um sentido da declaração para que a energia imediatamente atue. Sem o propósito, a energia volta rapidamente ao estado original e a magia não funciona. O mundo espiritual só se ativa mediante uma proposta funcional, caso contrário, permanece inerte. Nós somos os estímulos constantes que ativam o mundo divino, já que somos o Espírito Uno em existência, ou *aquilo* que faz tudo existir. O propósito pode ser obter saúde, harmonizar os relacionamentos familiares ou afetivos sexuais, prosperar financeiramente, obter a paz, etc. Determine o seu propósito.

Toda vez que você for se alimentar, desenvolva o hábito saudável de consagrar o alimento. É um pequeno exemplo da magia da Luz. Faça da seguinte maneira: eleve o pensamento concentrando-se no Espírito Uno que está em você, evoque a Luz da Vida e diga: *Em nome da Luz da Vida, consagro e exalto todos os princípios deste alimento e ofereço ao meu...*

(verifique qual a forma representativa do sistema da saúde para você), *para que minha saúde seja perfeita.*

Ou então, veja qual a forma representativa do sistema ambiental e mude o propósito para a sua prosperidade profissional, por exemplo. Se você preferir, em vez de oferecer para um sistema específico, poderá oferecer para o sistema central, ou Sombra do Centro, já que *ele* alimenta todos os demais sistemas.

Princípios dos elementos utilizados na magia da Luz

Os elementos que apresentamos a seguir são os que comumente são utilizados nas oferendas, dependendo do propósito, pelos praticantes do ritual da magia da Luz.

Água: o que tudo pode conter. Tudo é. Tudo faz. Lava, leva embora, purifica, unge,medica, guarda, contém.

Sal: o que densifica. Segura, prende, queima, atrai, sustenta, mata, exter mina, firma, faz permanecer.

Açúcar ou mel: o que nutre de energia plana divina. Alimenta, adoça, ama, abençoa.

Pimenta ou fogo: o que queima, esparge, purifica, extermina, explode, conduz a outras dimensões.

Flores: o que espalha, esparge, domina no ambiente, atrai, fala à Alma.

Folha de louro: o que traz a vitória. Final feliz, confirma o propósito, fecha o trabalho.

Velas: a porta entre o mundo espiritual e o existencial, que leva ou traz.

Vela amarela: fala com a sabedoria da prosperidade. Atua na Sombra do ambiente.

Vela preta: fala com o eu masculino, o guardião ou protetor. Atua na Sombra de proteção.

Vela vermelha: fala com o sensorial, receptivo, feminino. Atua na Sombra da sensoriedade.

Vela verde: fala com a saúde. Atua na Sombra da saúde.

Vela azul: fala com o destino. Atua na Sombra do Centro.

Vela branca: fala com o EU Superior, ou Espírito Uno.

Objetos de vidro: areia e fogo – cristal condensado: o que contém os arquivos de comando.

Objetos de barro, pedra: terra e fogo: matéria, suporte da vida, existência fixa. O que sustenta o trabalho para que o propósito se materialize.

Objetos de metal: metal e fogo: o divino que o homem muda no trabalho para o Espírito Uno. Aceita e sustenta a materialização do propósito.

Papel de fibra seca: a trama que impermeabiliza.

Pano de fibra vegetal: o que define limites.

Pano de fibra sintética: impermeabiliza.

Grãos, sementes: potencial de fartura, alimento material, poder material.

Incenso: o que esparge, espalha no ar, o que forma o campo magnético de ação espiritual.

Fumo: muda a Consciência e induz a volatizar a energia astral. Pode espalhar a energia astral ou transformar as estruturas psíquico-mentais existentes, dissolvendo-as.

Álcool: tem poder volatizador e condutor de magnetismo psíquico. É capaz de aglutinar ou desaglutinar ectoplasma ou energia vital densa.

Quando você for fazer o ritual da magia da Luz, é importante que o faça no dia da mudança da lua, pois as forças da Sombra seguem o período lunar. A oferenda consagrada precisa permanecer até a próxima fase da lua. O conteúdo a ser oferecido precisa estar numa tigela de louça branca, juntamente com algum objeto que represente o seu propósito. Por exemplo, se for para a melhora da situação financeira, acrescente moedas, uma cédula, ou cartão de crédito. Se for para obter saúde, junte uma foto de quando você era saudável. Se for para uma viagem ao exterior, junte o passaporte. Use sua criatividade.

A magia da Luz vai totalmente ao encontro do que dissemos sobre a unicidade. Quanto mais você a praticar, mais reforçará o conceito de que Deus não é aquele ser separado de sua criatura, mas algo que está em tudo, pois as forças da Luz e da Sombra estão dentro de cada um. Na magia da Luz você trabalha com seus deuses interiores.

O xamã e a sombra

O xamanismo está naturalmente no ser humano. Sendo assim, apesar de ter sofrido, ou pela imposição de novas culturas ou pela simples proibição, como ocorreu na Rússia (antiga URSS), ou ainda pela restrição de religiões que o consideravam práticas demoníacas, sobreviveu e alcançou projeção por intermédio dos índios americanos. Hoje é uma prática cada vez mais estudada, adotada e difundida, poisnão se trata de uma religião, de uma filosofia ou de uma cultura que pode ser suplantada e erradicada, mas é algo inerente à natureza do ser humano, tão natural e necessário como é a busca pelo espiritual ou um impulso natural.

Alguns antropólogos sustentam que as raízes do xamanismo datam de cinquenta a oitenta mil anos, pelo fato de terem sido encontrados indícios de sua existência em desenhos rupestres encontrados em cavernas que remontam a esse período. Todavia, o xamanismo existe desde que a Mãe Natureza começou a prover o ser humano de sua faculdade de pensar, superior à dos outros animais, e ele percebeu-se frágil perante as forças da natureza. Sem dúvida, tratava-se de uma espécie de trabalho xamânico tão incipiente quanto permitia sua compreensão, como uma simples reverência a um ser superior para aplacar os raios e os ventos, não relacionada propriamente à medicina da terra. Além disso, toda prática xamanica envolve a mediunidade, a qual existe desde que o ser humano existe.

Longe de ser uma prática eminentemente dos índios americanos, como por muito tempo se admitiu, o xamanismo é cultuado em praticamente todos os cantos do Planeta, como na África, na Sibéria, no Japão, em países da Europa como a Inglaterra, entre os aborígines australianos, na Indonésia e, particularmente, no Brasil, onde se destacam o curandeirismo, as benzeduras, a pajelança praticada pelos pajés das tribos indígenas e os rituais do candomblé e da umbanda. O xamanismo, portanto, manifesta-se de acordo com a cultura de cada povo. Nada mais coerente, pois trata-se de um legado da Mãe Terra a todos os seus filhos.

Podemos dizer que o xamanismo é uma prática espiritual, uma vez que o xamã, que antes de tudo é um médium, ao desenvolver seu trabalho entra em estado de transe, permitindo a ajuda de entidades desencarnadas dotadas de uma visão e de um conhecimento maiores.

"De forma clássica, o xamã não realiza sua jornada sozinho. Animais de poder e outros espíritos auxiliares, além das forças elementais da natureza, ajudam o xamã a realizar o trabalho a ser feito."

Sandra Ingerman

Segundo a escritora: "A palavra xamã, originária do povo tungue da Sibéria, significa 'aquele que vê no escuro'. O xamã usa a capacidade de 'ver com o olho que vê' ou 'com o coração' para viajar até mundos espirituais ocultos, obter informações e realizar as tarefas que vão curar um indivíduo (ou uma comunidade) doente".

No processo de cura, o xamã não utiliza o poder e a força dele para realizá-la, mas o poder e a força da pessoa que o procura. Sua habilidade, seu conhecimento com o trato das forças espirituais e da natureza são apenas os instrumentos de que se vale. O que faz por somatizar a cura são as forças da Sombra da pessoa. Ele se utiliza da Luz de seu conhecimento e relacionamento espiritual, com a permissão da Sombra da pessoa, para fixá-la à Sombra dela. A cura se verifica mesmo que a pessoa não tenha noção alguma sobre os conceitos de Sombra e Luz. O xamã pode também não ter Consciência desses aspectos, mas age intuitivamente, o que dá no mesmo.

O xamã é um especialista na habilidade de puxar a Sombra das pessoas

Então, você poderia questionar: *se um xamã realiza para mim sem que eu perceba ou saiba da função de minha Sombra, por que eu deveria saber de tal prática?* Primeiro, porque facilitará o processo, pois nem sempre o xamã consegue puxar a Sombra da pessoa, tornando o trabalho ineficiente. Depois, tendo Consciência dessa sua parte Sombra e sabendo como puxá-la, poderá realizar o que deseja sem o concurso de um xamã, além de poder utilizar a prática em benefício dos outros.

O trabalho xamânico não se restringe à área da saúde. É destinado a qualquer área de nossa vida, como a de relacionamentos amorosos, sociais e familiares, de ordem financeira e profissional, uma vez que necessitam do equilíbrio das forças da Luz e da Sombra, o que, em última instância, nada mais é que um processo de cura.

PARTE II

Como cada um de nós começou a existir na realidade

O Big Bang

Para facilitarmos o desenvolvimento de nosso trabalho espiritual interior, precisamos entender melhor quem somos, de onde viemos, onde nos situamos e para onde seguimos. Partindo do pressuposto de que o Espírito Uno não teve início e não terá fim, também nós nunca começamos e sempre existiremos, pois somos seus raios. Falar em idade, em começo e fim, não faz sentido quando se trata de eternidade. Sendo nossa Essência e a Divina a mesma, somos eternos para a frente e para trás.

Apesar da eternidade, em nosso estudo vamos levar em conta que nossa Consciência começou a se expandir a partir do *Big Bang*, termo que significa grande explosão. Para a ciência, o início do universo, data de 13,7 bilhões de anos. Por mais absurdo que seja, 13, 7 bilhões de anos ainda é um tempo ínfimo quando comparado à eternidade, ou melhor, não dá para comparar tempo com eternidade, pois eternidade é exatamente a ausência do tempo, é um *continuum*. Para a Ciência, o que havia antes do *Big Bang* fica somente no campo das especulações, mas para a espiritualidade é certo que o Espírito Uno, incluindo tudo o que se manifestou a partir da explosão primordial, já existia.

Vamos traçar um paralelo entre o início de tudo do ponto de vista científico, o universo físico, e do ponto de vista espiritual, o universo espiritual, passado por nossos amigos desencarnados, para notarmos como os dois têm uma trajetória idêntica, no sentido de uma latência inicial, a explosão, e a expansão.

Antes do *Big Bang*, éramos apenas potência, fazendo parte do Espírito Uno. Então, no exato momento da explosão, algo muito interessante começou a ocorrer. O que era latência começou a se manifestar, a se revelar, a ter Consciência de si, a existir na realidade. Nós e tudo o que existe fazemos parte dessa realidade. Somos a transformação, a recriação, a expansão, a evolução do que já existia em forma latente.

O Big Bang do ponto de vista científico

O universo está em expansão. Esta magnífica constatação foi feita em 1929, pelo cientista norte-americano Edwin Hubble, ao verificar que a distância entre a Terra e galáxias vizinhas à nossa Via Láctea aumentava, percebendo, assim, que se afastavam umas das outras. Se o Universo está se expandindo, isso significa que um dia ele foi menor e mais denso, como prevê a teoria do *Big Bang*, cujo primeiro teórico a se manifestar a respeito foi o cosmólogo belga padre Georges Lamaître, em 1927.

A Ciência diz que o *Big Bang* ocorreu há 13,7 bilhões de anos, e que antes da súbita expansão inicial tudo o que compõe o Universo, absolutamente tudo, estava concentrado num ponto com um bilionésimo do tamanho de um próton, uma partícula subatômica. Esse estado primordial os cientistas chamam de singularidade. O "tudo" é nada mais nada menos que centenas de bilhões de galáxias. Para se ter uma ideia, a Via Láctea, galáxia à qual pertence nosso sistema solar, contém em seu interior cerca de 200 bilhões de estrelas. E há bilhões e bilhões de galáxias. Decididamente, tais dimensões não são assunto para nosso mental compreender.

Essa partícula de energia estável de repente explodiu e em poucos minutos já ocupava uma área de trilhões de quilômetros.

O que é admirável na Ciência é que primeiro os cientistas desenvolvem a teoria com base em idéias, que evoluem com o passar do tempo, e de repente elas transformam-se em fórmulas matemáticas e cálculos complicados, tdemonstrando suas conclusões. Porém, as conclusões continuam na esfera teórica. Ao mesmo tempo, outros cientistas desenvolvem a tecnologia e essa tecnologia constata fisicamente o que estava no papel. Com a prova realizada, então, toda a humanidade se convence. Essa é a função do aparelho mental, do racional, da Ciência.

Ciência e religião

Uma vez constatada na prática, o alcance da teoria ultrapassa os limites da Ciência e não raro ela atinge crenças afetas a outras áreas, tidas, em certos aspectos, até contrárias à própria Ciência, como é o caso de certas crenças religiosas. A História tem diversos exemplos desse fato, eternizados pelos nomes de seus autores. Uns se destacaram sobremaneira, como Galileu, Darwin, Einstein e o já mencionado Georges Lamaître. Quando a Ciência prova a teoria, a religião acata-a e muda sua posição a respeito. O Espírito Uno, afinal, é antes de tudo um cientista. Aliás, a evolução científica um dia ultrapassará as fronteiras da fisicalidade e adentrará outros planos e dimensões, e os temas relacionados ao pós-morte e aos nascimentos ou reencarnações serão de domínio da Ciência, pois tudo é uma questão de frequência energética e magnetismo, restando para as religiões a parte que lhes cabe, que é a que diz respeito à religiosidade, ao amor, à compaixão, ao desapego, à elevação, ou seja, assuntos relacionados à purificação individual, para que as pessoas passem a vibrar num ambiente mais leve e mais livre, ressonando numa frequência mais refinada, tanto durante a vida quanto após a morte.

Tudo é relativo

Einstein, com sua Teoria da Relatividade, praticamente mudou a visão e consequentemente o comportamento da humanidade no século passado, ao descobrir a famosa fórmula matemática $E=MC^2$, tornando equivalentes massa e energia. Então, qualquer coisa pode ser transformada numa poderosa fonte de energia, desde que se saiba como liberar a energia presa em seus átomos. Daí a origem da bomba atômica. Qualquer semelhança com nosso poder interior *não é* mera coincidência. Esse poder poderá ser utilizado tanto para a criação harmônica, como para a destruição.

O alcance da frase tão pronunciada hoje em dia, "*tudo é relativo*", é inimaginável. O efeito de liberdade que a frase encerra é incrivelmente amplo. Nos relacionamentos familiares, amorosos, no conceito de pecado para algumas religiões, e poderíamos mencionar inúmeros outros pontos determinantes em nossa vida diária.

O desmembramento de que *tudo é relativo*, do tipo *o que é bom para uns não é para outros; o que é regra para uns é liberdade para outros; o que é pecado para uns é prazer e alegria para outros; o que o outro pensa de mim só interessa a ele*, valorizam a individualidade, a originalidade, quebrando qualquer preconceito. Já imaginaram viver numa sociedade sem preconceitos? Bendita seja a Teoria da Relatividade.

O Big Crunch e a multiplicidade de universos

Voltando ao nosso universo, a questão que naturalmente ocorre é que: se o Universo está em expansão, até quando se expandirá e como será o seu fim? Os cientistas também especulam a respeito. A teoria mais aceita sugere que o universo seja cíclico, num processo interminável de nascimento e morte. Expansão e retração. A morte do universo, ou a retração até a singularidade, já tem até um nome. É o *Big Crunch*.

Calma! O *Big Crunch* não é motivo para tirar o sono de ninguém. Segundo essa teoria, o universo só começaria a se contrair daqui a 20 bilhões de anos. E a História e os fatos não ocorreriam ao contrário, como alguns chegaram a sugerir. O físico inglês Stephen Hawking foi um deles, mas declinou tempestivamente, concluindo que o tempo continuaria para sempre na mesma direção. Coincidências à parte, sábios indianos dizem que o universo é a respiração de Deus. Ao inspirar se contrai e ao expirar se expande, num eterno processo.

Algumas teorias cogitam da existência de múltiplos universos. O astrônomo norte-americano Alan Guth defende a ideia de que nosso universo seria apenas uma bolha numa árvore de infinitas bolhas. A teoria dos múltiplos universos sustenta que eles nascem e morrem independentes uns dos outros. Esse ponto de vista é coerente com a ideia dos que se alinham à de que o Espírito Uno é infinito, a qual compartilhamos.

O Big Bang do ponto de vista da espiritualidade Gênese

No princípio tudo era Potência. Era o Universo potente, latente, permeando tudo, porém, Potência. Então a Potência resolveu se manifestar, tornar-*se* autoconsciente nas diversas frequências da materialidade. A Consciência é a expansão da Potência. Quanto mais o Universo se expande e se manifesta, mais aumenta a Consciência de si. Da mesma forma, quanto mais nós nos expandimos interiormente, mais aumentamos a Consciência de quem somos.

O Espírito Uno, a Potência, ao explodir resulta em caos, como toda explosão. Sua parte Sombra, ou Fluído Vital, se inverte, provocando a desorganização de sua unidade, ou seja, o verso do Uno, ou Universo.

Porém, para organizar esse caos e lhe dar sentido, emana unidades individualizadas de sua essência, as Almas, mantendo sua conexão direta com elas por intermédio do EU Superior

É assim que tudo que está manifesto no Universo é a extensão do Uno. Cada corpo tem seu grau de Consciência e Espírito em sua estrutura. Os seres humanos, os anjos, os animais, os vegetais, os minerais, os planetas, as galáxias, enfim, tudo, absolutamente tudo, é a manifestação do Espírito Uno, com seu respectivo grau de Consciência. Nossa Alma e o EU Superior são a manifestação do Espírito Uno e tm Consciência total dele, enquanto que nosso EU consciente possui uma Consciência limitada, já que é uma parte do EU Superior que conseguiu entrar na zona consciente.

O ponto de vista de que o Universo no princípio era Potência e que resolveu manifestar-se por meio da explosão inicial, e que nessa explosão mostrou seu verso, o caos, é coerente com o pensamento do xintoísmo, religião milenar do Japão, que considera que tudo teve origem de uma amorfia desordenada denominada caos, e que tudo no universo é divino pelo fato de ter-se originado da mesma *fonte*.

A organização é fatal

Quando falamos de caos, de trevas, estamos nos referindo a toda espécie de desorganização, tanto física como da realidade de cada um. Da mesma forma, quando falamos de organização, nos referimos à organização física como as cidades, a sociedade, as escolas, os planetas, os oceanos, e a todos os níveis de realidade das pessoas.

A ordenação universal é a realização divina. A realização se processa por intermédio das Almas que constroem na Sombra, corpos sofisticados permeando todas as experiências, possibilitando a expansão da Consciência. A Consciência é o encontro entre a Luz (Alma) e a Sombra (Corpo). Assim nasce a realidade, pois a Alma detém o senso de realidade. Nesse processo, cada corpo é organizado por sua Alma, e ao mesmo tempo as Almas individualizadas permanecem ligadas à *fonte*, ao Uno, pelo EU Superior. Portanto, as Almas dotadas de poder e sabedoria infinitos vêm organizando o caos resultante da explosão do primeiro momento. Vêm "desinvertendo" o verso inicial.

Através do tempo, Almas que já vieram muito à frente de nós já organizaram diversos mundos que, embora estejam em transformação, têm organização constante. A nossa Terra tem essa organização porque Almas, seres angélicos, entidades, pessoas com aspectos divinos como nós, que já evoluíram, que já alcançaram um nível de Consciência bastante amplo, trabalharam na organização dela e de outros mundos, planetas, sistemas solares, favorecendo o desenvolvimento da vida tal como nós a percebemos, e assim outras Almas criaram os animais, os pássaros, os peixes, os insetos, as flores, as matas, os elementais. Foram os aspectos divinos dessas Almas, nossas irmãs evoluídas, que criaram toda essa beleza da natureza.

Cada um de nós pertence a essa família de Almas e futuramente faremos isso também. Somos todos arquitetos, artesãos, cientistas divinos a compor, no seu respectivo grau de desenvolvimento de capacidade, de estrutura, de Consciência. Essas Almas já fazem esse trabalho e nós estamos na mesma escola para fazermos como elas. Perceba quanta coisa o ser humano já fez em tão curto espaço de tempo no campo da genética e da tecnologia. Com a evolução, no futuro seremos capazes de construir mundos e novos ambientes, pois quando arquitetamos é o Espírito Uno arquitetando por meio de nós.

O Espírito Uno não criou o universo em um tempo limitado, e então descansou. Não há descanso. O universo nunca termina. O Espírito Uno está trabalhando todos os dias e nós somos Seus anjos, trabalhando para ele. O Espírito Uno ainda está construindo. Ele está organizando, estruturando, reestruturando, compondo e recompondo agora, por intermédio de cada Alma. Cada um de nós é uma partícula divina que se expande no caos, organizando, reorganizando, transformando, criando e recriando constantemente, enquanto o Espírito Uno continua emitindo novas partículas ingênuas que virão ajudá-*lo* a organizar o caos. Essa é a razão de nossa existência. Realizar e realizar-se é ordenar, reestruturar, reconstruir, remodelar, seguir o progresso, na expansão de nossa Consciência.

Por mais que nos pareça que as pessoas se apresentem ignorantes e violentas, trabalhando constantemente com o caos, isso acontece porque ainda não aprenderam a usar seu poder e não têm estrutura adequada para lidar com o bem. Embora não saibam, é o caminho que suas Sombras estão desbravando para permitir a entrada da Luz. É como se fossem detonadores de explosivos na pedreira para chegar ao brilho do diamante. Certamente, no futuro serão pessoas evoluídas, grandes, extraordinárias, já que a vida é eterna, e se tornarão igualmente construtores e transformadores de mundos. Farão explodir estrelas que estão velhas, uma vez que se tornaram especialistas nessa área.

Certos aspectos que se nos afiguram tenebrosos, no contexto universal são funcionais. Tudo que existe, tudo que é feito, tudo que acontece tem um propósito divino. O bebê nascendo, a alvorada surgindo, a flor murchando, o vulcão irrompendo, a folha caindo, a bomba explodindo, tudo, absolutamente tudo tem um propósito, segundo os planos divinos. Se não houvesse o explosivo, não haveria pedras tão belas decorando o chão das residências, tampouco os túneis, que tanto facilitam nossas viagens. O Espírito Uno vive explodindo para se mostrar cada vez mais belo. Nós também somos assim. Na medida em que explodimos formas arcaicas cristalizadas, na medida em que detonamos crenças ultrapassadas, a vida se nos apresenta cada vez mais organizada e mais bela.

Basta um pouquinho de bom senso para se perceber que a organização é fatal e consta do propósito divino. Quem não se encanta com o desabrochar de uma flor? Quem não se admira com o equilíbrio dos planetas, apesar dos diversos movimentos que realizam? E pensar que se não fosse a colisão de um corpo gigantesco com a Terra nos primórdios de sua formação, deslocando-a do eixo magnético, combinada com o fato de seu eixo de rotação estar ligeiramente inclinado em 23,5 graus em relação ao eixo de translação, bem como a ação gravitacional da Lua, hoje não teríamos as quatro estações do ano tão distintas na maior parte da Terra, possibilitando toda essa diversidade de plantas, animais, insetos, paisagens, que nosso Planeta Azul contém. Uma obra do acaso, como muitos a têm, não seria tão perfeita. Mas que diferença faz? Se for acaso o autor de tal engenho, o acaso é o Espírito Uno, o que dá no mesmo.

A organização do caos é a realização. Organização é o equilíbrio entre a Sombra e a Luz, o propósito divino primordial. Nossa Alma sempre trabalhará nesse sentido. Ela sempre quer expressar o melhor por nosso intermédio, expressar o máximo possível que a estrutura de cada um permite no momento. Nossa Alma, através das forças da Sombra, não aceita o pouco, o menos, o pequeno. As forças da Sombra sempre querem o melhor, o melhor, o melhor, sempre procuram a evolução. Embora existam infinitas possibilidades de expressar milhões de coisas, a Alma obedecerá à capacidade de cada um.

No entanto, se já expressou algo que você sentiu ser bom, isto é, se já despertou as forças da Sombra ali, daí em diante ela não vai querer menos. Aquilo vai ser sempre uma referência, e se por acaso você não entender outra linguagem, tais forças se valerão da dor, como a culpa, o arrependimento, o esforço e a luta, para servir de incentivo no sentido de obter no mínimo o que já sentiu. Por exemplo, quem nunca teve liberdade, qualquer dose, a menor dose que seja, será motivo de alegria, mas para quem já a experimentou, a mínima restrição será motivo de sofrimento. O Universo, desde a explosão primordial, segue se expandindo. Essa é a direção de tudo em nossa vida: da ignorância à sabedoria, do pior para o melhor, do feio para o belo, do caótico para o organizado, do desequilíbrio entre a Sombra e a Luz ao equilíbrio, tanto individual como coletivamente, e qualquer fato que concorra para reduzir a expansão resultará em caos. Ou seja, uma vez despertas, as forças da Sombra não tolerarão retorno. O mundo, sem dúvida, estará melhor no futuro.

"A mente que se abre a uma nova ideia jamais volta ao seu tamanho original."
Albert Einstein

A melhora é uma constante

A realidade da qual fazemos parte neste momento de nossa expansão é constituída de aspectos caóticos e aspectos organizados. Os aspectos caóticos são remanescentes ainda da explosão inicial. Portanto, verificamos a ordem resultante do trabalho de Almas ao longo desses bilhões de anos, ao mesmo tempo em que experimentamos parte do caos.

Se comparamos a realidade do senso comum dos dias atuais – a realidade feita pela coletividade – com a realidade de outros períodos, verificamos que, com certeza, houve melhora, organização e expansão. Há mais tolerância, menos preconceitos, mais cultura, mais facilidades, mais liberdade, mais lucidez, mais saúde, mais longevidade, mais opções de comidas, de lazer, e por aí vai. A descoberta da penicilina por Fleming ocorreu há menos de um século, apenas em 1928.

Se o Universo está se expandindo no sentido físico, tudo o que há manifesto nele também está se expandindo, melhorando em todos os sentidos. Tudo caminha do menos para o mais, do pior para o melhor, da ignorância para a lucidez. Tudo segue a direção do universo. Ou seja, tudo que é caótico está se organizando e reorganizando *ad infinitum*, para a satisfação de todos nós que somos o próprio Espírito Uno.

Dissemos que o senso comum melhora com o tempo. Essa melhora é sentida quando comparamos períodos não muito curtos. Se perguntarmos a um morador do Iraque, onde que as pessoas estão envolvidas numa realidade caótica, certamente dirá que o mundo está piorando e a tendência é piorar cada vez mais. No período da guerra fria, grande parte das pessoas acreditava que mais cedo ou mais tarde haveria um confronto nuclear entre a Rússia e os Estados Unidos, cuja consequência seria o extermínio da humanidade. Se comparamos períodos mais longos, torna-se evidente que tudo melhorou. Sem dúvida, o mundo estará melhor daqui a cem anos.

O terceiro milênio vai se caracterizar por ser o milênio do Espírito. As pessoas se voltarão cada vez mais para a espiritualidade, que é um aspecto de nossa natureza, portanto inata, independente da religião, que é uma invenção e uma imposição do ser humano. A Terra perderá aos poucos a característica de ser um planeta de expiação, cujo componente sofrimento é muito presente, para se transformar num planeta de reprogramação, regeneração e realização. É exatamente do que trata este livro: reprogramar para realizar-se.

A realidade do senso comum e a individual

A realidade comum melhora cada vez mais. Porém, esse avanço é muito lento. Não precisamos esperar que a coletividade se organize para organizarmos nosso caos. Nós podemos acelerar nossa melhora, nossa expansão, nossa organização. O propósito deste livro é justamente esse, Ajudar você a encontrar um caminho alternativo que favoreça e acelere sua viagem.

Então, não existe só uma realidade? Não. Dissemos que cada um é único, individual, original, pois a Natureza não repete. Da mesma forma, as realidades individuais são diferentes. Cada qual é um pequeno Universo em expansão.

Existem tantas realidades quantos seres houver no Planeta

Acontece que as pessoas geralmente possuem as mesmas crenças, pontos de vista parecidos, tomam as mesmas atitudes, tão reforçadas pelos meios de comunicação, resultando em realidades muito semelhantes. Antes da época dos descobrimentos, quão diferentes eram as realidades dos índios americanos, dos europeus, dos orientais, dos africanos!

A realidade comum é a somatória das realidades individuais. É por isso que uma pessoa, ao mudar de crença ou de atitude, afeta toda a coletividade. Quando dizemos que você faz a sua própria realidade, não falamos de uma realidade totalmente diferente da coletiva. Significa que você, ao mudar suas crenças e atitudes no sentido de cortar caminho, terá um padrão energético diferenciado, de mais qualidade, que atrairá para si o que for compatível e estiver disponível ao seu redor. Viverá a família, o trabalho, os relacionamentos num padrão melhor. Não quer dizer que terá que se recluir num mosteiro ou convento, a menos que queira. Significa que poderá atrair para sua realidade o que já estiver organizado no senso comum, pois o coletivo também evolui e já tem muitos aspectos positivos e organizados. Significa que você melhora sua realidade e a das pessoas com as quais tem afinidade e envolvimento, pois a realidade caótica de uma pessoa querida que faça parte da sua realidade não lhe interessa.

Caos é um meio e não um fim

Como finalidade, o caos não faz parte do projeto primal divino. O caos não é um fim, mas um meio que estimula a organização. O caos existe para ser percebida a organização. Na sua organização vamos expandindo a Consciência e percebendo cada vez mais quem somos. Este é o jogo divino.

O caos, pelo seu caráter passageiro, é uma ilusão.

Ilusão é aquilo que não tem a Luz da Alma. Por isso,não tem sustentação na matéria

Toda ilusão é descartável e efêmera. O verdadeiro é definitivo, é objetivo final, pois faz parte do propósito primordial do Espírito Uno, e uma vez descoberto, não se perderá jamais.

O verdadeiro é a realidade divina. É o modo do Espírito Uno pensar e se alegrar. É a saúde perfeita, a paz, a alegria, a prosperidade, o amor, a harmonia, enfim, tudo que nos faz sentir bem. Quando nos sentimos bem é o Espírito Uno em nós tendo prazer. Sendo assim, todos esses atributos são nossos só pelo fato de existirmos, por sermos a extensão do Criador. Tudo que nos faz sentir mal, não é nosso, é uma ilusão, é descartável, são reminiscências da inversão primordial. Temos o poder de reestruturar nossos valores em organizações mais perfeitas, de acordo com o projeto divino. Isso é espiritualizar-se.

Caos, em suma, é toda a experiência cujo resultado não é harmônico. Tudo aquilo que provoca o sofrimento

Todas as doenças são aspectos frágeis e caóticos de nossa estrutura, ainda carecendo da Luz, da inteligência para se organizar, pois que caos é sinônimo de ignorância, de trevas.

O estímulo do caos

O despertar das qualidades do Espírito em nós, da presença da Alma e dela própria só pode acontecer devido ao estímulo do caos. Assim se explica por que na explosão inicial primeiro surgiu a Sombra com o caos. Justamente para estimular a presença da Luz. Se não houvesse o caos primal não haveria estímulos para as Almas saírem. Logo:

O caos é fundamental

Como os elementos do solo que estimulam a semente adormecida à germinação. Os elementos químicos provocam o despertar do Espírito, que consiste na capacidade de multiplicar as células e se tornar uma planta. A planta sempre existiu potencialmente dentro da semente. O Espírito da planta estava lá. A genética estava lá. Para se tornar uma planta, só necessitava de estímulos específicos. A movimentação caótica das Sombras é o estímulo perfeito para a Alma aparecer.

Caos, ou trevas, não é imperfeição. O caos existe na medida certa para o estímulo certo. É um equívoco tratar o caos como culpado de tudo. Ele é tão perfeito quanto a organização o é. Sem ele não haveria o processo da lucidez, do discernimento, muito menos a expansão da Consciência. Tudo faz parte da perfeição divina, na medida em que tudo o que é desorganizado, desagradável, ruim, serve de estímulo para o surgimento de uma série de coisas boas, como o aprendizado, o conhecimento, o desenvolvimento de virtudes, o domínio, o poder, a liberdade, a realização.

Os antropólogos e sociólogos dizem enfaticamente que o homem evolui a partir dos conflitos, dos desafios da Natureza. Veja a situação atual do Japão e da Alemanha, que foram arrasados há sessenta anos. A criança se desenvolve a partir da dificuldade, do obstáculo. Se não for incomodada, questionada, nunca vai aprender. Quanto mais ela for estimulada a sair daquele conforto aparente, mais bem capacitada estará para enfrentar situações e obter ganhos. É desnecessário mencionar os tipos de problemas que experimentará no futuro uma criança mimada.

Quando você resolve um problema dificílimo de matemática, todos os demais se tornam fáceis, não é mesmo? As pessoas do campo que perdem a lavoura devido às condições climáticas são estimuladas a procurar outra alternativa, a ir para a frente. Experimente ficar sentado no sofá horas a fio curtindo uma frustração. Você não suportará. Ou seja, a Vida nos apresenta o caos para sairmos do próprio caos.

O caos o atinge especificamente nas áreas em que você está desenvolvendo algo. Eis a perfeição dele. Quando você estiver pronto, o caos deixa de aparecer naquela área. Ele é adequado para cada um de acordo com seu mundo.

A necessidade do contraste

Para haver o processo da percepção, da Consciência, da lucidez, é necessária a existência de um contraste. Quanto maior o contraste, maior a percepção. Só sabemos que o azul é azul por causa das outras cores. Se tudo fosse azul, não perceberíamos o próprio azul e não saberíamos das outras cores. O peixe de águas profundas não sabe o que é água. Ele nunca teve outro parâmetro para percebê-la. Se não houvesse o silêncio não entenderíamos o som. Só percebemos o Uno por causa do verso. Só percebemos a organização devido ao caos. O verdadeiro existe por causa do falso. Só valorizamos a saúde frente a uma doença. Quantas vezes só percebemos o valor de algo quando o perdemos?

Nossa máquina de percepção cerebral é uma máquina de ver contrastes. O estímulo dos opostos é fundamental no processo da Consciência. Por isso o caos é útil para a organização do sistema. Discernir é exatamente enxergar contrastes. Quando você diz *é preciso ter discernimento*, automaticamente está contrastando atitudes boas e favoráveis com atitudes inadequadas.

Desse modo, apesar de ser preciso organizá-lo, enquanto caos ele tem suas funções, primeiro, como vimos, servindo de estímulo para sairmos dele próprio e atrairmos a Luz. Por que a Natureza fez com que o caos viesse junto com a Sombra, mas antes da Luz, na explosão inicial? Exatamente para estimular a adesão da Luz. A prova disso é que nós também somos assim. Muitas vezes nós só compreendemos, crescemos, porque fomos desafiados, tivemos que experimentar situações difíceis, a partir daí descobrimos nossas capacidades, desenvolvemos virtudes e percebemos muitas coisas. Segundo, funciona como contraste para a Luz ser percebida. Sem o escuro a Luz não aparece, assim como a lucidez só é percebida devido ao contraste com as trevas, a ignorância. De que vale um show de fogos de artifício na claridade do dia?

A figura de Lúcifer – o que traz a Luz, a estrela da manhã – que é considerado o príncipe do caos, das trevas, tem uma função divina. Na hora oportuna, nosso EU Superior nos entrega a ele, que faz seu serviço e nos devolve ao Espírito Uno. "*Você estava na ignorância, nas trevas e eu lhe trouxe o sofrimento para lhe trazer o caminho, a Luz. Depois de fazer meu trabalho de sensibilização eu entrego você para Deus, e quando estiver no colo dEle, você vai me agradecer e perceber que eu fui seu melhor amigo."* Ou seja, Lúcifer é a outra face do Espírito Uno em nós. É outro aspecto divino que trabalha para nossa percepção, para a organização de nosso caos. Tudo é o Espírito Uno: o organizado e o caótico, a lucidez e a ignorância, o paraíso e o inferno.

Portanto, a organização do caos é fatal. Todavia, é fundamental a existência do caos, uma vez que ele próprio serve de estímulo para sairmos dele quando não temos outra opção.

O uso da inteligência para sair do caos

Embora o caos funcione como estimulante, não é a única via de que dispomos para sairmos dele. Ele só entra em cena quando não entendemos outra linguagem. Na medida em que despertamos as qualidades do Espírito, na medida em que expandimos a Consciência e a lucidez, na medida em que aprendemos a nos valer da inteligência, do bom senso, a dor pode perfeitamente deixar de funcionar como estimulante. Por exemplo, os pais querem e insistem para que seu filho único faça Administração para gerir os negócios da empresa, mas o temperamento e a habilidade dele indicam que ele siga o caminho da música. O filho detesta duas coisas: magoar os pais e lidar com negócios. Sem dúvida, trata-se de uma situação que envolve caos. No entanto, na hora da decisão, lançando mão de sua inteligência e de seu bom senso, o filho opta pela música. O desconforto proveniente da frustração dos pais será fácil e totalmente superado ante a sensação de realização que experimentará. Supondo que o filho escolha agradar os pais, fatalmente o caos se estabelecerá na empresa, na vida dos pais e principalmente na dele.

O estímulo da realização

Quando experimentamos a organização, isto é, quando em determinada área de nossa vida as coisas vão bem, o estímulo do caos não faz sentido, já que não existe caos ali. Agora, o papel do estímulo para ir adiante, na direção do crescimento, do desenvolvimento, de uma maior realização, da expansão da Consciência, do estabelecimento de virtudes, é da sensação de realização. Por exemplo, uma empresa que está sendo lucrativa é mais estimulada a investir. Numa relação que está dando certo, o casal sente-se mais estimulado a investir nela. Uma comida saborosa, que lhe faz bem, estimula você a consumi-la. Se uma pessoa sente que seu temperamento é inclinado para determinada área, seja o ensino, a arte, o esporte, a economia, a medicina, a pesquisa científica, seja lá que atividade for, mais ela será incentivada, estimulada a aprender tudo o que se referir a essa área. É assim que surgem os grandes profissionais, artistas, sábios, mestres, gênios, especialistas. Sabe aquela expressão *ele é o cara*? É isso aí.

O EU Superior impõe Sua vontade

O EU Superior, ou EU Espírito, por ser a ligação direta com o Uno em nós, impõe sua vontade e domina as situações no caminho da estruturação do ego. É por isso que ninguém está perdido. Por conseguinte, ninguém precisa ser salvo. A experiência pela qual cada um está passando, por mais caótica que seja, está sob os cuidados do EU Espírito, que quer desenvolver aí alguma virtude, alguma faculdade, no sentido de a pessoa sair do próprio caos, da ignorância, estruturando, dessa forma, aquela área de sua vida. Então, o caos é o estímulo que o EU Espírito utiliza para sair da inércia.

A Alma, por intermédio do EU Superior, domina o mundo da realização, o mundo que realiza o plano original, o plano da verdade, plano este desprovido de qualquer caos, desprovido, em última instância, de qualquer ilusão. Todo caos é uma ilusão, dado seu caráter transitório. No processo da superação da ilusão, alinhando todas as partículas desajustadas da inversão inicial, no constante processo de transformação, na indiferença às vozes externas, a Alma provoca em cada um de nós a estimulação e a obtenção do poder criador. Assim, com o tempo, é desenvolvida em nós a firmeza, a convicção, a certeza dos ditames do EU Superior.

É imperativo que o aparelho mental precisa ser disciplinado para que caminhe na direção dos anseios da Alma, gerando as transformações necessárias, diluindo o caos para que a estruturação se processe de acordo com o modelo original que cada qual traz em si. Sem dúvida, esse modelo original contempla as realizações. Realizar-se é conseguir fazer com que nossa força, nosso poder se imponha sobre o mundo externo, isto é, não permitir que as ilusões do caos sufoquem a expressão daquilo que é nosso por direito divino: a paz, a alegria, a prosperidade, a saúde e o amor.

O poder da convicção

A Consciência cada vez maior do poder interior é obtida com a convicção de que todas as formas mentais são imprecisas, passageiras, caóticas, apenas formas. As formas estão em constante mutação. Todas elas trabalham para atingir a perfeição, a organização.

Toda dúvida é caótica. Para que as formas não nos dominem, é necessário que obstinadamente mantenhamos a firmeza de nossas convicções. A convicção da certeza interior, convicção do amor infinito, convicção da certeza absoluta do poder interior. A dúvida, que é uma ilusão, provoca perfurações profundas em nossa aura, por onde penetram as ilusões, gerando campos negativos que nos assolam, deixando-nos à mercê do mundo exterior.

Ao longo de todas essas vidas que tivemos no passado, fomos acumulando dúvidas e mais dúvidas a respeito desse nosso poder interior. A morte do Corpo físico não elimina a dúvida nem o caos provocado em nossa aura. Como somos o que acreditamos, as crenças vão junto conosco para o astral, e se não as resolvermos lá, voltam na reencarnação, pois fazem parte da memória celular, do DNA, tanto do Corpo físico como do Corpo astral, uma vez que este é cópia fiel daquele. Uma nova vida na matéria, portanto, não nos exime das consequências de nossas crenças ignorantes, caóticas, cristalizadas ao longo de nossa existência.

A maior dúvida que acumulamos a respeito de nosso poder interior manifesta-se através de nossas atitudes diárias no mundo externo, ao entregarmos nosso poder a ele. Ao nos fazermos de vítimas, responsabilizando outrem pelo que nos sucede, ao sermos dramáticos, ao agirmos segundo os preceitos sociais para que nos aprovem, nos aceitem, nos considerem, nos aplaudam. Sem dúvida, tudo isso é bem-vindo, mas não é o motivo de nossa sustentação. O mundo externo não pode nos sustentar, uma vez que se trata de formas que alimentam o ego, porquanto ilusórias e passageiras. A sustentação reside na convicção absoluta do poder interior. Essa convicção, sim, nos garante e consequentemente nos alimenta, nos nutre, alterando a memória celular, o DNA, vedando os buracos que as dúvidas provocaram na aura, fazendo com que vibremos numa sintonia melhor. Essa nova frequência é a responsável pela atração do que é bom do mundo externo.

O mundo exterior não pode dominar o mundo interior, pois aquele é reflexo deste. Ou seja, o efeito não pode dominar a causa, ou o resultado não pode dominar a *fonte*. Se a fonte for obstruída, o lago secará. Mas se esgotarmos o lago e mantivermos a fonte fluindo, não tardará a encher.

É preciso sair da vala comum

Esteja certo de que a incerteza é uma ilusão. Por meio do trabalho interno, da concentração, firme-se na convicção absoluta, inquestionável de que a força vital está em você. Fique indiferente ao que sua mente pensa, ao que as pessoas dizem. A indiferença quebra os condicionamentos que invadem a aura e trabalham como formas-pensamento de maneira repetitiva. Lembre-se de que um condicionamento é apenas um condicionamento, uma forma, e toda forma é ilusão. Não dê asas às ilusões, ao pensamento descontrolado, às emoções gratuitas, ao sentimentalismo barato. Não aceite a raiva desgovernada, viciada. Não aceite o julgamento. Recuse a classificação de certo e errado. Todos esses aspectos caóticos são empecilhos para que você acelere o caminho.

Você não está mais na vala comum

Sua Alma, por meio do EU Superior, optou por acelerar o caminho saindo da coletividade. Não aja como o coletivo. Deixe a realidade comum passar sem que você vá junto. Seja diferenciado aceitando quem você é, pois ninguém é igual a ninguém. Procure a diversificação. Saia do lugar banal, da normalidade, da mediocridade. Chegou a hora de andar com os próprios pés para ir aonde você quiser, afinal, você precisa sair da vala comum. Não há mais motivo para ser guiado, para ter medos, quando você descobre que tem em si a tecnologia mais perfeita do universo, que é a divina. Recuse terminantemente seus medos fantasiosos. São todos alimentados por ilusões. Imponha sua vontade, no silêncio de sua firmeza interior, quebrando condicionamentos, favorecendo a diluição de formas-pensamento cristalizadas.

Perceba que a humanidade está condicionada e limitada e você não pode mais esperar sua evolução para poder crescer. Você optou pelo atalho.

Seja a ovelha desgarrada que encontrou seu próprio caminho. Seja a ovelha negra diferenciada. A mesmice esconde-o no rebanho

Assim como o universo, você expandiu-se, e quem se expande precisa deixar para trás os muros limítrofes da coletividade. Fique em sintonia com o Universo permitindo que seu EU Superior, que vem com ele desde sempre, o dirija, para que possa sobressair-se. Siga, portanto, o único rumo verdadeiro, que é o caminho do poder interior. Só a sensação de poder é que leva à realização.

A disciplina é fundamental

Todo condicionamento, todo hábito se estabeleceu devido à ação da disciplina. Para reverter essa situação, a disciplina é fundamental. Aliás, é o único instrumento de que dispomos para tal intento. É no dia a dia, no silêncio interior, na convicção, na indiferença às manifestações externas que conseguimos sair dos condicionamentos que nos mantêm presos por similaridade ao senso comum. Todo aprendizado envolve disciplina, dedicação. Então, com a faculdade desenvolvida, a virtude estabelecida, surge uma gama infinita de criações com o material evoluído.

Disciplina é a ciência da organização evolutiva

Nem juiz nem réu

Levante-se do banco dos juízes e dos réus. Abstenha-se de qualquer tipo de comentário maledicente. Entenda no silêncio de sua Alma e abençoe quem cruzar seu caminho com críticas e agressões fortuitas ou mesmo voluntárias. Eleve-se à elegância espiritual compreendendo que, como você, todos são notas da mesma sinfonia divina, e que se não estão afinadas conforme seu querer é porque não chegou o momento delas. Tenha em mente que a ignorância é resquício da inversão primordial, e que ninguém pode ser culpado por experienciar o caos que sua Alma ainda não organizou. Não se esqueça de que todo estágio de evolução é perfeito no momento em que se encontra. Desista de querer acelerar o que tem seu próprio ritmo. Deixe a rosa abrir em seu devido tempo e compasso. Se forçar o botão a abrir, puxando a folha verde que o envolve, a rosa desabrochará com defeito.

É preciso sair dos condicionamentos

Lembre-se de que o Universo *se* realiza por nosso intermédio, e a realização é a organização. Todo condicionamento desarmônico tem como base formas cristalizadas que emperram a organização. Você tem a capacidade, a vontade, a maturidade para sair dos condicionamentos, purificar-se, fazendo emergir os mecanismos restauradores e estimuladores de virtudes que possibilitam a compreensão profunda de cada situação. Tais atitudes contribuem para a solução plena, a solução que diz respeito à sua realidade e aos que fazem parte dela e, em consequência, a todo o meio ambiente, porque, em última instância, todos somos um.

Dúvidas, dúvidas, dúvidas

Rejeite terminantemente a dúvida. A dúvida de si, a dúvida em relação aos outros, a dúvida de seu poder, a dúvida da segurança interior, a dúvida da força vital. Dúvidas, dúvidas, dúvidas, eis seus grilhões, eis seu caos. Fique no silêncio interior e permita que as forças de seu Espírito trabalhem por você. O Espírito não tem dúvidas. Confie nele. Você carrega em si a faculdade de reordenar qualquer elemento caótico seu e à sua volta, possibilitando o que denominamos de realização plena.

Sinta-se plenamente convicto de que o Poder Criador reside em você. A convicção absoluta, a ausência de qualquer dúvida sobre o bem em você, a plenitude em você. Sinta a convicção sem pensar, sem analisar, sem questionar. Declare a convicção absoluta do poder interior, do rumo certo, pois, uma vez estabelecida, a certeza dissolve qualquer cristalização de crenças inferiores e veda os buracos da aura provocados pelas dúvidas, pelos quais penetram as ilusões que reforçam o caos.

Não importa qual seu estágio evolutivo, adquira o hábito de proferir frases com convicção, que sensibilizem seu subconsciente, no sentido de enaltecer sua dignidade, sua beleza, seu poder interior, como estas:

- Sinto-me um sublime construtor da realidade.
- Sou herdeiro divino da paz, da alegria, da prosperidade, da saúde e do amor.
- Sou o Poder Universal se expressando por meu intermédio.
- Tudo que faço ou deixo de fazer é perfeito, pois sou a extensão do Espírito Uno.
- Sou um neurônio divino, porquanto o meu sentir é o sentir do Espírito Uno.
- Vejo-me a pessoa mais abençoada do Universo, o vaso escolhido, o filho predileto.
- Sinto-me a parte da criação que realiza. Sinto-me criatura e Criador, perfeitamente equipado e aparelhado para tanto.
- Eu sou a glória do Espírito Universal.

Como tornar algo real

Como vimos, cada um de nós cria, muda, transforma, estrutura e reestrutura sua própria realidade, com base nas crenças e atitudes individuais, sempre sob a orientação da Alma, nossa ligação com o Espírito Uno. O EU Sombra, outro aspecto do Espírito Uno, encarrega-se de materializar as crenças. Fazemos tudo isso de forma inconsciente. Todavia, é inerente a todo ser humano a possibilidade de criar, de realizar de forma consciente, fazendo com que algo que desejamos se materialize, seguindo uma orientação. Claro que o Espírito continua no comando. A diferença, agora, é que participamos do processo criativo, intencionalmente. É magia? É. Toda criação é magia divina. Tudo que você fez na vida foi magia.

Se é dotado de uma sabedoria infinita, por que o Espírito não realiza os desejos do EU Consciente de uma vez por todas e expressa tudo que é, já que ele está no comando? Primeiro, se por acaso fosse possível o Espírito expressar tudo que é, nossa estrutura atual não suportaria e explodiria. Ele se expressa na dose exata da nossa permissão, do nosso preparo, da nossa estrutura, que por sua vez dependem do grau de evolução. Segundo, porque isso não lhe interessa. Porque é exatamente esse o jogo divino: o expressar-se pela matéria, o revelar-se, o manifestar-se, o sentir-se, o perceber-se, o realizar-se por meio de todas as suas criaturas, o organizar, o durante. É assim desde o Big Bang. O Espírito Uno é um constante revelar-se. Ele se manifesta diferente a cada segundo. É um *continuum*. Essa é a razão da alegria dos que vivem no presente, pois encontram-se em sintonia com seu Espírito, que é totalmente organizado. Deste modo, sentem-se realizados.

É uma ilusão você pensar que estará bem quando chegar lá. Esse "chegar lá" nunca chega. É o contrário: o de fora é o reflexo do interno, por isso você só vai chegar lá se estiver bem, pois a ansiedade e as aflições emperram o caminho

Claro que realizar um trabalho, passar por uma etapa, alcançar um objetivo é bom e satisfatório. Mas a conquista é efêmera, transitória e logo passa a fazer parte do passado. Não tardará, você se verá novamente insatisfeito, envolvendo-se em outra conquista. A paz constante, a alegria constante não se alcançam com a coisa realizada, mas com a sensação de realização. Logo, logo pinta um novo desafio, um novo caos para se organizar. Temos a ilusão de que, uma vez conquistada uma série de itens que elegemos com base no que nos disseram, seremos felizes. O querer do mental não tem fim. É um poço sem fundo.

Você quer criar situações boas em sua vida, que lhe tragam realização? Comece a criá-las dentro de você. O problema de criar coisas boas é que as pessoas, em geral, não acreditam que possam criá-las. Acham que elas têm que vir ou pela graça de Deus, ou porque foram pessoas muito corretas ou muito boas, ou ainda porque é a vontade de Deus. As pessoas não têm Consciência de que está nas mãos delas tal empreendimento, que a parte de Deus Ele já fez, dando a cada um a inteligência, a fé, o discernimento, o poder de escolha, o poder de decisão. Agora, se a pessoa usa esses dons divinos para fazer gracinha para o mundo, para dar importância ao que os outros dizem, para se sacrificar pelo próximo, para achar que as coisas de fora é que vão completá-la, o Espírito Uno que está em cada um, representado pelas forças da Sombra e da Luz e pelo EU Superior, permite, não importando as consequências caóticas que sem dúvida nenhuma advirão.

Quando você dá muita importância para o mundo, sua Sombra aprende que isso é bom para você, então, quando os outros o invadem, a Sombra de proteção permite. Então você fica agressivo, frustrado, revoltado, aumentando ainda mais o caos, porque o externo é o reflexo do interno, e o externo vai ter mais acesso ainda, aumentando mais sua revolta, e assim por diante, como uma bola de neve. Quem tem que dar um basta nisso é você. Que as situações se tornem boas, só depende de você.

O problema não está nos pais, no marido, na esposa, nos filhos, na sociedade, no governo. O problema está aí dentro de você. O problema é que você não tem coragem de se encarar. E encarar-se é ver-se e pôr-se acima de tudo isso. Encarar-se é reverter o seu poder para si. Ninguém tem o poder sobre você. É você que dá o poder e a força aos outros. Ninguém atrapalha sua vida. Apenas as pessoas vêm mostrar seu ponto fraco, sua vulnerabilidade. O mundo não vai mudar lá fora enquanto você não mudar aí dentro. Faça as pazes com você, não importa a situação lá fora. Fique no seu bem, que você fica bem e transforma tudo à sua volta. Para estar bem lá fora, primeiro é preciso estar bem aí dentro. A iniciativa tem que ser sua.

Para começar a reverter a situação, no sentido de formar um ambiente interior bom com reflexos no mundo externo, profira as seguintes afirmações ou negações, com convicção, na vibração da voz:

- Todo poder do Universo está em mim.
- Nada e ninguém têm poder sobre mim.
- Nada no mundo vale mais que eu.
- O casamento não vale mais que eu.
- Meus filhos não valem mais que eu.
- Meus pais não valem mais que eu.
- Meu trabalho não vale mais que eu.
- A sociedade não vale mais que eu.
- A religião não vale mais que eu.
- O governo não vale mais que eu.
- O dinheiro não vale mais que eu.
- Ponto de criação.

A organização é uma constante necessidade da Consciência humana, pois somos máquinas de dar sentido ao caos primal, e assim cada vez mais expressamos essa estruturação natural. Nos dias de calor, quando o céu se apresenta azul com nuvens brancas, ao olharmos com calma, seguidamente associamos as nuvens com alguma forma conhecida, como um cão, uma pessoa, um objeto.

Do mesmo modo, ao vermos uma mancha, um borrão, imediatamente procuramos dar um sentido àquilo, associando-o a uma forma qualquer, como a uma borboleta, à imagem de pessoas. É tão comum as pedras na natureza serem vistas como santos, objetos, animais, etc. Isso se deve ao fato de que nosso aparelho mental não aceita o indefinido, o caótico, o amorfo. Sempre busca um sentido. Sempre busca por alguma forma.

Além dessa característica automática de dar forma, nosso pensamento, originário do aparelho mental que é Sombra, em conjunto com a atividade da Alma, tem a capacidade de criar formas, de formar, de materializar algo, obedecendo ao comando do EU Consciente. O processo se dá com a concentração.

Quando estamos no ponto de atenção, lúcidos, parados, estamos na qualidade do Espírito Uno quando está no estado latente. É o ponto de criação. Ao nos concentrarmos na palavra, na forma, em qualquer objeto, lúcidos e parados, o mecanismo de formação funciona. Quanto mais plena a atenção, quanto mais clara a impressão, com mais facilidade o mecanismo funciona. Um exemplo típico é a impressão instantânea que ocorre em nós frente a uma situação de pânico, de medo intenso, ou em algum momento doloroso. Toda atenção, toda concentração e toda lucidez são para a situação que está ocorrendo. O resultado disso é a criação instantânea de muitas marcas de negatividade caótica em nós com reflexos posteriores na realidade.

Se podemos criar o negativo, por que não criaríamos o contrário? A mesma força que desorganiza pode anular e organizar

O estado parado e lúcido é o estado necessário tanto para dar a forma como para anular a forma. No estado em que nos encontramos, anular a forma é fundamental, pois carregamos conosco formas do passado, conflitos internos, fantasias impressas nos momentos de lucidez centrada, enfim, muitas marcas caóticas. Há que se fazer uma espécie de limpeza, de libertação centrada, anulando as formas inadequadas que geram conflitos internos e as resistências, para que o novo se estabeleça e se materialize. A libertação centrada é um poder que precisamos desenvolver gradativamente para a conquista da ordem mental, do poder de formação e controle da vida e do destino, da defesa das agressões do ambiente, da reestruturação da matéria, da cura e regeneração de perturbações, eliminando o caos em nós e em volta de nós.

O reflexo das impressões ocorridas ao longo dos séculos continua em nós, resultando em experiências e emoções que nos aprisionam, ocasionando conflitos internos que emperram a criação harmoniosa. O passado nos domina. A libertação centrada significa a libertação das formas que nos dominam. Nós é que precisamos dominar as formas.

Arquivos acássicos

Todos os fatos de todos os planos de todos os tempos estão gravados nos chamados arquivos acássicos, ou memória universal, ou ainda arquivos etéricos. Esses arquivos não se encontram em um lugar definido. Podemos fazer um paralelo com a Internet de hoje. Por um *site* de pesquisa, você acessa um arquivo gigantesco onde se encontram bilhões de informações que as pessoas ali registraram ao longo do tempo de existência da Internet.

Os arquivos acássicos compõem toda a matéria, mas não necessariamente precisam estar gravados em nós. Se tudo está gravado em tudo, as formas não precisam e não devem mais estar gravadas em nós. A memória não está na gente. Nós é que entramos em contato com o mar das memórias universais por meio do aparelho mental. Morando em nossos aparelhos, nos conectamos com tudo a que estamos habituados. Quando gravamos alguma forma do passado, é como se fizéssemos um *back-up* desnecessário. Estamos preenchendo um espaço que poderia ser ocupado por algo melhor, mais produtivo, mais interessante, que sirva aos anseios da Alma, enfim, mais realizador.

A necessidade da reencarnação

Por isso é que reencarnar é necessário. Muito embora as crenças e atitudes mais marcantes de vidas anteriores fiquem impregnadas na memória celular, no DNA, com um cérebro novo, um aparelho mental novo, o processo de descristalização torna-se mais eficiente. O esquecimento favorece o processo, uma vez que não temos ainda o domínio da técnica de desimpregnar. Este capítulo trata exatamente dessa técnica, que quando posta em prática agiliza o caminho da evolução, concorrendo para a possibilidade de descartar futuras encarnações.

É como se cada um tivesse um *chip* cheio de gravações perturbadoras, contaminadas, e na próxima encarnação voltasse com o mesmo chip com toda a memória vazia, limpa, favorecendo totalmente o recomeço.

A reencarnação é uma benção divina. É um descanso, um alívio, uma reprogramação. Ninguém reencarna porque quer, mas por ser necessário

Desidentificação

A superação das formas dos arquivos acássicos precisa, decididamente, ocorrer em nós. Nós nos identificamos com alguma coisa, mas não somos a coisa com que nos identificamos. Por exemplo, cada um de nós tem um nome, mas não somos esse nome. Tanto é que tivemos outros nomes em outras encarnações e não mais nos identificamos com eles. Ou então, há pessoas que preferem apelidos e que, se forem chamadas pelo nome, até estranham. Do mesmo modo, precisamos nos desidentificar das formas, dos fatos ocorridos, fazendo com que os mesmos não mais nos dominem.

Não somos o que vivemos, o que aprendemos, o que passamos, o que sentimos, o que falaram de nós. Não somos nossa personalidade. A personalidade é estruturada de impressões criadas para os relacionamentos sociais, logo, não somos a personalidade que temos. Em outra conjuntura, em outra cultura, assumimos personalidades distintas, tendo que adaptar alguns hábitos à cultura atual.

Não somos o que vivemos, aquilo a que nos limitaram. É tudo fantasia, impressões de algo que fixamos em momentos de lucidez centrada, às quais nos mantemos conectados. Essas impressões ficam impregnadas na memória celular, no DNA, na membrana egoica tanto do Corpo físico como do Corpo astral, provocando as mesmas consequências em diversas encarnações. Não somos a experiência nem o fato experienciado. Somos apenas a faculdade desenvolvida, a virtude estabelecida, o potencial obtido pela experiência.

Chegou o momento da desidentificação, da desimpressão para que impressionemos e nos identifiquemos com algo melhor. É isso que é acabar com o karma. Karma não é pagar pelo que foi feito. Karma não é o resgate de absolutamente nada, porquanto você não deve nada a ninguém. Karma nada mais é do que crenças, formas antigas gravadas que geram as mesmas consequências. Desidentifique-se das formas, desimpressione-se delas que elas se descristalizam, dessolidificam e você se liberta, e não haverá mais karma naquela área de sua vida.

Largue seu passado, pois não passa de uma ilusão. O passado cada vez pesa mais, tomando cada vez mais espaço, impedindo que o novo se estabeleça. Quem se prende ao passado fica lá e não consegue ir adiante, não consegue melhorar tampouco, evoluir. Quando dizemos para largar o passado, queremos dizer largar tudo, o que houve de bom e de ruim. Largar significa não se envolver mais emocionalmente com aquilo.

Claro que uma lembrança boa da infância, da juventude é boa de sentir. Porém, não passa de uma simples lembrança, que não o prende. O lamento, o drama, o querer se agarrar ao que foi é que o prende, como se você tivesse perdido uma coisa muito grande. Dessa forma, tanto as experiências boas quanto as ruins constituem um estorvo, que passa a ser um impedimento para seguir adiante. O antigo é totalmente inadequado para seu desenvolvimento, em todas as áreas de sua vida.

Entenda que é impossível ir para o novo sem abdicar do passado

Descristalizar, dessolidificar, desimpregnar, significa que determinada crença não deve ter mais sustentação na matéria, no seu Corpo, e o que não tem sustentação na matéria chama-se ilusão. Portanto, veja seu passado como ele realmente é: uma ilusão.

- O passado não tem força sobre mim.
- O passado não existe.
- Eu abdico do passado.
- Eu sou o que determino e sinto agora.
- Eu aceito o passado e todos os fatos do passado e reconheço que os desagradáveis foram experiências do meu desconhecimento e não responsabilizo nem culpo ninguém por eles.
- Eu permito tudo ser como foi.
- Eu não tenho culpa nem arrependimento de absolutamente nada.
- Eu não gasto energia nem tempo com algo que não se pode mudar.

Anular a forma

Antes de praticar a forma é necessário anular as formas. Fazendo uma analogia, seria como o agricultor que pretende fazer o plantio de um cereal. Primeiro ele prepara o solo, limpando o terreno, para depois plantar. O cereal só vai crescer viçoso se não houver o mato anterior que dominava o solo. Isto é, não há espaço para o novo cereal, se o velho mato lá permanecer. A boa colheita é a organização, a criação harmônica, a realização. A desidentificação e a descristalização são a limpeza do terreno, enquanto que a convicção representa o adubo e a água.

No estado parado e lúcido ocorrem duas possibilidades: estado de *lucidez passiva*, ou *concentração passiva*, e estado de *lucidez ativa*, ou *concentração ativa*.

A *lucidez passiva*, eu a utilizo para anular a forma, enquanto que a *lucidez ativa* tem a finalidade de dar a forma, de criar.

Como entro no estado de *lucidez passiva* para anular as formas? Na *lucidez passiva* a negação é fundamental, ficando parado, atento em nada. Neste estado preciso permanecer atento, parado, lúcido, calmo, sem atuar, ou seja, não questiono, não analiso, não explico, não julgo, não tomo partido, não faço, não penso, não dou força. Apenas observo lúcido e parado, sem dar importância. Essa espécie de indiferença atenta faz com que a forma se anule. Se surgem pensamentos contrários, desconsidero interiormente: *Ah, isso é bobagem, é besteira, é ilusão, é bobeira*. Essas palavras têm um poder muito grande para "tirar a forma".

Vale um lembrete muito importante. Perceba que você não é a experiência, nem quem está experienciando, nem o fato experienciado. Você é o que observa quem está experienciando. Você é apenas o aprendizado da experiência, a faculdade desenvolvida com a experiência, a virtude estabelecida pela experiência. É isso que você carregará pela eternidade. É isso que é a verdade. Todo resto é ilusão.

Se as formas o envolverem e levarem você para cá e para lá, não resista, não dê atenção, não lute com elas. Entre no estado de concentração passiva. Não pergunte, não aja, não faça nada. Diga interiormente apenas: *ah, isso é tudo ilusão*. Como a ilusão não tem base na matéria, as formas deixam de ter a conexão de realização.

Exercício de anulação da forma

Vamos a um exercício prático de anulação da forma. Encontre um lugar onde você se sinta completamente à vontade e procure relaxar.

Feche os olhos e sinta seu corpo pleno, restando lúcido. O aparelho mental vai começar a se movimentar. Não dê importância para seus ruídos. Observe tudo sem ação. Tudo é pura fantasia. Tudo é apenas forma. A forma produz sensações. Tudo é apenas forma mutante, movimento de uma fantasia. Qualquer forma é criação de algo ou de alguém. *Sou sólido. Apenas. Tudo passa, permaneço. Sou eterno. Tenho um passado, mas não sou esse passado. Tenho imagens da memória, mas não sou essas memórias. Apenas sou. Só sou. Tenho vivido dramas, dores e traumas, mas não sou nem os dramas, nem as dores, nem os traumas. Tenho sonhos, esperanças, ilusões, mas não sou os sonhos nem as esperanças, nem as ilusões. Apenas sou. Só sou. Não sou minha infância, minha formação, meu trabalho, minha família, minha casa. Apenas sou. Só sou. Não sou minha idade, minhas emoções, meus desejos, minhas ideias. Apenas sou. Só sou. Não sou minha personalidade. Apenas sou. Só sou. Não sou o que fui, o que fiz, o que me ensinaram, o que me disseram. Apenas sou. Só sou.*

Ao sentir qualquer sensação desconfortável em seu Corpo, fixe-a. Apenas fixe-a. Não atue. Quanto mais tempo e fixação houver em algo parado, mais este algo começa a "perder a forma", começa a perder a sustentação na matéria, começa a se decompor, a se anular, a se desfazer. Aumente o grau de fixação, aumente mais, como se houvesse uma concentração naquele ponto, e então a forma explode liberando a energia. Quanto maior a constância da lucidez, mais são percebidos os pensamentos intrusos, as formas intrusas, mas não penetrarão, pois no estado pleno, lúcido e parado, nada pode atingi-lo, porque mais posse você tem de si, uma vez que está usando a força de vontade, a força que mantém a Consciência, a força que lida com a atenção, com o domínio.

O verbo ser é o verbo do existir, do tornar real, da realização, assim como é o verbo do "desformar" quando pronunciado na forma negativa. Assim é que as expressões ***eu sou*** e ***eu não sou***, sempre no presente do indicativo, são carregadas de energia pura, a energia divina que ainda não tem forma. O *eu sou* cria, gruda, fica, identifica, forma. O *eu não sou* desidentifica, desfaz, desforma, reforma, descristaliza, desimpregna. Ao proferir essas expressões com convicção, essa energia é canalizada para a materialização ou desmaterialização do que pretendemos, pois o verbo ser é o verbo da força da Sombra que fixa a Luz, criando, reformando e transformando a existência. Por exemplo:

- Eu sou dono do meu mundo.
- Eu não sou o que me disseram.

"No princípio era o Verbo, e o Verbo estava com Deus, e o Verbo era Deus."
João, I

Nas coisas do dia a dia, você pode se envolver com uma situação densa e não conseguirá praticar os exercícios propostos. Mas, sempre que puder, apenas olhe a situação com a sensação de estar olhando. Não questione, não argumente, não aja. Fixe-a apenas atento, parado no seu silêncio interior, com a certeza de que tudo aquilo é ilusão passageira.

Dar forma

Para experimentar uma forma, algo que você gostaria de atrair para sua realidade, é necessário entrar no estado de *lucidez ativa.* Na *lucidez ativa*, a exemplo da *lucidez passiva*, permaneço calmo, atento, parado, lúcido, fixo no objeto. Mas, ao contrário daquela, eu me envolvo com o objeto desejado e atuo. Por exemplo, se você se imaginar numa praia, quanto mais calmo e fixo, parado, lúcido, concentrado na praia, mais a praia vai se vivificando, mais se torna presente, tão real a ponto de sentir sua brisa, seu cheiro. Isso é o que chamamos de *lucidez ativa.*

Esse grau de concentração, de atenção é que faz a impressão tal que me mantenho conectado com o objeto, a ponto de identificar-me com ele.

Exercício de dar forma

Vamos a um exercício de formar. Da mesma maneira que o exercício de anular a forma, é necessário encontrar um lugar tranquilo e confortável. Permaneça calmo, feche os olhos e relaxe. Observe, então, o objeto ou uma situação que deseje atrair. Fique observando parado. A nitidez do objeto cresce, vai se vivificando. Quanto mais nítido estiver, mais eficiente será a experiência. Fixe-o, atento, parado, lúcido. Permita ao objeto fazer parte de você, como numa autohipnose. Identifique-se com ele. Diga, interiormente, *isso sou eu* com plenitude e absoluta convicção, várias vezes. Veja que ao contrário de "tirar a forma", agora eu atuo.

A forma se estruturará na sua aura e começará a agir no Mecanismo Universal. Assim é o poder de todas as formas de pensamento. Permaneça relaxado, pense na paz, na harmonia em si. Respire, sentindo a paz.

Todo aprendizado envolve disciplina

É assim para aprender a escrever, a tocar um instrumento, a falar uma língua, a praticar um esporte. Na área da Metafísica e da espiritualidade não é diferente. Nada como a experiência cotidiana do exercício interior para perceber seus efeitos e as transformações que você deseja que aconteçam em sua vida. Invista na convicção do poder interior. Não há outro caminho. Persevere, mesmo quando os fatos se afigurarem desfavoráveis. Lembre-se de que são apenas formas passageiras, ilusões que não se sustentam, enquanto você, apenas você permanece, como permaneceu até hoje. O resultado satisfatório ocorrerá, obviamente, se não houver conflitos, ou resistências interiores, formas que precisam primeiramente ser anuladas. Um exemplo característico de conflito interior é aquele em que a pessoa deseja que o dinheiro se manifeste em sua vida e ao mesmo tempo cultiva consigo a ideia de que o dinheiro é a razão dos males da humanidade.

Saber de Corpo inteiro

Quando aprendemos uma verdade superior por intermédio de conversas, cursos, palestras ou leituras, percebemos que o reflexo dessa verdade em nossa realidade não é imediato. Sentimos, por um período que varia de pessoa para pessoa, dependendo dos conflitos internos de cada um, que as coisas não se dão, resultando muitas vezes em descrença e até desistência do novo ponto de vista.

Isso acontece porque só saber de uma verdade libertadora não basta. Precisamos mais que saber. Precisamos saber de Corpo inteiro, de fixar a Luz do saber à Sombra. É necessário incorporar a nova informação. A Alma e o aparelho mental que é Sombra, já sabem, mas o Corpo ainda mantém cristalizada em sua memória celular a forma anterior. Somente com o tempo, no exercício da disciplina interior, a desidentificação daquela forma se verifica, a forma se dessolidifica, e então o corpo passa a vibrar numa frequência melhor, condizente com o anseio da Alma, emitindo em sua realidade um novo padrão energético, e essa situação começa alinhar-se ao seu querer.

Na Metafísica há uma lei muito importante: *semelhante atrai semelhante*. A realidade à nossa volta é condizente com o padrão da energia que emanamos do Corpo inteiro, e não de acordo com o que apenas o aparelho mental entendeu fazer sentido. Assim é que, se vibrarmos segundo as crenças e as formas do negativo, do senso comum, é nessa sintonia que vamos ressoar. Em outras palavras, a energia que emanamos do Corpo atrairá situações semelhantes às da coletividade.

Pureza e perfeição

Não se considera pura uma pessoa pelo fato de deixar de fazer algo por ser imoral, por ser proibido ou não permitido. Essa é, na verdade, uma pessoa certinha que para alcançar seu intento subjuga seu temperamento, sua individualidade, sua natureza, pagando um preço muito caro por isso. Ao contrário, pura é aquela que, faça o que fizer, não se culpa, não se condena e não vê maldade em nada, porque vê tudo do ponto de vista funcional. E em não se condenando, por extensão, não condena os outros. Ela sabe que sempre faz seu melhor, de acordo com seu estado de evolução. A pureza consiste na ausência de qualquer julgamento, por conseguinte, de qualquer preconceito.

Quanto mais leis você inventar, mais se distanciará da pureza

Identifique-se só com o que lhe faz bem

O bem e o mal não existem, tal como nos é ensinado. O que ocorre é que aqui na terceira dimensão, a dimensão densa, existe a dualidade fazendo contrates para haver Consciência. Existe o organizado e o caótico. Na verdade, o que existe é o que faz bem e o que faz mal. O que faz bem é bom. O que faz mal é ruim. Mal nada mais é que a conotação de mal que você deu àquilo.

Enquanto você der a conotação de mal a algo, você estará preso a ele. É que a conotação de mal segura e a de bem libera. O bom nos dá a sensação de liberdade. O ruim nos dá a sensação de prisão. O mal é decorrente de uma cultura na qual você está inserido. Desidentifique-se dele.

Desidentifique-se pois do que é ruim. Diga para si: *se é ruim não sou eu, não é meu*. Identifique-se só com o que lhe faz bem. Esse é o anseio da sua Alma em você, pois a Alma, que é Luz e sabedoria, é só o que faz bem. Ela é pura organização, é pura beleza, é prosperidade, é amor, é saúde, é alegria, é paz, e tudo isso é o anseio dela em você.

Só o bem faz o bem

A beleza faz-me sentir bem? Então sou eu. O dinheiro faz-me sentir bem? Então sou eu. A boa companhia faz-me sentir bem? Então sou eu.

Uma boa leitura faz-me sentir bem? Então sou eu. Sexo me faz sentir bem? Então sou eu. Identifique-se só com o que lhe agrada. A luta, a dramatização, a preocupação, a fofoca, a maledicência, a notícia ruim, a falta de dinheiro, a solidão, a tristeza, a inveja, a calúnia, etc., não me fazem sentir bem, então não sou eu. Não tenho nada a ver com isso.

- Eu só aceito o que me faz bem.
- Isso me faz bem, então é para mim.
- Isso não me faz bem, então não é para mim.
- Eu sou pura perfeição.
- Sou só pureza. Sou o Espírito Uno se expressando por meu intermédio, e o Espírito Uno é só perfeição.
- Tudo é beleza à minha volta.

Tenha certeza que todas as formas caóticas são expressões com as quais você não compartilha. Rejeite a opinião ruim, a visão catastrófica. Não olhe o problema como problema. Entenda que são formas efêmeras, que passarão mais rápido se você não as solidificar. Procure olhar para as situações por um ângulo diferente do habitual.

Nos momentos densos, não se critique, não se condene, não se culpe, seja seu melhor amigo. Fique a seu favor, na Consciência de que você sempre faz seu melhor. Ame-se. Faça-se um carinho. Leve-se para passear e ignore aquilo ou qualquer mensagem proveniente daquilo.

Todo caos existe basicamente porque você está contra você, e toda organização se resume no que de bom fizer a você

Nessas horas, perceba as coisas boas que já fez para si, suas vitórias, suas alegrias, com Consciência de que tudo mais é transitório, por ser ilusão. Só o bem permanece. Toda vez que você volta para o seu lado, sua Sombra entende a mensagem e muda seu roteiro, transformando a experiência negativa em positiva.

Perfeição é o ponto da certeza interior do bem

Ao se sentir perfeito, não importa seu nível de compreensão das leis universais, toda sua vida será perfeita, sem precisar de cuidados. Perceberá, então, que o mais importante é ver, falar, cheirar, tocar, sentir, pensar, divertir-se, existir.

Abençoe, pois, seu sentir, seu mental, seu pensamento, as situações, por mais deformadas que pareçam. Negue-as como sendo suas. Nesse momento lembre-se do carinho por você. Ame seus medos, sua insegurança, suas dúvidas, seus limites, porque toda forma caótica só precisa de amor para se transformar. Amá-los não significa aceitá-los para si, mas entender que são pura perfeição no estágio em que você se encontra. É jogar o bem naquilo.

O bem é o tempero divino que transforma tudo

Logo, a estruturação que vem em seguida se apresenta melhor e mais eficiente.

O outro também só faz o seu melhor

Ao ver uma pessoa que do seu ponto de vista e da sociedade está praticando algo que considerem mal, saiba que, assim como você sempre fez e faz o seu melhor, os envolvidos no suposto mal também estão fazendo o que de melhor sabem naquela área, naquele momento. Ninguém escolhe o caminho da dor porque quer. Não há vítimas, mas pessoas que ainda não desenvolveram a lucidez em certas áreas de suas vidas,

Pois toda a dor tem origem na ignorância

Saiba que ali existem resquícios do caos primordial que precisa ser organizado, e que a única linguagem que entendem, por enquanto, é a da dor. Saiba que todos participam do caos por ainda não saberem fazer algo diferente. Saiba que o próprio caos é a única via de que dispõem para saírem do caos. Saiba que cada qual tem sua Alma, que está por trás da organização do seu caos. Saiba que o mal não existe, mas que aquela experiência ruim é funcional para todos os envolvidos, pois ainda não percebem de outra forma.

Tudo que se olhar com os olhos do bem, se transforma em bem, e se liberta. É como se se abençoasse aquilo. O contrário também acontece. Tudo que se olhar com os olhos do mal, ou seja, se amaldiçoar, é lá que se fica preso. O que conta não é o fato, mas o julgamento que se joga naquela situação.

Ao se deparar com uma pessoa que o agride de certa forma, ou pela aparência física ou por seu comportamento, e enxergar nela a manifestação singular do Espírito Uno, assim como é em você, aposto que sua opinião sobre ela vai mudar radicalmente. Ocorrerá que qualquer atitude de rejeição, de desaprovação imediatamente se dissolve.

A magia da palavra perfeição

A palavra perfeição é mágica e poderosíssima. Jogue perfeição em tudo o que você fez no passado, consciente ou inconsciente, ao mesmo tempo em tudo o que lhe fizeram. Isso é lucidez. Essa é a melhor forma de descristalizar o que está em suas células, há séculos. Essa é a melhor maneira de se libertar do passado que o prende. Esse é o melhor jeito de purificar-se. Não há o que não se consiga com a pureza no coração. A pureza faz a gente ver e perceber tudo com clareza, pois não há cisco para atrapalhar a visão. A pureza e a liberdade andam de mãos dadas. Quem está livre interiormente tem o poder, o domínio sobre as formas, tem a soberania consigo. Quem está livre comanda, dá ordens.

Qualquer ideia diferente da perfeição é ilusão. Purificar-se é ver a perfeição em todos os fatos e experiências. Quem está na pureza tem posse de si, está centrado, fazendo com que qualquer força exterior, qualquer energia estranha seja rechaçada imediatamente.

A corrente de Energia Universal não fica vagando lá em cima no espaço cósmico. Ela norteia todo o universo e está aqui também, pois cada um é o centro do universo e seu Corpo é a porta do invisível para o visível. É por meio de você, de sua Sombra que o Espírito Uno se torna real. Sem sua Sombra tudo fica latente, e por meio de você tudo se torna presente. Desse modo, se suas crenças estiverem purificadas, o Corpo também ficará. Assim, o fluxo da Energia Universal, não encontrando resistências ali, reflete o bem em tudo que lhe diz respeito.

O mundo mental, o mundo astral e o mundo espiritual

Estamos ressoando na terceira dimensão, a dimensão da mente, da matéria, da linearidade do tempo, dos contrastes, da ação e reação. Porém, há dimensões superiores que, devido à linearidade de nosso aparelho mental não é possível explicar ou acessar mentalmente. Daí a necessidade não de parar o aparelho mental, já que é impossível, mas de aquietá-lo, de sossegá-lo, de submetê-lo à nossa gerência. Esse poder nosso EU Consciente possui. Assim, quem deseja realizar algo conscientemente terá que fazer com que o aparelho mental seja disciplinado, ordenado, pois o mundo das realizações ou o mundo espiritual só é acessado através do mental gerenciado.

Vimos que a mente é única, universal, e cada um, de acordo com o grau de desenvolvimento de seu aparelho mental, acessa essa mente universal. Ou seja, o mental é um aparelho dentro da mente universal. Nesse aparelho expressa-se a Consciência, que é linear, estabelecendo um consenso de realidade.

No entanto, apesar da linearidade, a Consciência tem níveis que se alteram. São os chamados estados alterados da Consciência. Quando estamos dormindo, no sonho ou em viagem astral, estamos num estado alterado de Consciência, isto é, ela se desloca para um nível diferente daquele da vigília. O mesmo acontece quando se está embriagado, drogado, hipnotizado, em transe mediúnico, em alfa. Nesses estados, a lucidez vacila, a coragem, o humor, o senso de realidade, a percepção de tempo e espaço, tudo se altera. Sabendo disso, o que fazem os gurus orientais? Por meio de exercícios específicos, procuram subjugar o mental para experienciar o *satori,* que é uma visão ampliada, chamado estado de iluminação. A própria meditação é uma prática que leva ao estado alterado de Consciência.

Dessa maneira, o aparelho mental precisa ser disciplinado para que as forças da Sombra sejam condicionadas e possam desempenhar seu papel, no sentido de fazer com que as coisas andem e as realizações se processem.

O mundo astral

O mundo astral não é outra dimensão, mas outro plano da terceira dimensão, que funciona como o mundo daqui, sendo que a dor também se faz presente. Lá tudo é concreto, existe a linearidade do tempo, a lei da ação e reação, ou seja, é um mundo também mental. A grande diferença entre o mundo dos vivos e o astral é que no mundo em que vivemos as moléculas são mais coesas, fazendo com que tudo seja mais denso, que o processo de realização seja mais lento, facilitando o desenvolvimento do controle mental.

No astral, as moléculas sendo menos coesas, a plasticidade aumenta, favorecendo a manipulação da matéria, bastando uma simples concentração para materializar algo que se queira. Claro que vai depender da habilidade desenvolvida de cada um. Daí a importância do controle do mental. O que levamos para o mundo astral? Nosso aparelho mental, nossos pensamentos, nossas crenças e nossas atitudes. O desencarnado desavisado do poder do aparelho mental e de seu controle, chegando lá vai somatizar um mundo caótico, ilusório, com consequências dolorosas. Por isso, a necessidade que temos, tanto aqui como lá, de aprender a controlar:

- **imaginação** – a imaginação descontrolada é a mestra das fantasias;
- **importância** – dar importância é importar para si;
- **crer** – em que estamos pondo nossa fé, nossa crença?
- **atenção** – onde e o que estamos focando?
- **escolha** – há discernimento em nossas escolhas?
- **validação** – validar é assumir algo como verdade;
- **memória** – o que estamos estocando? O que estamos declarando? Toda declaração convicta fica registrada na memória, que a envia para o subconsciente;
- **raciocínio** – para o que e para quem estamos dando nossa razão? Dar razão é julgar que algo está certo;
- **impressionabilidade** – impressionar é ver algo com emoção. Quando nos impressionamos, mandamos uma ordem para o subconsciente, que aceita o fato imediatamente;
- **impessoalidade** – quando tomamos algo como pessoal, ficamos presos a ele.

Todos esses itens são qualidades que temos, que influenciam o subconsciente, a memória da Sombra e o mental, que é sua porta de entrada, usa e abusa deles. Daí a necessidade de aprender a usá-los e manuseá-los com perícia por intermédio do aparelho mental.

No mundo astral residem nossos mentores, também chamados de guardiões, anjos da guarda, guias. Como eles percebem nosso mundo, nossas crenças e atitudes, tornam-se personagens valiosíssimos, que podem e têm, entre outras, a função de nos auxiliar quando a ajuda for invocada. Todavia, essa ajuda restringe-se ao que nosso aparelho mental permite, desta forma, não fazem por nós. Sua contribuição consiste numa orientação, num direcionamento, numa boa ideia, e, dependendo de cada caso, na proteção. Por exemplo, uma pessoa muito irresponsável, negligente, que se abandona, que procura constantemente o apoio nos outros, eles não interferem numa eventual experiência caótica, pois a dor é o único meio que dispõe essa pessoa para "se tocar" e mudar de atitude.Dessa forma, quando você se encontrar numa situação adversa sem vislumbrar qualquer saída, peça a ajuda a eles.

O mundo espiritual

O mundo espiritual não é o mundo astral, para onde vai nosso Corpo astral após a morte. Lembre-se de que o Corpo astral é um Corpo igualzinho ao Corpo físico, vibrando em outra frequência energética, que habita o mundo astral, o mundo dos espíritos desencarnados. Devido a isso, muitas pessoas costumam chamar erroneamente o mundo astral de mundo espiritual.

É mundo espiritual, sim, mas outra dimensão. É o mundo do Mental Superior. É o mundo da Sombra e da Luz, onde se tornam possíveis as realizações. O mundo espiritual tem uma faixa vibratória chamada faixa das realizações. É o mundo onde habita o Espírito Uno, por conseguinte, nossa Alma e nosso EU Superior. Isso não significa que ele habite em um lugar separado de nós. Ele está em toda parte, permeando tudo o que existe e, logicamente, no interior de cada um. É por isso que para acessar o mundo espiritual temos de silenciar o mental e ir para nosso silêncio interior. No silêncio interior, onde existe a presença do nada. O nada que contém a energia divina pura, ainda sem forma, à espera de que a utilizemos para lhe dar forma em nossas realizações.

Apesar de o mundo espiritual também conter nosso aparelho mental, pois tudo é a extensão do Espírito Universal, nessa dimensão ele existe livre, independente de nosso mental. Ao acessá-lo nos sentimos preenchidos com o nada, pois o que preenche é a espiritualidade, não o que se faz. E a espiritualidade não é nada mais do que nosso mental pensa ser. O mundo espiritual não se explica, sente-se. A explicação é uma característica do aparelho mental. O sentir, do espiritual. No mundo espiritual não há tempo, não há espaço. Tudo é. Tudo é paz e harmonia. Não há necessidades, solidão, tristeza, medos, aspectos oriundos das ilusões que alimentamos e que dizem respeito apenas ao nosso mental. Uma vez acessado o mundo espiritual, a gente se sente bem em qualquer lugar, esteja sozinho ou acompanhado. Sentimos que não precisamos de ninguém, que somos completos.

A importância do aparelho mental

Nossa Alma, a ligação com o mundo espiritual, obedece ao mental. Aqui no mundo mental, ou seja, na terceira dimensão, a dimensão dos contrastes necessários para a percepção e para a Consciência, a Alma funciona como o contraste do mental, assim como a cor preta pintada sobre uma tela branca, em que as duas cores vão–se destacar fortemente. O aparelho mental é uma invenção da Alma para esta ser percebida. Desse modo, a Alma só é percebida pela existência do mental e vice-versa, daí a importância dos dois. Já no mundo espiritual, onde o sentir é que prevalece, o contraste é dispensado, fazendo com que o aparelho mental perca sua função.

No entanto, supondo que a Alma seja a tela branca e o aparelho mental a tinta preta, à medida que formos passando a tinta preta, o branco da tela se esconde. Nossa Alma age da mesma forma. Ela se retrai perante o mental. E se a gente insistir no ponto de vista, ou na atitude, um pedaço dela volta para o mundo espiritual. Os resultados disso já sabemos: desequilíbrio entre a Luz e a Sombra, mais caos, em consequência, mais sofrimento. O que é o desânimo senão a falta de ânimo, de Alma? Quanto mais tempo permanecermos nesse estado, maior será a cristalização da crença e mais difícil se tornará o processo de tomar aquele pedaço da Alma de volta.

O que é insistir no ponto de vista, nas crenças, nas atitudes? É ficar na dependência do mundo exterior. É procurar apoio fora. É seguir a coletividade, onde predomina o mental inferior. É se sustentar na consideração dos outros. É se sujeitar à opinião alheia. É se importar com o que os outros pensam e dizem a seu respeito. É desistir do que você quer para não ferir alguém. É falar sim com medo de desagradar. É prescindir de seu bem-estar para se doar ao outro em troca do aplauso ou de uma recompensa qualquer, inclusive divina. É responsabilizar o outro pelo que lhe ocorre de bom ou de ruim. É se criticar, se julgar, se comparar. É não se aceitar.

Quando se perde um pedaço da Alma por causa do apego a alguém, como numa paixão exacerbada, ou como na partida para outro lugar, inclusive para o astral, a energia vital é canalizada para a pessoa que se foi.

Em seu livro *Resgate da alma*, Sandra Ingerman trata com muita propriedade desse tema. Segundo a escritora, situações traumáticas como perdas de pessoas queridas, abusos na infância, abandonos, acidentes, provocam perdas de pedaços da Alma, resultando em sintomas como vazio interior, solidão, ausência de propósitos, falta de motivação, de interesse e significado da vida. Aborda, com vários exemplos e exercícios, suas técnicas de resgate dos pedaços da Alma e as praticadas pelos xamãs ao redor do mundo.

"A perda da Alma é considerada o mais grave diagnóstico da nomenclatura xamânica."

Sandra Ingerman

Há um exercício muito eficiente para se recuperar os pedaços da Alma, ensinado pelo Calunga, que consiste em perguntar à Alma com quem está aquilo que lhe falta. Por exemplo, se você sente tristeza, pergunte: *com quem está minha alegria?* A falta de alegria é um pedaço da Alma que voltou para o mundo espiritual. Então perceba o motivo de sua tristeza e que pessoa, que fato, que situação está ocasionando essa tristeza. Se foi alguém que se foi, ou alguém que provocou uma situação que o deixou triste, diga, com convicção, sempre com convicção: *essa tristeza não é minha. Fulano de tal devolva-me a alegria que me pertence por direito divino. Eu não sou responsável pelo que lhe ocorre. Pedaço de minha Alma volta para mim.*

Faça o exercício até perceber que a tristeza deixou de marcar presença. Proceda da mesma forma com as demais faltas. Com quem está sua coragem? Com quem está seu amor? Com quem está seu poder? Quem anda mudando seu humor? Para quem está minando seu ânimo? Com quem está sua responsabilidade? Quem levou seu dinheiro? Quem levou sua paz?

O aparelho mental desempenha um papel importantíssimo em nossa vida, pois ele é a porta de entrada e de saída de tudo. Sendo assim, tenha-o como se fosse um corpo que precisa de cuidados e de reformas. É preciso deixar o mental, o racional para suas funções adequadas e oportunas, para as situações em que precisamos de um estudo, de um raciocínio, de uma concentração. *A Cesar o que é de Cesar e a Deus o que é de Deus.* Sendo assim, o mental e a Alma trabalham em harmonia, em equilíbrio, na dose certa, e a tela preta e branca se revela uma obra de arte.

As forças da Sombra e da Luz se acessam no mundo espiritual, e uma vez acessadas você pode mandar. Seu EU Consciente tem essa possibilidade, pois você é o gerente. Você pode exigir respostas claras, objetivas e convictas delas. Não aceite a dúvida. Assim como é necessária a convicção para desenvolver o poder interior, exija respostas convincentes. A Alma e a Sombra gostam dessa postura, a postura de um gerente com comando e autoridade. Aliás, elas só obedecem assim.

Para acessar o mundo espiritual

O caminho para acessar o mundo espiritual passa necessariamente pela convicção, a certeza absoluta do poder interior, pela impessoalidade perante os acontecimentos do mundo. Agir de maneira impessoal é não se ligar emocionalmente aos fatos, observando-os como se fossem um filme que está passando. Isso é desapego. É ver tudo com os olhos da Alma e não do mental. É não ser réu e nem juiz. O mundo espiritual é acessado pela posse de si, pela centralização, pelo desapego, pois ele é o centro, ao contrário do mental, quando não disciplinado, que vagueia na periferia, onde predominam as ilusões às quais se apega.

Para ter acesso ao mundo espiritual procure relaxar, largando e se desligando de tudo que aparecer no aparelho mental: as preocupações do dia a dia, as situações em que se envolveu, o trabalho, as obrigações, os relacionamentos, os fatos do mundo. Se o mental insistir, não brigue com ele. Aja com indiferença aos pensamentos. Evoque as forças espirituais. A respiração consciente ajuda bastante. Pense e sinta a palavra paz. Pronuncie várias vezes a palavra paz. A paz é branca, solta no nada. Uma vez relaxado e desligado, mergulhe no silêncio interior que se situa na região do peito.

Com um pouco de prática e disciplina, o acesso ao mundo espiritual não leva mais que um segundo. Basta o EU Consciente assumir a gerência. Ele tem a capacidade de mandar no aparelho mental, assumir o comando e determinar: **quero me ligar no espiritual.**

Percebe-se que se está no mundo espiritual pela sensação. Enquanto o aparelho mental pensa, o espiritual sente. É uma sensação de amplitude, de liberdade total, de aconchego, de permissividade, de ausência de leis, de domínio, de soberania, de mansidão, de magnanimidade, de santidade, de completude, de não faltar nada, de não precisar de ninguém, uma vontade de não sair dali. Nada, nada, absolutamente nada afeta. As influências do mundo exterior desaparecem. O tempo perde sua função, daí a sensação de eternidade. O aparelho mental não deixa de funcionar, porém, permanece sem interferir, subalterno, num patamar inferior.

Ao contrário do mundo mental, no mundo espiritual tudo já é. Não há ação e reação. Não há tempo e nem espaço. Não é preciso conquistar nada. Não precisa plantar para colher, pois já é a *fonte* inesgotável de tudo, absolutamente tudo o que diz respeito à paz, ao poder, ao amor, à saúde, à abundância, à alegria e, só pelo fato de existirmos, temos o direito de desfrutar de tudo isso. Até porque, cada um é o legítimo herdeiro do Criador, ou melhor, cada um é Deus: tal Pai, tal filho.

Esquecemos que somos o Espírito Uno

Antes da explosão primordial, nossas Almas sabiam que éramos o Espírito Uno latente. Quando a Potência quis *se* manifestar na materialidade, revelou-*se* no universo de forma invertida, ou verso do Uno, o caos, criando corpos sofisticados e junto com eles emanou de *si* unidades individualizadas, as Almas. Nossa Alma sabe que é *fonte*, mas nosso aparelho mental não. É isso que torna a criação, o jogo da vida interessante e magnífico. Uma parte nossa sabe de tudo e outra não. Essa outra, por meio da instigação da Alma, no processo de organização do caos, na conjunção da Luz e da Sombra, vai adquirindo conhecimentos e experiências, que permitem a descoberta paulatina de quem é, fenômeno que chamamos de Consciência. E quanto maior a Consciência, mais liberdade, mais satisfação, mais magia, mais poder, mais soberania, mais-bem estar experimentamos. Que jogo genial! Aliás, por mais que perceba essa genialidade, nosso aparelho mental sequer consegue ter um pequeno vislumbre do seu tamanho.

Após a ocorrência da inversão primal, cada corpo deixou de se ver com os olhos da Alma e passou a ver-se pelos olhos limitados do aparelho mental. A Alma respeita totalmente o grau de percepção da estrutura do mental. A Alma só *se* revela à medida que o aparelho mental permite. Ao se ver com os olhos mentais, o Corpo diz: eu sou uma pessoa, eu sou uma planta, eu sou uma pedra, um planeta. É tudo o que sabe a seu respeito. Ele não sabe de outra coisa. Essa é a função do aparelho mental, que é racional. Só acreditar depois de ver, de provar. Nosso mental, a princípio, não sabe que é *fonte*. Descobrimos isso paulatinamente.

Como vimos, o contraste é necessário para haver a percepção. Só percebemos a conjunção da Luz e da Sombra devido às trevas, ou caos. Só percebemos nossa Essência porque existe o mental racional. Portanto, trate com carinho seu aparelho mental. Por mais que seja indisciplinado, desorganizado, dispersivo, é por intermédio dele que descobrimos nossa Essência. Mais cedo ou mais tarde, todo mundo precisará disciplinar seu aparelho mental, seus pensamentos. Só assim desenvolverá seu poder interior, evitando que ele se disperse nas ilusões. Esse é o anseio da Alma em nós, pois quanto maior for essa disciplina, mais amplo se torna o espaço para sua expressão.

Portanto, você não é o que pensa que é. O que você pensa que é, é um estado mental, não é você. Seu aparelho mental acha que você é o que faz, o que aprendeu, o que viveu, o que sentiu, o que passou, o que lhe falaram. Ele está no seu papel. Na verdade, tudo isso são limites impostos pelo próprio aparelho mental. Tudo o que você pensa que é, foi e será ilusão. Tanto é que você já teve várias vidas, com outras personalidades, outros nomes, outros costumes, outras línguas, e se por acaso fosse possível alguém lhe mostrar uma foto sua de uma época daquelas, você não se reconheceria. Faça o mesmo com o presente. Desidentifique-se do que pensa ser. Você é somente o aprendizado, a faculdade desenvolvida, a virtude estabelecida com as experiências vividas. Não se limite pelas aparências. Você é Alma ilimitada, detentora de toda sabedoria divina. Porém, para expressar essa sabedoria a Alma vai respeitar o grau de permissão que seu aparelho mental impõe, em função daquilo que você pensa que é. Ele só permite experimentar aquilo que pensa que é. Não sabe de outra coisa.

Ao acatar a ideia de que você não é o que pensa que é ou que foi, você se permite ser ilimitado, deixando a Alma se expressar ao seu bel-prazer. Desidentifique-se, pois, de tudo de seu passado, de seu futuro, de sua família, de seu país, de seu nome, só assim você vai saber quem você é. Só assim conseguirá espaço para uma maior expressão da Alma. Siga seu sentir, não seu pensar. O aparelho mental não sente, pensa, por isso não é confiável. O Corpo sente.

O sofrimento, o caos resulta do esquecimento de que somos a fonte Divina

E esse esquecimento faz com que sejamos ferrenhos críticos de nós mesmos. Em última instância, todo mal provém basicamente daquilo que fazemos contra nós. A inversão, trazendo consigo a ideia da separação, provocou na coletividade a crença de que temos que ser deste ou daquele jeito, que devemos agir desta ou daquela maneira, que devemos tratar os outros de determinada forma, em detrimento da gente, para nos darmos bem na sociedade. É exatamente por agirmos conforme os padrões e preceitos sociais que atraímos as situações caóticas. Ao contrário, ao alimentarmos a crença de que somos *fonte*, cada um com sua originalidade, com suas diferenças, a inversão se desfaz e passamos a agir conforme nossa individualidade, nosso temperamento, nossa natureza, abolindo os conceitos da sociedade sobre o comportamento individual, que é o querer da nossa Alma.

Sendo assim, seja lá a situação que for, fique sempre do seu lado. Não se julgue, não se culpe, não se critique, não se desmereça. Em vez disso, cultue para si, com convicção, a premissa de que tudo o que fez, faz, foi ou é, é pura perfeição, pois você é a *fonte*, representada pela Alma que é perfeita, e seja lá o que tenha feito, era o mais apropriado e conveniente naquele momento dentro do seu grau de evolução. Acredite, então, que você é pura perfeição, independente de seu estágio de evolução. Rejeite qualquer tipo de maldade a seu respeito, como por exemplo a visão negativa de quem é. Dispense seu "*eu para o mundo*", atrás de apoio, do aplauso, da consideração, do ter que ser alguém, da normalidade. Tire completamente a importância do que pensam sobre você, pois, se você não é o que pensa que é, muito menos será o que os outros pensam de você.

Para relembrar que você é *fonte*, pratique as seguintes frases, com convicção, na vibração da voz:

- **Eu não sou o que faço.**
- **Eu não sou o que fiz, o que aprendi, o que experimentei, o que passei.**
- **O passado é pura ilusão.**
- **Toda causa está em mim.**
- **Eu sou a** fonte **Universal.**
- **O que os outros pensam de mim só interessa a eles.**
- Tudo que fiz, tudo que faço, tudo que farei é pura perfeição, pois sou a expressão divina.

O Desapego

Nosso aparelho mental é um aspecto da Sombra. Ele se comporta como a Sombra, e a Sombra se comporta como ele, que, aliás, é o único instrumento de que dispomos para mudar nossa realidade. É a porta de entrada e de saída de todas as crenças, e consequentemente de todas as mudanças de crença. Não há outra forma, como por exemplo, alguém nos mudar por nós.

Nossa Alma, de sabedoria infinita, obedece aos limites do aparelho mental, contudo, está sempre instigando-o para melhorar sua estrutura, para que adote uma crença melhor, provocando experiências pelas quais devemos passar, ou mostrando fatos da realidade, sem que seja necessário que o Corpo passe pela experiência. Então, o aparelho mental concorda ou não. Uma vez de acordo, a nova crença substitui a anterior, a Consciência se amplia e a realidade começa a se transformar. Logicamente o tempo de transformação dependerá do grau de cristalização que a crença antiga tiver. Muitas vezes é preciso praticar várias experiências ou acontecerem diversos fatos para que isso ocorra.

O aparelho mental precisa ser educado, disciplinado, ordenado. Ele é um aspecto da Sombra, uma parte animal nossa, e como tal é neutro e obedece ao comando do EU Consciente. É como um cão que precisa ser adestrado. Ele é nosso submisso, e o EU Consciente é que vai ter que adestrá-lo para obedecer aos seus comandos e domínios.

Seu mental não é um problema. O problema está em como você o educou. Assim como o cão, vai seguir o que aprendeu. Seu aparelho mental não pretende nem quer dominar você. Quando ele parece controlá-lo, saiba que está simplesmente seguindo ordens que você lhe deu no passado. Ele tem feito o que você sempre quis. Se no passado você o treinou para se dispersar porque o pai era autoritário, coercitivo, severo, e você tinha que escapar para algum lugar para subsistir, seu aparelho mental assim aprendeu. Se hoje você continua aéreo, dispersivo, desfocado, desatento, seu aparelho mental não é culpado. O que lhe falta é ordem mental. Se você pôs bagunça para chamar atenção, o que ele entende é que a bagunça, o caos, é bom para você.

Então, para onde está indo sua atenção, sua imaginação, sua importância, seu crer, sua escolha, sua validação, sua memória, seu raciocínio, sua impressionabilidade? É você que está no comando, não seu mental. É você que precisa administrar. Controlar é assumir o controle, é administrar, gerenciar. O que você está fazendo com seu controle? Sem essa ordenação sua vida não mudará para melhor, pois seu aparelho mental é a porta da sua realidade.

É muito simples. Se o EU Consciente estiver atento, o resultado será ordenado. Se estiver desatento, o resultado será caótico. Se você folga, negligencia, deixa-se levar pelo pensamento mórbido, pela imaginação, pelas ilusões, as consequências na realidade serão equivalentes, porque sua Sombra, quando se vê desamparada, vai para quem a ampare, e as informações que chegam começam a refletir na sua estrutura, porque não tem alguém que ponha uma ordem, e, quando você percebe, o caos está estabelecido. É sua presença no mental que lhe garante ordem e equilíbrio.

Já imaginou o inferno que se torna a vida de uma pessoa ciumenta que não possui controle mental? É assim com todos os nossos aspectos negativos, como a inveja, a ganância, os medos, as compulsões.

Aprender a controlar o aparelho mental não é nenhum bicho de sete cabeças. Não precisa fazer cursos nem séculos de meditação. Só precisa de boa vontade e de disciplina. Aqueles joguinhos de computador, que prendem sua atenção, são um instrumento prático e divertido de aprender a controlar o mental, a se tornar uma pessoa mais focada e atenta, assim como a leitura de um livro interessante, assistir a uma peça teatral ou a um filme, desde que despertem interesse, claro. Se surgir um pensamento proveniente dos aspectos negativos, diga com certa dose de raiva governada: *xô daqui que não é meu!* Além disso, faça com frequência as seguintes afirmações, na convicção e na vibração da voz:

- Eu comando meu aparelho mental.
- Meu aparelho mental me obedece.
- Eu não aceito pensamentos que não estejam de acordo com os anseios de minha Alma.

Constatamos que o aparelho mental não é dono absoluto da situação. O EU Consciente é que comanda e tem condições de dar-lhe ordens. Ou seja, temos em nós a possibilidade de controlar o fluxo do pensamento, de gerenciar nossa mente, de mudar nosso ponto de vista. E quanto mais isso ocorre, utilizando o controle de seus dispositivos, quais sejam a atenção, a imaginação, a importância, o crer, a escolha, a validação, a memória, o raciocínio, a impressionabilidade, a impessoalidade, mais o aparelho mental vai se ordenando, vai deixando a antiga ordem para substituir por outra nova, porém, somos nós que desenvolvemos o poder, o domínio, a soberania.

O mental, quer queira quer não, precisará ser ordenado um dia, pois isso consta do projeto primordial divino em cada um, uma vez que a ordenação do caos passa obrigatoriamente por ele. Se não for pelo bom senso, pela inteligência, pelo discernimento, será pela dor.

O Mental Inferior e o Mental Superior

Vimos no capítulo A *mente é única* que nosso aparelho mental, o EU Consciente, a Alma, o EU Superior e o Espírito Uno fazem parte de uma única mente, o ambiente cósmico, incluindo o mundo astral, e que é uma ilusão que cada um tem uma mente individual. O que temos é um aparelho mental frequencial, com capacidade de sintonizar as diversas zonas do ambiente cósmico, assim como um aparelho de rádio pode sintonizar, dependendo da frequência, a estação desejada.

Nesse ambiente cósmico existe desde o mental inferior, que também é graduado, até o Mental Superior, onde vibram as ondas, as frequências da Alma, do EU Superior e, em consequência, do Espírito Uno. Ou seja, há desde zonas caóticas até organizadas e funcionais. Dependendo da frequência, o aparelho mental pode estar sintonizado em qualquer uma dessas zonas. Como se trata de um aparelho sensível, ele consegue mexer com a sensibilidade, a ponto de sintonizar as emoções e os sentimentos, provocando o que podemos chamar de "fenômeno". Se mudar de frequência, muda de fenômeno. Quando se está na frequência da Alma, é uma coisa, na frequência da mãe dramática é outra, por exemplo.

Quando você ensina o aparelho mental, que é sua Sombra do Centro, falando com ela: *eu não quero mais isso*, o aparelho mental vai abandonando essas frequências e assumindo outras que você propuser, e tem-se nova experiência. É assim que trabalham as diversas terapias: mudando a frequência mental do indivíduo, seja pelo entendimento, seja pelos exercícios, transformando uma estrutura que se encontra deficiente.

No mental inferior, o mental da coletividade, do senso comum, tudo que vale é o pensamento, a ideia. No Mental Superior o pensamento e as ideias não contam nada. O que vale é o sentir, o estar, a sensação. Não é possível fazer com que nosso aparelho mental deixe de funcionar, porém, nós podemos controlá-lo e alterar sua frequência. Assim é que, se o aparelho mental estiver ligado às ideias, às imagens, ele está em baixa frequência, ou no mental inferior, na coletividade. Se estiver ligado no sentir, no estar, ele sintoniza uma faixa melhor, qual seja, a do Mental Superior, a frequência da Alma, do EU Superior.

À medida que desenvolvemos a ordem no aparelho mental, ele vai se acelerando, mudando sua freqüência. Desta forma, nos é possibilitado sintonizar esferas superiores, obtendo informações mais profundas, conhecimentos mais apurados, vamos tendo ideias melhores, mais precisas, mais convincentes, vamos percebendo melhor as verdades, obtendo uma visão mais clara do mundo e, em decorrência disso, distinguindo-nos da coletividade, realizando-nos muito mais, pois nossa Consciência é ampliada.

O aparelho mental, quando não ordenado, abre espaço para energias intromissoras densas, negativas, que proliferam na coletividade e no astral inferior, ocasionando uma série de desconfortos, influindo nos ambientes familiar e profissional, nos relacionamentos afetivos, enfim, em todas as atividades, pois todos fazemos parte de um imenso campo psicoenergético.

Ao contrário, com a ordenação do aparelho mental, passamos a viver com a família e com a sociedade numa vibração melhor. É que nos tornamos um polo de atração de energias superiores, altamente alimentadoras e revigorantes. As entidades desencarnadas que ressoam em dimensões superiores, percebendo que a pessoa está à frente da coletividade, passam a investir nela cada vez mais.

Sucede, portanto, que você não pode ser levado para cá e para lá e creditar ao pensamento. O pensamento vive de ideias e imagens. Você não é uma ideia nem uma imagem.

Desapego é a faculdade de não se prender às ideias

Desapego não tem nada a ver com a utilização de bens materiais. Sem dúvida é preciso ter bom senso para lidar com as posses materiais para que elas não o dominem. Porém, não é o fato de ter posses que caracteriza o apego, mas o fato de estar preso ao mental da coletividade, ao mental inferior, onde ressoam muitas crenças de pessoas segundo as quais a materialidade é tudo, desconsiderando a existência do espiritual.

Desapego é a faculdade de mudar a frequência do aparelho mental, do mental inferior para o Mental Superior. Por exemplo, quantas vezes não lhe ocorreu de estar sintonizado numa frequência baixa, sentindo tristeza, desânimo, e ao ouvir uma notícia boa, imediatamente ficou alegre? A alegria é a sintonia da frequência da Alma. O desânimo e a tristeza são decorrentes de pensamentos, ideias característicos do mental inferior, onde abundam as ilusões.

Apegada é a pessoa que está dominada pelo senso comum, pela mente coletiva, pelo mental inferior, como por exemplo a que cultiva as seguintes ideias: *só o que conta é o material; sou mulher, portanto posso isso, não posso aquilo; isso é imoral, aquilo não; sou pai, por isso devo proceder assim; sou casado, por isso não posso isso, aquilo. Sou empresário, por isso tenho que me comportar assim e assim. Sou religioso, por isso devo e não devo fazer isso, aquilo.* Tudo são ideias, pensamentos. Mesmo você. Se perguntarem quem você é, vai dizer um monte de pensamentos a seu respeito: sou isso porque faço isso, nasci em tal família, estudei aquilo, trabalho lá, tenho tal religião, etc.,etc. Você acha que tem um elo com o que faz, com o que foi, com a família, com o trabalho. É tudo ilusão.

Você não é nada do que pensa que é

Como pode alguém que é a expressão do Uno, porquanto infinito, se confinar numa ideia, numa imagem mental, de um momento de sua vida? Ninguém se conhece. As ideias não contam nada. Vêm e vão. O que importa é o estar, o lugar em que você está sendo. Não é uma imagem, não tem limite, não é uma forma mental, é indefinível. Toda autodefinição é falsa. Na verdade, a definição é uma limitação do aparelho mental. Quem quer se expandir, o que é um anseio da Alma, por isso tudo acompanha a expansão do universo, não pode ser definido.

Quando você aposta na validade do pensamento, acaba caindo num esquema vicioso. Primeiro você imagina, sonha, fica esperando com ansiedade e nada acontece. Então vem a decepção, o ódio, a revolta, o desapontamento. Depois vem o consolo: *a vida é assim mesmo, Deus quis assim.* Aí surge a esperança. E logo você começa a imaginar novamente, a sonhar, vem a decepção e o processo se repete, num ciclo vicioso. Isso ocorre porque você acredita no pensamento. O aparelho mental, o pensamento trabalha com hipóteses e suposições. Você não pode mais acreditar em hipóteses, em suposições, em idealizações, que é o mesmo que investir em ilusões.

Assim como você não é nenhuma ideia, também não é nenhuma experiência. Você é o que a experiência despertou em você, o aprendizado, o conhecimento, a faculdade desenvolvida, a virtude estabelecida. Isso permanece para sempre.

Todo caminho é caminho, mas todo caminho passa necessariamente pelo desapego

Comece já a se desidentificar, ou desapegar de quem você pensa que é. Diga para si com frequência, sentindo as frases, na vibração da palavra, pois só o que conta é o sentir:

- Eu não sou nada do que eu penso ser.
- Eu sou o que sinto a cada momento.
- Eu não sou o que faço.
- O ontem e o amanhã não são mais que simples ideias que de nada valem.

Eis o maior desapego: o da ideia de quem você foi, é ou será

Invente sua frase com essa conotação e pratique diariamente. Esse tipo de frases, quando ditas com convicção, sentimento e vibração, tem um poder muito forte de descristalizar crenças que estão há muito solidificadas em suas células e até em seu DNA, pois enquanto você não as mudar, permanecerão, encarnação após encarnação, cristalizadas.

Da mesma forma, para anular o mental inferior e sair dele é preciso fazer uso de frases chamadas libertadoras. Por exemplo:

- O mundo não tem força sobre mim.
- Sou eu que faço o mundo.

- Eu não sou um produto do meio. Eu faço o meio.
- Nada é ou será como eu espero.
- Não adianta esperar.
- Tudo será como puder ser.
- Eu me deixo levar pela minha Alma.
- Sou indefinível, por isso sou um pouco de tudo.
- Eu não me explico, eu sinto.
- Tudo vem e tudo é revelado, nada é explicado.

Quando a Alma se revela, é só para você. Não adianta explicar. O entendimento é mais importante que a explicação. É a revelação interior, sensação única e individual do saber.

A solidez da paz, da harmonia, da mansidão, da serenidade só é possível mediante o desapego do mental inferior e de suas consequentes aflições

Realização plena

Cientes ou não, vimos construindo nossa realidade, sob o comando da Alma e do EU Superior, de acordo com nossas crenças e atitudes. Porém, apenas realizar não basta. Tem de haver realização nesse realizar. E realização é a concretização dos anseios da Alma, que, através da instigação constante do EU Consciente, vai ordenando o aparelho mental e organizando os resquícios do caos que remontam à inversão primal.

Organizar o caos é desenvolver o equilíbrio entre a Sombra e a Luz, o que passa necessariamente pelo processo da espiritualização. O resultado de qualquer desequilíbrio entre essas duas forças será o caos nos seus diversos graus. É que a parte da Luz não ancorada, assim como a da Sombra, dispersam-se nas ilusões, que fatalmente resultam em frustração, em desapontamento, em mais catástrofe.

Por intermédio do controle e da ordenação paulatinos do aparelho mental, conseguimos aos poucos nos libertar do mental inferior, onde ressoa a mente coletiva, e ter acesso cada vez maior ao Mental Superior, onde o EU Superior, nossa ligação com a Inteligência Cósmica prevalece.

À medida que isso for ocorrendo, as crenças ultrapassadas irão sendo descristalizadas e substituídas por novas, os condicionamentos adquiridos serão removidos, os conflitos internos amainados. Tudo isso aliado ao exercício diário com o intuito de estabelecer novas posturas interiores, começamos a assimilar o estado de purificação. Nesse estado, a vibração energética individual começa a se acelerar, a mudar para uma frequência mais refinada, permitindo, automaticamente, maior fluidez da Energia Universal de criação, de realização.

Tal energia passa por nós, refletindo em nossa realidade o novo padrão, pois somos pura energia e o exterior é o reflexo do interior. É como se fosse a projeção de um filme, sendo que a Luz do projetor é a Energia Universal, a película é a pessoa, e a tela,a sua realidade. A qualidade da realidade estará de acordo com o que está gravado na película e com sua faculdade de permitir a passagem da Luz. A Energia Universal não cessa seu fluxo. Ela está em todos os lugares. Sua absorção e projeção dependem da pureza de cada um.

É isso que chamamos de realização plena. A realização pessoal associada à harmonia em tudo que diz respeito à realidade de cada um. Todos nós somos herdeiros do Poder Universal e temos o direito natural de adquirir o melhor dele, como a paz, a alegria, a prosperidade, o amor e a saúde.

Na realização plena sentimos a paz total, que é o resultado do equilíbrio perfeito entre a Sombra e a Luz em todas as áreas de nossa vida. É quando o caos é nulo. Há apenas organização. É vibrar constantemente no Mental Superior.

Nós não somos somente o Corpo. Sendo o exterior o reflexo do interior, então nossa realidade, incluindo as pessoas de nosso convívio, é uma extensão da gente. Se nossa extensão não estiver bem, seremos afetados, o que não nos interessa, pois não atende aos propósitos de nosso Espírito. Das duas uma: ou as pessoas e as situações melhoram, ou deixam de fazer parte de nossa realidade, sem que esse afastamento resulte em sofrimento para nós. Assim é que, ao nos realizarmos, tudo à nossa volta também é harmonizado. É por isso que ao fazer bem a você, esse bem atinge todos à sua volta, e quando você se abandona para ajudar alguém, você atrapalha a si e às pessoas próximas a você.

Vimos que o Universo está em expansão e tudo segue essa direção. A realidade de cada um também se expande. É só comparar o tamanho do mundo infantil com o de agora. Essa expansão diz respeito também à melhora. A coletividade tem seu ritmo de expansão e de melhora conforme o caminhar da mente coletiva. Não podemos mais seguir o ritmo da mente coletiva. Se nossa Alma nos proporcionou a sabedoria de que há uma maneira de acelerar o processo, não há como descartar essa possibilidade. Quando a Alma mostra um caminho, não há mais como se desviar dele. É como o Calunga diz: "*Se você vai, você vai. Se você não vai, você vai*".

Como não temos opção, o melhor que fazemos é largar as preocupações e relaxar. É uma questão de bom senso: se eu relaxar, eu vou, se não relaxar, também vou. Ir tenso é funcional, mas dói. Ir relaxado é bom e funcional. Se tanto faz, prefiro o que é bom e funcional, relaxado, seguro, sem medos, sem preocupações, sem limites.

Quanto mais largamos para lá, quanto menos obrigações assumimos, quanto menos lutas travamos, quanto menos nos apoiamos no mundo, quanto mais convictos de que só o bem faz o bem, quanto mais tomamos posse de nós, quanto mais deixamos a vida para o plano divino, mais descristalizamos antigas crenças, mais nos sentimos perfeitos, mais nos desapegamos do mental inferior, mais nos sentimos puros, mais a convicção do poder interior se estabelece, mais centrados ficamos, mais nossa Luz se fixa à Sombra, mais o caos se organiza, mais nossa realidade harmonicamente cresce, mais nos realizamos plenamente, mais nossa Consciência se expande no *continuum* da eternidade, mais se expande... se expande... se expande... se expande... até ficar do tamanho do infinito, que é o tamanho do Espírito Universal. É isso que estamos fazendo aqui: descobrindo quem somos.

Estamos todos juntos nessa maravilhosa aventura da Consciência, pois

Somos viajantes individuais e ao mesmo tempo somos UM

Boa viagem!

Sucessos de ZIBIA GASPARETTO

Romances mediúnicos, crônicas e livros. Mais de 10 milhões de exemplares vendidos. Há mais de 16 anos, Zibia Gasparetto vem se mantendo na lista dos mais vendidos, sendo reconhecida como uma das autoras nacionais que mais vendem livros.

Romances ditados pelo espírito Lucius

- O Amor Venceu
- O Amor Venceu (em edição ilustrada)
- O Morro das Ilusões
- Entre o Amor e a Guerra
- Laços Eternos
- O Matuto
- Esmeralda
- O Fio do Destino
- Espinhos do Tempo
- Quando a Vida Escolhe
- Somos Todos Inocentes
- Pelas Portas do Coração
- A Verdade de Cada Um
- Sem Medo de Viver
- O Advogado de Deus
- Quando Chega a Hora
- Ninguém é de Ninguém
- Quando é Preciso Voltar
- Tudo Tem seu Preço
- Tudo Valeu a Pena
- Um Amor de Verdade
- Nada é por Acaso
- O Amanhã a Deus Pertence
- Onde Está Teresa?
- Vencendo o Passado
- Se Abrindo pra Vida

Crônicas Mediúnicas — Espíritos Diversos

- Voltas que a Vida Dá
- Pedaços do Cotidiano

Crônicas ditadas pelo espírito Silveira Sampaio

- Pare de Sofrer
- O Mundo em que Eu Vivo
- Bate-papo com o Além
- O Repórter do Outro Mundo

Outros Livros de Zibia Gasparetto

- Conversando Contigo!
- Eles Continuam entre Nós
- Reflexões Diárias

Sucessos de
SILVANA GASPARETTO

Obra de autoconhecimento voltada para o universo infantil. Textos que ajudam as crianças a aprenderem a identificar seus sentimentos mais profundos tais como: tristeza, raiva, frustração, limitação, decepção, euforia etc., e naturalmente auxiliam no seu processo de autoestima positiva.

- Fada Consciência

Sucessos de
LUIZ GASPARETTO

Estes livros vão mudar sua vida! Dentro de uma visão espiritualista moderna, vão ensiná-lo a produzir um padrão de vida superior ao que você tem, atraindo prosperidade, paz interior e aprendendo, acima de tudo, como é fácil ser feliz.

- Atitude
- Faça Dar Certo
- Prosperidade Profissional
- Conserto Para uma Alma Só (poesias metafísicas)
- Para Viver sem Sofrer
- Se Ligue em Você (adulto)

Série AMPLITUDE

- Você está Onde se Põe
- Você é seu Carro
- A Vida lhe Trata como Você se Trata
- A Coragem de se Ver

Livros ditados pelo espírito Calunga

- Um Dedinho de Prosa
- Tudo pelo Melhor
- Fique com a Luz
- Verdades do Espírito

Livros Infantis

- Se Ligue em Você – nº 1, 2, e 3
- A Vaidade da Lolita

LUIZ ANTONIO GASPARETTO EM CD

Autoajuda. Aprenda a lidar melhor com as suas emoções para conquistar um maior domínio interior.

Série PRONTO SOCORRO

1 – Confrontando o Desespero
2 – Confrontando as Grandes Perdas
3 – Confrontando a Depressão
4 – Confrontando o Fracasso
5 – Confrontando o Medo
6 – Confrontando a Solidão
7 – Confrontando as Críticas
8 – Confrontando a Ansiedade
9 – Confrontando a Vergonha
10 – Confrontando a Desilusão

Série VIAGEM INTERIOR (vols. 1, 2 e 3)

Exercícios de Meditação

Por meio de exercícios de meditação, mergulhe dentro de você e descubra a força de sua essência espiritual e da sabedoria. Experimente e verá como você pode desfrutar de saúde, paz e felicidade desde já.

Série CALUNGA

- Prece da Solução
- Chegou a sua Vez!
- Presença
- Tá Tudo Bão!
- Teu amigo

Série PALESTRAS

- Meu Amigo, o Dinheiro
- Seja Sempre o Vencedor
- Abrindo Caminhos
- Força Espiritual
- A Eternidade de Fato
- Prosperidade
- Conexão Espiritual
- S.O.S. Dinheiro
- Mediunidade
- O Sentido da Vida
- Os Homens (somente para mulheres)
- Paz Mental
- Romance Nota 10
- Segurança
- Sem Medo de Ter Poder
- Simples e Chique
- Sem Medo de Ser Feliz
- Sem Medo da Vida
- Sem Medo de Amar
- Sem Medo dos Outros

Série REALIZAÇÃO

Com uma abordagem voltada aos espiritualistas independentes, eis aqui um projeto de 16 CDs para você sintonizar-se com o Poder Espiritual para práticas espirituais de prosperidade.

Série VIDA AFETIVA

1 – Sexo e Espiritualidade
2 – Jogos Neuróticos a Dois
3 – O que Falta pra Dar Certo
4 – Paz a Dois

Série LUZES

Coletânea com oito CDs em dois volumes

Este é um projeto idealizado pelos espíritos desencarnados que formam no mundo astral o Grupo dos Mensageiros da Luz. Nesta coletânea, trazemos essas aulas, captadas ao vivo, para que você também possa se juntar às fileiras dos que sabem que o mundo precisa de mais luz.

Série ESPÍRITO

1 – Espírito do Trabalho
2 – Espírito do Dinheiro
3 – Espírito do Amor
4 – Espírito da Arte
5 – Espírito da Vida
6 – Espírito da Paz
7 – Espírito da Natureza
8 – Espírito da Juventude
9 – Espírito da Família
10 – Espírito do Sexo
11 – Espírito da Saúde
12 – Espírito da Beleza

LUIZ ANTONIO GASPARETTO EM MP3

- O Poder Espiritual Inteligente – 4 palestras
- Conexão Espiritual – 4 palestras
- Tudo Tem Seu Preço/Terminar é Recomeçar/A Lei do Fluxo – 3 palestras
- Eu e o Universo/Resgatando o meu Eu/Estou Onde me Pus – 3 palestras
- Se dando a vez/Sem drama/Regras do Amor inteligente/Deus em mim – 4 palestras
- Caminhando na Espiritualidade – curso em 04 aulas

LUIZ ANTONIO GASPARETTO EM DVD

- O Mundo em que Eu Vivo

Este DVD traz momentos inesquecíveis da palestra do Calunga, proferida em 26 de novembro de 2006, no Espaço Vida & Consciência/SP.

- Pintura mediúnica – Narração de Zibia Gasparetto

Luiz Gasparetto e os mestres da pintura em um evento realizado no Espaço Vida e Consciência/SP em novembro de 2009.

OUTROS AUTORES (Nacionais)

Conheça nossos lançamentos que oferecem a você as chaves para abrir as portas do sucesso, em todas as fases da sua vida.

Ana Cristina Vargas

(ditado por José Antônio)

- A Morte é Uma Farsa

(ditado por José Antônio e Layla)

- Em Busca de Uma Nova Vida

Ernani Fornari

- Fogo Sagrado

Evaldo Ribeiro

- Eu Creio em Mim

Liliane Moura

- Viajando nas Estrelas

Lousanne de Lucca

- Alfabetização Afetiva

Lucimara Gallicia

(ditado por Moacyr)

- Sem Medo do Amanhã
- O Que Faço de Mim?

Lucio Morigi e Luiz Gasparetto

- Revelação da Luz e da Sombra

Marcelo Cezar

(ditado por Marco Aurélio)

- A Vida Sempre Vence
- Só Deus Sabe
- Nada é como Parece
- Nunca Estamos Sós
- Medo de Amar
- Você Faz o Amanhã
- O Preço da Paz
- Para Sempre Comigo
- A Última Chance
- Um Sopro de Ternura
- O Amor é para os Fortes

Maria Aparecida Martins

- A Nova Metafísica
- Conexão – "Uma nova visão de mediunidade"
- Mediunidade e Auto-Estima

Mônica de Castro

(ditado por Leonel)

- Uma História de Ontem
- Sentindo na Própria Pele
- Com o Amor não se Brinca
- Até que a Vida os Separe
- O Preço de ser Diferente
- Greta
- Segredo da Alma
- Giselle – A Amante do Inquisidor
- Lembranças que o Vento Traz
- Só por Amor
- Gêmeas
- A Atriz
- De Todo o Meu Ser

Síria Maria Mohamed

- Kiwi – O Pintinho Diferente

Valcapelli

- Amor Sem Crise

Valcapelli e Gasparetto

Metafísica da Saúde

- Sistemas respiratório e digestivo (vol. 1)
- Sistemas circulatório, urinário e reprodutor (vol. 2)
- Sistemas endócrino (incluindo obesidade) e muscular (vol. 3)
- Sistema nervoso (incluindo coluna vertebral) (vol. 4)

OUTROS AUTORES (Internacionais):

Arrisque-se para o novo e prepare-se para um surpreendente caminho de autodescoberta.

Bärbel e Manfred Mohr
• Sabedoria do Coração

Bärbel Mohr
• Guia do Verdadeiro Milionário

Carls F. Haanel
• Psicologia Nova

Christina Donnell
• Sonhos e Transcendência

Cris Griscom
• A Evolução de Deus

Eli Davidson
• De Derrotada a Poderosa

Joan Sotkin
• Desenvolva seus Músculos Financeiros

John Randolph Price
• O Livro da Abundância

Marc Allen
• O Livro da Realização – o Maior Segredo de Todos
• Sucesso para um Preguiçoso

Mathew McKay e Patrick Fanning
• Autoestima

Michel A. Singer
• Alma Livre

Nikki de Carteret
• O Poder da Alma

Sandra Ingerman
• Resgate da Alma
• Cure Pensamentos Tóxicos
• Jornada Xamânica

Sanhara Saranam
• Deus sem Religião

Serge Kahili
• Xamã Urbano

Etan Boritzer
• Coleção A Descoberta

Composta por dez livros, apresenta temas como amor, morte, paz, amizade, entre outros, que favorecem pais e/ou educadores com a oportunidade de intensificar o diálogo com a criança, falando de temas tão importantes para a formação da sua personalidade. O processo de descoberta de todos esses sentimentos desperta a beleza de nossa essência que se desenvolve por toda a eternidade.

Joachim Masannek
• Feras do Futebol Clube

Coleção composta por treze livros, cada um narrado por um personagem diferente. Os membros do Feras vivem de forma intensa o futebol e fazem questão de demonstrá-lo em cada volume.

Saiba mais

Acesse o nosso site: **www.vidaeconsciencia.com.br**

ESPAÇO VIDA & CONSCIÊNCIA

É um centro de cultura e desenvolvimento da espiritualidade independente. Acreditamos que temos muito a estudar para compreender de forma mais clara os mistérios da eternidade.

A Vida parece infinitamente sábia em nos dotar de inteligência para viver com felicidade, e essa me parece a única saída para o sofrimento humano.

Nosso espaço se dedica inteiramente ao conhecimento filosófico e experimental das Leis da Vida, principalmente aquelas que conduzem o nosso destino.

Acreditamos que somos realmente esta imensa força vital e eterna que anima a tudo, e não queremos ficar parados nos velhos padrões religiosos que pouco ou nada acrescentaram ao progresso da humanidade.

Assim, mudamos nossa atitude para uma posição mais cientificamente metodológica e resolvemos reinvestigar os velhos temas com uma nova cabeça.

O resultado é de fato surpreendente, ousado, instigador e prático.

É necessário querer estar à frente do seu tempo para possuí-lo.

Luiz Antonio Gasparetto

Mais informações:
Espaço Vida e Consciência – SP
Rua Salvador Simões, 444 – Ipiranga – São Paulo – SP
CEP 04276-000 – Tel./Fax: (11) 5063-2150
Espaço Vida e Consciência – RJ
Rua Santo Amaro, 119 – Glória – Rio de Janeiro – RJ
CEP 22211-230 – Tel./Fax: (21) 3509-0200
E-mail: espaço@vidaeconsciencia.com.br
Site: www.vidaeconsciencia.com.br

INFORMAÇÕES E VENDAS:

Rua Agostinho Gomes, 2312
Ipiranga • CEP 04206-001
São Paulo • SP • Brasil
Fone / Fax: (11) 3577-3200 / 3577-3201
E-mail: editora@vidaeconsciencia.com.br
Site: www.vidaeconsciencia.com.br